江苏省高校哲学社会科学研究基金（编号：2011SJD870003）

光明社科文库
GUANGMING DAILY PRESS:
A SOCIAL SCIENCE SERIES

·经济与管理书系·

高校人事档案优化管理研究

林丽丽　李武武 | 著

光明日报出版社

图书在版编目（CIP）数据

高校人事档案优化管理研究 / 林丽丽，李武武著
. --北京：光明日报出版社，2024.4
ISBN 978-7-5194-7915-2

Ⅰ.①高… Ⅱ.①林… ②李… Ⅲ.①高等学校—人事档案—档案管理—研究 Ⅳ.①G647.23

中国国家版本馆 CIP 数据核字（2024）第 080646 号

高校人事档案优化管理研究
GAOXIAO RENSHI DANGAN YOUHUA GUANLI YANJIU

著　　者：林丽丽　李武武	
责任编辑：刘兴华	责任校对：宋　悦　李海慧
封面设计：中联华文	责任印制：曹　净

出版发行：光明日报出版社
地　　址：北京市西城区永安路 106 号，100050
电　　话：010-63169890（咨询），010-63131930（邮购）
传　　真：010-63131930
网　　址：http://book.gmw.cn
E - mail：gmrbcbs@gmw.cn
法律顾问：北京市兰台律师事务所龚柳方律师
印　　刷：三河市华东印刷有限公司
装　　订：三河市华东印刷有限公司
本书如有破损、缺页、装订错误，请与本社联系调换，电话：010-63131930
开　　本：170mm×240mm
字　　数：213 千字　　　　　　　印　　张：13.5
版　　次：2024 年 4 月第 1 版　　印　　次：2024 年 4 月第 1 次印刷
书　　号：ISBN 978-7-5194-7915-2
定　　价：85.00 元

版权所有　　翻印必究

不忘初心　牢记使命
（序一）

人事档案是在党的组织建设、干部人事管理、人才服务等工作中形成的，是反映个人政治品质、道德品行、思想认识、学习工作经历、专业素养以及家庭状况、社会关系等情况的历史记录材料；是教育培养、选拔任用、评鉴人才的重要基础，是维护干部人才合法权益的重要依据，是社会信用体系的重要组成部分。因此，《高校人事档案优化管理研究》作为专项研究，选题很有意义。

人事档案主要包括两部分内容：一是人事，常指人力资源管理，其目的是发现人才、培养人才、使用人才；二是档案，意指具有保存价值的原始记录，且真实、齐全的档案是做好人事工作的依据。

"不忘初心"，就是对信仰、主义、宗旨、立场的一以贯之，坚定不移。马克思主义、毛泽东思想、邓小平理论等先进思想是认真贯彻政策法规，做好人事档案管理工作的理论基石。

对于人才的认知和培养，马克思就曾指出："每一个社会时代都需要有自己的伟大人物，如果没有这样的人物，它就要创造出这样的人物来。"毛泽东总结了中国革命的实践经验，全面揭示了人才在社会发展中的地位和作用，他指出："政治路线确定后，干部就是决定的因素。"1980 年，邓小平给《中国少年报》和《辅导员》杂志的题词是："立志做有理想、有道德、有文化、有纪律的人，立志为人民作贡献，为祖国作贡献，为人类作贡献。"[1] 这里的"四有、三贡献"已成为之后组织选拔干部的核心标准、人事档案材料的主要内容。

---

[1] 黄勇、李立红. 星星火炬与光荣同行［N］. 中国青年报，2009-10-13（01）.

对于档案的高度重视，伟人总是身体力行。马克思为了《资本论》"劳动日"这一章的写作，专门到大英博物馆，查阅图书馆里保存的大量档案材料，得到了能够真实反映英国工人阶级生活状况的第一手资料。毛泽东是中国共产党的领导人，他不仅为中国革命和建设事业建立了不可磨灭的功勋，而且在他戎马倥偬的一生中还躬身亲为做了不少秘书、档案工作，成为档案搜集、保管、整理、编研、利用等方面独具卓见的实践者。1923年党的三大召开，中央执委会设立秘书，委任毛泽东为第一秘书。其间他很重视保存文件资料工作，从1920年到1925年的档案资料3700多件原稿就是当时保存下来的，现在成了我们党和国家文献宝库中的宝中之宝。1949年4月25日，毛泽东亲自起草并发布了《中国人民解放军布告》，宣布约法八章。布告数处提到接管档案问题，严肃要求国民党旧人员，在人民政府接管之前，"均须照旧供职，并负责保护资料、机器、图表、账册、文件、档案等，听候清点和接管。如有乘机破坏，则须予以惩办"。[①] 从而使一部分重要历史文件材料免遭毁灭。同时，毛泽东对档案管理工作者十分尊重。1962年5月，郭沫若同志写《喜读毛泽东的〈词六首〉》去中央档案馆使用了一些材料。郭沫若同志将写成的文章送请毛泽东审定，并附言："我费了几天工夫，并且还靠着好几位同志们的帮助，特别是中央档案馆的同志们的帮助，算把这六首词写作当时的情况弄出了一个初步的眉目。"毛泽东看了此文以后，将郭老这段话改成"是中央档案馆同志们的很大的帮助"。[②]

"牢记使命"就是认认真真做好本职工作。人事档案管理是一项政策性很强、很烦琐的工作。它需要管理者政治可靠、掌握政策、熟练把握，并能本着对组织、对个人负责任的精神，踏踏实实地处理每一件事情。该书作者林丽丽从事高校人事档案管理12年，平时工作一丝不苟，敢于担当，被评为"无锡市优秀档案工作者"；同时刻苦学习、不断钻研、敢于创新，主持课题2项，公开发表相关学术论文13篇、获奖9项，获评档案系副研究馆员。该书另一作者李武武曾在中央党校就读硕士研究生，是我的学生；他的硕士毕业学位论文就是讨论"个人收入分配"的，直接和人力资源有关；他曾担任镇江市旅游局副局长，主管人事工作多年。两位作者丰富的实践经验和扎实的理论功底，为该书

[①] 毛泽东、朱德. 中国人民解放军布告[N]. 人民日报, 1949-4-26 (01).
[②] 费云东、刘静一. 毛泽东与秘书、档案工作[J]. 档案天地, 2011 (06): 42-44.

深入研究奠定了基础。

《高校人事档案优化管理研究》从我党基本理论出发，结合国内外成功经验，坚持理论的科学性、革命性，古为今用、洋为中用，在其理论研究中做出了积极的工作。尤其是，对档案本质具有历史性、真实性、价值性的深层分析，归纳人事档案管理应有真实、齐全、规范三项基本评定标准，以及高校人事档案"三新"管理模式的提出等一系列的理论探讨，均在这一领域的理论探索中起到了一定的推动作用。该书重点针对高校的特殊性，结合干部人事档案的普遍性，严格对照执行国家的相关政策规定，分析现状，认清挑战，深挖原因，构建高校人事档案管理的优化模式，理论联系实际，促进高校人事档案管理实践的政策性、创新性、实操性的有机融合。以此实现业内读者能进一步熟悉高校人事档案工作应该如何做，将会如何做，为什么这样做；业外读者能了解高校人事档案工作的意义、方法、流程，以便在需要时予以理解，给予支持。这也是我愿意将此书分享给大家的初衷。

陈文通

（中共中央党校教授、博士生导师）

2022 年 9 月 10 日

有司选举　必稽谱牒
（序二）

《高校人事档案优化管理研究》书稿放在案头，慢慢读来，兴趣渐增；由于专业的原因，对其一些观点颇有感悟。书中谈及，魏、晋、南北朝时特重门第，政府命官取士"有司选举，必稽谱牒；考其真伪，以防庶族假冒"。谱牒属于古代较典型的人事档案，是记载家族世系及人物事迹、详细经历的文字材料。尽管"有司选举，必稽谱牒"带有门荫入仕制度的腐朽性，但其"任用官吏时必须验看其人事档案，防止假冒和不端"的干部人事管理方式还是值得肯定的。中共中央办公厅《干部人事档案工作条例》强调，对于干部人事档案必须坚持"凡提必审""凡进必审""凡转必审"，是对"有司选举，必稽谱牒"的认可和扬弃。由此可见，选拔使用干部必须先审核其人事档案十分重要；古为今用，继承中华民族优良传统同样重要。这也是我对这本书感兴趣的理由之一。

人事档案作为高校人力资源管理的重要载体，详细记载校内教职工的基本信息，是高校人力资源管理的基础。人事档案为高校管理层提供了人事决策辅助性依据，为制定合理科学的管理制度提供有效保障，为"人才强校"及人力资源的合理开发利用提供信息资源。同样，在高校人力资源管理过程中，教职工的成长过程、德才表现、学识水平等是性质特殊的原始材料，成为高校人事档案材料的重要组成部分。人事档案和高校人力资源管理相辅相成，在《高校人事档案优化管理研究》中有系统地论述，其辩证思想值得学习。

根据《干部人事档案工作条例》要求，从事干部人事档案工作的人员必须是政治素质好、专业能力强、作风正派的党员干部。该书第一作者林丽丽，1992年入党，曾兼任共青团徐州市政府机关团委委员。2004年转入江南大学，兼任教育学院行政党支部书记，2007年被评为该院首届"年度榜样人物"。2010年调入校人事处，专门从事全校的人事档案管理工作。其间，她勤奋努力，认真学习相关政策法规，后通过考核，获得了江苏省档案局颁发的"档案管理上岗证"。她工作踏实，不耻下问，敢于担当，热心服务，认真解决平时遇到的一个个实际问题，被评为"无锡市优秀档案工作者"。《高校人事档案优化管理研究》能够实现普遍理论和具体实践相结合，严谨的政策性和运用的特殊性相对应，这和作者理论修养、工作态度及相关素质密不可分。

  该书基本理论凝练、清晰，表现为：人事档案基本功能、管理体制、管理内容递进阐述，较为严谨；高校人事档案管理机构三模式，做到实事求是，辩证分析；尤其是对档案内涵的分析，简单明了，不仅便于把握，而且有一定深度。同时，在原有基本理论基础上，《高校人事档案优化管理研究》中悄然绽放出点点思想火花，如收入多元化后的学校人事档案管理、高校人事档案与学生评教辩证关系、帕累托定律在教师人事档案中的作用、高校人事档案"三新"管理模式等，都让人眼睛一亮。尽管有些观点的可行性、必要性有待商榷，但该书中独特、超前的一些想法，会让人有所启发、令人深思。

  《高校人事档案优化管理研究》最大的亮点是"一个创新，两个优化"。"一个创新"是指理论创新，即上面谈及的思想火花；"两个优化"是指两个实证优化，即高校人事档案管理体制优化和高校人事档案审核工作优化。"两个优化"的把握对高校档案管理的具体工作人员而言，既重要，又实用，但阐述起来难度较大，主要表现为在实践中有三个问题不好把握：一是国家出台的相关政策法规种类比较多，统一针对性不好把握；二是政策文件的表述较为抽象严谨，具体界定标准不好把握；三是相关文件出台，前后稍有变动，最终精神不好把握。为此，该书将国家各部门的相关政策法规进行梳理，分板块，抓要点，通俗、简明地进行介绍，便于读者理解掌握，更便于高校人事管理工作者参照执行，其实用性可以真正得到体现。

  特别让我敬佩的是，作者用研究的严谨对待工作，用工作的收获提升研究。有了这种态度，做任何事情都能提升，在任何一个岗位上都能闪闪发光。

彭纪生

（南京大学教授、博士生导师）

2022年9月22日

目 录
CONTENTS

第一章　如何理解档案及人事档案 ············· 1

　第一节　解开人事档案面纱 ················· 1

　　一、档案内涵求源追溯 ··················· 1

　　二、人事档案历史进程 ··················· 5

　　三、近现代的人事档案 ··················· 9

　　四、他山之石，可以攻玉 ················· 12

　第二节　探讨人事档案管理 ················· 16

　　一、人事档案基本功能 ··················· 16

　　二、人事档案管理体制 ··················· 22

　　三、人事档案管理内容 ··················· 30

第二章　高校人事档案管理的现状 ············· 41

　第一节　高校改革发展中的人事档案 ············· 41

　　一、中国高校在改革中步入快车道 ············· 41

　　二、人才强校推动高校的快速发展 ············· 48

　　三、人事档案与人才强校良性互动 ············· 52

　第二节　高校人事档案管理面对新挑战 ············ 60

　　一、高校人员构成变化较大 ················ 60

　　二、聘任制下人员构成繁杂 ················ 64

三、重建档案带来一定冲击 …………………………………… 69
  第三节　高校人事档案管理存在的问题 ………………………… 75
　　一、高校人事档案管理没有得到足够重视 …………………… 75
　　二、制度在人事档案管理中没能真正贯彻 …………………… 79
　　三、人事档案管理的信息化推进不够顺利 …………………… 83

第三章　高校人事档案管理的理论创新 …………………………… 88
  第一节　收入多元化后的学校人事档案管理 …………………… 88
　　一、个人收入纳入人事档案管理必要性 ……………………… 89
　　二、个人收入状况在归档中遇到的问题 ……………………… 90
　　三、学校人事档案增加收入信息的建议 ……………………… 92
  第二节　高校人事档案与学生评教 ……………………………… 94
　　一、应该辩证地看待学生的评教活动 ………………………… 95
　　二、人事档案应该真正体现两个负责 ………………………… 97
　　三、评教资料归档需要人的观念转变 ………………………… 98
  第三节　教改项目中的人事档案管理 ………………………… 100
　　一、档案资料为项目设计提供了有利条件 ………………… 100
　　二、档案资料成为教改成果重要组成部分 ………………… 102
　　三、教改项目中相关档案管理的注意事项 ………………… 104
　　四、完善教师档案能够促进教改深入开展 ………………… 105
  第四节　帕累托定律与教师人事档案 ………………………… 106
　　一、教师业务资料归档必须坚持两个原则 ………………… 106
　　二、帕累托定律已经在许多领域得到推广 ………………… 107
　　三、帕累托定律在教师人事档案中的运用 ………………… 109
  第五节　高校体制创新中的人事档案管理 …………………… 110
　　一、人事档案理论与管理体制创新 …………………………… 110
　　二、人事档案管理体制创新的目标 …………………………… 111
　　三、人事档案管理体制创新的问题 …………………………… 112

第六节　高校人事档案"三新"管理模式 ··········· 114
- 一、融入新的理念，实现三个思想转变 ··········· 114
- 二、采用新的手段，建立三个管理系统 ··········· 115
- 三、构建新的内容，关注三类归档材料 ··········· 117

第四章　高校人事档案管理体制优化 ··········· 119
第一节　高校人事档案管理的基础条件 ··········· 120
- 一、高校人事档案管理的人员条件 ··········· 120
- 二、高校人事档案管理的物质条件 ··········· 124
- 三、高校人事档案管理的组织条件 ··········· 128

第二节　高校人事档案管理机构三模式 ··········· 131
- 一、人事部门型 ··········· 133
- 二、组织人事型 ··········· 136
- 三、大档案馆型 ··········· 137

第三节　高校人事档案规范化日常管理 ··········· 140
- 一、档案材料归档立卷 ··········· 141
- 二、人事档案科学保管 ··········· 150
- 三、人事档案规范利用 ··········· 153
- 四、高校学生档案管理 ··········· 157

第五章　高校人事档案审核工作优化 ··········· 162
第一节　优化高校人事档案审核工作 ··········· 162
- 一、掌握政策法规，解决关键问题 ··········· 162
- 二、明确五个理念，做好专项审核 ··········· 167
- 三、掌握工作步骤，运用正确方法 ··········· 170
- 四、拓展专项成果，做好平时审核 ··········· 174

第二节　依据政策解决审核中的疑难问题 ··········· 177
- 一、年龄的确定 ··········· 177

二、党龄的确定 …………………………………… 180

三、工龄的确定 …………………………………… 182

四、学历的确定 …………………………………… 185

五、经历和身份 …………………………………… 188

参考文献 …………………………………………… 190

跋 …………………………………………………… 197

第一章

如何理解档案及人事档案

以史为鉴可知兴替,以档为凭可正视听。人们普遍认为,经验得以总结,规律得以认识,历史得以延续,各项事业得以发展,都离不开档案。确实,档案可以存真求实对历史负责,鉴往知来为现实服务;人类与档案同在,社会与档案同行,文明与档案同兴;档案工作是一项利国利民、惠及千秋万代的崇高事业。可见,正确认识、理解、使用档案就显得相当的重要。

第一节 解开人事档案面纱

档案,自它诞生以来就伴随着人们的生活,沐浴着阳光,经历了风风雨雨。从殷都废墟出土的龟甲兽骨,到马王堆的断石残玉,从泛黄的澳门历史街景,到北京冬奥会壮观、亮丽的场馆图片,档案无不默默地记录下来历史的每个瞬间,让人类从此有了自己特有的抹不去的记忆。

一、档案内涵求源追溯

人们对档案的认知不尽相同。比如,奥地利著名作家弗兰茨·卡夫卡有句名言叫作"一切归档",用这句话去解释一切事物的终极状态。[1] 又如,河北衡水中学是河北省首批示范性高中,也是全国文明单位。衡水中学的优质、卓越发展,得益于学校的先进理念、科学管理,特别是学校始终坚持"档案即工作"

---

[1] 邢涛. 档案之悟 [EB/OL]. (2014-10-17) [2022-08-30]. https://www.saac.gov.cn/zt/2014-10/17/content_ 70343.htm.

的理念,以优质的档案管理工作促进了学校管理水平的全面提升。校长张文茂认为"所有工作一定要产生档案,没有档案就等于没有做工作"。这是一位基层管理者对档案最朴实的感知。

(一)档案定义的变化

档案来自工作,来自生活,从其产生开始就与人类息息相关。从最早的结绳记事,到殷墟甲骨、金文石刻、缣帛简牍,再到纸质、音像、电子档案,无一不记录着人类社会的进步。作为历史的记录,档案越来越丰富、准确地反映了社会生活的真实面貌,成为连接过去、现在与未来的纽带。自有档案以来,学界就没有停止过对其定义的探讨。各国学者都曾孜孜不倦地探索档案的内涵所在,试图解开档案神秘的面纱。学术界关于档案的定义颇有争议,据不完全统计,国内外已有上百种。一般,档案是指人们在各项社会活动中直接形成的各种形式的具有保存价值的原始记录。原始记录性是它的本质属性。中国古代的档案,在各个朝代有着不同的称谓。商代称为"册",周代叫作"中",秦汉称作"典籍",汉魏以后谓之"文书""文案""案牍""案卷""簿书",清代以后多用"档案",现统一称作"档案"。

有一部分专家提出,"档案"作为一专有名词来源于清初。持此观点者的依据,一是见之于清初文人杨宾所作的《柳边纪略》一书,其第三卷载:"边外文字,多书于木,往来传递者曰'牌子',以削木片若牌故也;存贮多年者曰'档案',曰'档子',以积累多、贯皮条挂壁若档故也。然今文字之书于纸者,亦呼之谓'牌子''档子'矣。"二是见之于《康熙起居注》一书,其中有"部中无档案"之语。

还有专家认为"档案"一词来源于远古,出现在清朝之前。持此观点者主要有如下几人。①侯传学提出《周礼注疏》中有"副当"之说:"写副当以授六官。"(王荣声、王玉声认为"副当"之"当"并非"档案",而是副词,应释为"将")②王金玉等人提出"宋代'架阁文字'即为'档案'"之说,还进一步考证明初即有"档案"的称谓,其证据是明初所撰的《明实录》,其上载有:"(洪武二十五年正月)庚子日,据刑部近来因户部文档不明,着本部办理拿问该属官吏等情具奏,帝降旨:'匡正迟速,非隐匿粮饷则勿问。钦此。'"并据此认为"档"作为档案的称谓应追溯到元代。③张中强提出元曲有"档案"之说："使肖曹律令不曾习，有档案分令史支持。"（和宝荣考证此处之"档案"应当作"当案"，即"当职"）

国外对档案的定义也各有不同。《法兰西共和国档案法》（1979年公布）："任何自然人或法人，任何国家机关或组织，任何私人机构或部门，在自身活动中产生或收到的文件整体，不管其形成日期、形式和制成材料，都是档案。"①《苏联大百科全书（第三版）》："档案是机关、个人、家族在活动中形成的文件材料的总和。"② 美国现代著名档案学者谢伦伯格在其名著《现代档案——原则与技术》中说："档案是经鉴定值得永久保存的供查考和研究之用，业已藏入或者选出准备藏入某一档案机构的任何公私机构的文件。"③

1938年，中国档案学者何鲁成著《档案管理与整理》一书认为："档案者乃办理完毕归档后汇案编制留待参考之文书。"④ 此定义虽然简单，但可以看出当时的档案学者已经认识到档案与文件之间的关系，认识到文件是档案的前身。到了1982年吴宝康在《档案学理论与历史初探》中指出："档案是人们在生产斗争、阶级斗争和科学实验社会实践活动的历史真实记录。"⑤ 1986年陈兆祦、和宝荣在《档案管理学基础》中则认为："档案是机关、组织和个人在社会活动中形成的，作为历史记录保存起来以备查考的文字、图像、声音及其他各种方式和载体的文件。"⑥ 冯惠玲、张辑哲在2006年版《档案学概论》中阐述："档案是社会组织或个人在以往的社会实践活动中直接形成的具有清晰、确定的原始记录作用的固化信息。档案具有社会性、历史性、确定性和原始记录性。"⑦

从学者的探讨中，我们可以发现，随着时代的发展以及人们认识的丰富，档案的内涵正不断地演变。首先，档案不仅局限于文件的末端，而且是人类社会实践活动中形成的原始记录，这就使得档案存在于社会生活的方方面面。其次，档案由官方走向社会，从主要为统治阶级服务，扩展到为整个社会服务。

---

① 张煜明，王茜. 档案定义应以文件为属概念[J]. 档案学通讯，2005（2）：25-27.
② 张煜明，王茜. 档案定义应以文件为属概念[J]. 档案学通讯，2005（2）：25-27.
③ 张煜明，王茜. 档案定义应以文件为属概念[J]. 档案学通讯，2005（2）：25-27.
④ 黄丹妮. 中国档案定义辨析[J]. 兰台世界，2005（14）：4-5.
⑤ 黄丹妮. 中国档案定义辨析[J]. 兰台世界，2005（14）：4-5.
⑥ 黄丹妮. 中国档案定义辨析[J]. 兰台世界，2005（14）：4-5.
⑦ 王敏超，王影. 档案的定义发展和演变[J]. 兰台世界，2010（4）：27-28，3.

正如库克在1996年第十三届国际档案大会的主报告中论述的，20世纪档案思想两个最引人注目的根本性变化，其中一个就是"档案'从一个国家的理论发展到一种全社会的理论'"。因此可以说，档案的深刻内涵在于档案是面向社会的历史记录，而这一内涵决定着档案工作的发展方向。

（二）档案定义三要素

简而言之，"档案就是直接形成、有价值的历史记录"，这一表述在学界及实践中已基本达成共识。可见，档案是众多记录的集合，这些记录若成为档案，必须具有三个条件：一是真实的，二是历史的，三是有价值的。三者缺一不可，否则任何记录不能称为"档案"。

1. 档案必须是真实的。首先，表现为档案的原生性。档案是原生性记录，是人们进行社会活动形成的第一手材料，是事物发生、发展和变化的原始记录。档案是没有经过加工、变通的原始信息，是当时特定时期真实情况的反映，不带有任何附加的色彩。其次，表现为档案的客观性。因为客观事实反映了事物的真相，档案可以从一个侧面去反映客观事物的本质，不断地揭示真相。最后，人们对部分原始记录的随意猜测、非组织评价等主观性认知都不能算作档案。档案是令人信服的真凭实据，它可以最原始、最真实、最具体地反映人和事物的本来面貌，能够发挥客观的凭证作用。

2. 档案必须是历史的。也就是说，档案承载的所有信息都是已经发生过的既成事实，是静态的，可供他人了解、判断的真实历史"即时记录"。档案不是正在进行或将来发展事物的假设和预判，也不是历史社会实践的"事后记录"。档案只对已经过去的历史现象负责，不记录将来产生的社会作用，这也是档案和文件的最大区别。档案的历史性决定了它必须具有积累、整理、保管、存储信息的职能，同时具有传播知识、利用信息的职能，档案成为人类社会实践知识再生产、共利用的一种重要资源。这从另一个侧面，使人们认识到档案管理的重要性和复杂性。

3. 档案必须是有价值的。在实践中，人们已经清醒地认识到，不是所有的历史记录都能称为"档案"，档案必须具有保存价值和利用价值。档案是人们在社会各项实践中真实的历史记录，是经过档案人员收集、整理、归档、鉴定、保管等一系列的劳动产品，里面凝结了大量的人类劳动，具有知识价值、凭证价值和史料价值。档案的价值性可以从三个方面体现出来。其一，档案的物质表现就是一个可感觉到的证据，它可以恢复或部分恢复事物原有的状态，使人较能清晰地看到事物的是非曲直、个人的能力高低。档案的证明力越强，其价值越高；反之亦然。其二，提高档案的性价比，优化档案材料的精简程度，节约管理成本，减少无效材料和可以相互印证的重复材料，从源头上解决档案臃肿问题。其三，提高档案的使用效率，尽可能让更多人在法律框架下能有效地使用所有可利用的档案。

二、人事档案历史进程

（一）历史上个人档案三大类

人事档案记述了世族的流源、户籍的变化和个人的生平，是档案材料中重要的组成部分。追溯历史，中国古代的人事档案主要包括谱牒、户籍和历代职官个人档案等三大类。

1. 谱牒档案。从古代开始，社会就出现了"史官记注"，这些史官记注不仅记言记行，还记载了君主及世家大族的世系材料，从而产生了谱牒档案。谱牒主要包括宗谱、家谱、族谱等，它是一族源流世系、历史面貌的真实记录。其内容主要有始祖的流源、受姓情况，重人的传记、诰敕、诰封、族规、族调、世系表等。司马迁就曾说："余读牒记，黄帝以来皆有年数，稽其历谱牒终始五德之传。"[①] 可以说，这些谱牒就是最早人事档案中的核心内容。

在民间，各大族为了维护和巩固门第的特权及特殊身份，都很重视对谱牒的撰修，把士族的世系源流明确地记载下来以备查考。以此作为正名分，别远近，承袭阴产的依据。

商周时代统治者都把谱牒视为神圣不可侵犯，据此来奠定和保证自己的特殊政治地位。西周时已专门设有职官小史"掌邦国之志，奠系世，昭穆"，负责记录世系名号，这些谱牒由大宗主专门保管，存放在天府（宗庙）中的金滕之匮。

魏、晋、南北朝时特重门第，政府命官取士"有司选举，必稽谱牒"。并

[①] 李全祥、王铁莲．我国古代人事档案考 [J]．档案学通讯，1990（4）：46-48+35.

"考其真伪，以防庶族假冒"。尽管科举制是唐朝官吏选拔制度改革的一大创举，但门荫入仕制度也是唐代重要的选官途径之一。门荫制是官僚子弟凭借父祖官位或家世而入仕的一种制度，又称"任子"。宋、齐之后，王朝中央还没立造局。诏令精通士族族谱的人专门负责组织编修，不熟悉谱学的人就不能在吏部任职，谱牒作为重要档案收藏在各级官府中。

古代的谱牒档案强调世袭、特重门第，有其一定的腐朽性，但就其具体操作对当今的人事档案管理仍有一定的借鉴意义。首先，谱牒制重视对人事档案的撰修，对此有明确的要求，有对应的官吏负责，有固定的场所保管。其次，谱牒制能充分利用人事档案，做到"干部逢提必查"，保证"考其真伪，以防假冒"。最后，谱牒制严格规定"不了解人事档案管理的人不能在组织部门任职"。

2. 户籍档案。户籍档案是以家庭为单位记载各户人口数量及其个人基本情况的人事档案。户籍档案和谱牒档案一样，历史悠久，只是前者是为了管理平民，后者是为了选拔官宦，且时代不同其内容也不尽相同。

早在夏、商之时，官府就有户籍登记制度，登记的基本内容包括户主及家庭人口的姓名、性别、年龄、籍贯、户等。并设立了专管"平民""小人"和"众人"（奴隶）的职官为"牧""小臣"和"小众人臣"。西周时已经正式有了户籍档案为"版"，周王把全国的土地和臣民都看作上帝与先王赋予他的私产，版就是记载王朝人口的重要材料。《周礼·秋官司寇》中记载周王设"司民"，掌登万民之数，自生齿以上，皆书于版。

周朝不仅出现了户籍档案，而且有逐级上报、集中保管和副本制度。秦代更加重视户籍档案。商鞅变法后，户籍制度得到进一步加强。《商君书·去疆篇》中记载"生则著其名，死则削其籍"，以户籍来确定人民的徭役和赋税。西汉建立后，专门设立户籍档案"计簿"，由郡县每年编成簿籍，遣计吏送往京师，存档于丞相府。唐代对户籍的管理制度更加完备，并对户籍的编制、呈报和保存都有详细严格的规定："凡男女始生为黄，四岁为小，十六岁为中，二十有一为丁，六十为老"；州县"每一岁一造析帐，三年一造户籍"，一式三份、涯级上报，并分别保存于县、州、尚书省。

宋朝有较完备的档案律令，在《庆元条法事类》中规定："诸户口增减实数，县每岁具帐四本，分别上报中央户部及省、府、县有关机构。"交户部的那一本，保存两年之后送架阁，再过八年移交金耀门文书库（当时的国家档案馆）收贮。

明政府对黄册（户籍档案）的制作有着严格规定，对于黄册本的大小和行款的高低都有统一规定。在册本大小方面，规定必须按照中央颁发样本的格式来制造，长宽各为一尺二寸，规定一律要用厚实的棉纸经铜板压制后，用粗绳索装订成册，每本都重四五斤。在抄写时，规定册上的文字都要按照抄写"题本"的工整楷书字体、大小和行距来书写，不许潦草。在誊抄时有错误的，要重新抄录好后再送解，不许在册页上涂抹、挖补或用纸浮贴，以避免乘机舞弊。

中国古代户籍不仅管理当时的平民比较有效，而且对当今干部的选拔、管理有一定的提示作用，有些做法值得学习、效仿。比如，人事档案的逐级上报、集中保管和副本制度。又如，不断完备档案管理律令，对人事档案收集的范围、档案保存的时间、档案册本的制作等都有明确的规范要求。尤其是注重档案的真实性和使用的有效性，强调人事档案制作要工整，不能有涂抹、挖补、用纸浮贴，以免乘机舞弊。

3. 个人档案。早在商周时代，当时出现的王公贵族的甲骨谱牒档案，发挥了用人时考其世次、稽其亲疏的作用，但作为专门记载官员的个人经历、德才政绩的个人档案还未正式形成。除谱牒外，周代还产生了另一种人事档案——"荐书"。"荐书"是在选择官吏过程中产生的。周代选拔官吏的标准是德、行、艺。"荐书"专门记载了被荐举者的德、行、艺状况，成为选拔任用官吏的重要依据。秦王朝建立以来，废除了以血缘关系为基础的世卿世禄制度，建立了以军功大小选拔官吏的制度。所以每一个将领和官员都有其经历、功绩、处罚等记载，形成了具有秦代特点的个人档案。

刘邦起兵反秦，令诸将各立简牍以纪劳绩。此类简牍详尽记载了各将士历次战斗的详细战功，以便论功行赏、无枉无滥。汉代分封制后，又产生了一种称为"铁券"的个人档案。"铁券"是皇帝颁赐给功臣的勋章，也叫"免死券"，允其世代或部分享有应有的奖赏和减罚。凡备选的"贤士大夫"要署"行"（品行）、"义"（仪表）、"年"（年龄），详细登记选拔对象的个人经历、品行、年龄、相貌等相关材料并报送相国府。这种登记了"行""义""年"的材料，是中国最早的人事档案。

唐朝科举制有一套新的制度和办法。如入仕的官员都要将名籍、履历、考绩、授官、政绩等情况详细记录归档，这种档案就叫"甲历"。甲历档案的内容共三类。一是选解与家状，选解是个人履历书或履历表，其中包括个人及乡里名籍、父祖官名、内外族姻、年龄性别、优劣课最、谴负刑犯等情况。家状主要包括祖父母、曾祖父、兄弟姐妹、姻亲朋友的情况。二是诠注及告身，诠注是吏部对考试合格的选人，根据其才能和各方面的情况提出拟派地区、部门所任官职凭证（委任状），告身是盖在诠注上的尚书吏部之印，而武官由兵部授予告身。三是考课材料，即每年参加考课的官吏将录用者的品德、才能、功劳、过错等写一简明考状，张榜公示后定等级。唐朝建有甲库，专门保管甲历，还建立了甲历副本和分库保管的制度，这是中国古代最早的、专门的人事档案库。凡选拔人才或升降官职，都要在甲历档案中详细记载。

宋代皇帝设有"人才簿"，作为选拔人才之用。宋代的人事档案主要有：一是家状，犹如今天的个人履历，有固定的格式，科举或保举首先要上"家状"；二是举状，高级官吏推荐为官人的文字材料；三是引见材料，即面呈皇帝的材料；四是磨勘材料，即考核官员材料。元代设有"考功历"，记载任期内功过情况，吏部根据"考功历"定优劣，决定任命。这与现在的干部档案履历表有相似之处。明代的人事档案称"贴黄"，即官员的履历表，分为吏部贴黄和兵部贴黄两种，它是随着官员职位的变动而变动。清代时的官员档案材料主要有履历材料、考课材料、投供材料、给凭材料、奖励材料（称作"功牌"）、退休材料等。清末，人事档案材料需要归档照片。由此，核对档案的重点由针对笔迹转为针对照片。

（二）个人档案的历史作用

个人档案是人事档案管理的一项重要内容。随着人类文明的进步，古代人事档案在干部选拔、管理过程中发挥着应有的历史作用。

首先，人事档案收集的对象应该包括家族、家庭、个人三个主体，尽管我们一贯反对血统论，强调重在个人表现，但在特殊行业、特定部门还是要考虑家族和家庭成员的影响，这对工作、对个人都是负责任的。

其次，人事档案收集的内容包括"个人经历、德才政绩"，比较全面，比较具体，能保证"论功行赏、无枉无滥"。

再次，人事档案保存材料的形式多种多样，除了干部行、义、年等日常记载资料之外，还有荐书、铁券等形式的档案资料。

最后，封建政府对人事档案的价值性要求很高，尽量做到精简材料、发挥效益。如清朝光绪二十七年（1901），吏部组织人力用一年的时间对旧档进行了一次清理和鉴定，把确实失去价值的档案剔除销毁，将有查考价值的档案加以整理，集中保存。

三、近现代的人事档案

（一）近代人事档案的基本状况

1. 民国时期政府开始重视档案。辛亥革命之后，民国政府人事档案制度发生明显变化，一是人事档案由考试、任用、甄别审查、考核、保举、受勋等渠道产生。二是人事档案的保管单位、保管单位组织框架及保管方法均有多种形式。国民政府初期，从体制上看，档案管理是分散的。随着国民党统治的确立和暂时统一，档案管理国家的作用也受到相应重视。特别是1933年在国民党政府内开展的"行政效率运动"中，行政院令发《各部会审查处理公文改良办法》指出："兹拟厘定文卷保管年限原则，其有历史关系与性质重要应存备查考之文卷，应即周密保护，妥慎收藏，其有在一定时间以后，即失去保存之意义者，应即详定保存年限，于每年底之末清理剔出，由主管长官核定加以销毁。"但由于地方割据、军阀混战、政令不通，各类人事档案也只能分散、独立的存在，难以发挥应有的效果。

2. 我党开始有了自己的人事档案。1925年3月，共青团中央组织部要求各地委员会和支部应根据团员调查表的各个项目填写团员登记册，并由此推广到全党，从而形成了干部人事档案的雏形。1938年3月15日，中共中央发出《关于大量发展党员的决议》，认为"大量的十百倍的发展党员，成为党目前迫切与严重的任务"。在此后一年半的时间里，中共党员人数从不足3万人猛增到50余万人。某些部门为完成任务，推行"拉夫主义"，再加上国民党特务的渗透，党的纯洁性受到威胁。1939年8月25日，中共中央发出《关于巩固党的决定》，提出"必须详细审查党员身份"。由此,审干运动拉开序幕。①

3. 在延安审干中人事档案得到提升。主要表现为以下几个方面。

首先,材料的组成更加全面、规范。中央明确规定,人事档案内容包括个人自传、学习笔记、思想汇报、"小广播"调查表、社会关系表、历史审查记录、组织鉴定等,且每个人都要注明履历及特定事件的详细过程。同时每人须建立卡片、小传制度,以便查考。

其次,进一步强化人事档案真实性。强调表内相关内容应有材料证明,重要事项应尽可能多地获取旁证,从而形成完整的证据链条。并规定,干部调动时,应持有"调出的机关须有正确的鉴定与正式的介绍","未经介绍而自己加入者,在未接正式介绍前,不应分配重要的工作"。

最后,保管与整理水平得到提高。大量的人事档案材料成为党的宝贵财富,其保管、整理成为各级组织部门一项重要的任务。由此规定,人事档案必须有专人负责,确保万无一失,在战争时期也是如此。如反"扫荡"时,华北局要求,专管人员应把全华北地方干部(地委以上)的履历表(每人一张薄纸),分成两口袋,两人各背一袋,非到最必要的时候绝不埋藏,而且要保证不得有一份遗失,一定要与这套最宝贵的资料共存亡。又如1946年11月,中共中央撤离延安前,中央组织部将5车档案(主要是人事档案)转移至子长县山区,又花4个月时间对其分类整理。随后,用20余匹骡子驮运至三交镇与中央秘书处等机构会合,并组建中央材料保管委员会。

(二)新中国成立后人事档案管理步入新台阶

新中国成立之初,为实现"一大二公"的社会主义理想,城市实行"统分统配"的人事制度和"单位封锁"的档案制度,党员、干部、知识分子成为人事档案的主体,一般市民和广大农民暂时还没有进入人事档案的工作范畴。1954年11月成立了国家档案局,掌管国家档案事务的最高行政管理机关。1956年4月16日,国务院发布了《关于加强国家档案工作的决定》,确立了档案工作集中统一管理国家档案的基本原则。党和政府对人事档案管理的高度重视及不断完善,主要体现在中央组织部召开的四次"全国干部档案工作座谈会"及

---

① 马国顺. 延安时期我国干部人事档案的形成[J]. 山西档案,2018(04):162-164.

其每次会议精神的认真落实中。

1956年8月,中央组织部召开了第一次全国干部档案工作座谈会,会上制定了中国第一部干部档案工作法规《干部档案管理工作暂行规定》。这个暂行规定在有关干部档案的范围,干部档案的正副本,干部档案的管理,干部档案工作的组织领导及各种规章制度的建立等诸多问题上,都提出了具体明确的要求。从此,中国的人事档案工作开始向正规化迈步,取得了可喜的成绩。到现在,人事档案工作的组织体系已经确立,从中央到地方各级政府的人事部门以及企事业单位等基层部门,均普遍建立起人事档案管理机构,给人事档案工作的顺利开展奠定了组织保证。各种必要的规章制度也随之建立起来,其中包括人事档案材料的收集、归档、鉴别、整理转递、查阅借用、安全保密和统计等制度,初步做到了有章可循,有法可依。与此同时,还收集整理了干部档案,按照统一的规格把干部档案整理成为主件和附件,组成正本与副本,使干部档案材料基本上达到内容完整、分类合理、使用方便的要求。在此期间,各级劳动部门、教育部门参照干部档案管理方法,先后建立了工人档案和学生档案,使中国的人事档案更加丰富。

1980年2月,中央组织部召开第二次全国干部档案工作座谈会,这次会议的召开,标志着中国人事档案工作进入了一个新的历史发展阶段。这次会议后,人事档案工作主要开展和完成了这样几项工作。①清理和处理了历次政治运动与"文革"中人事档案内的不实材料,维护了人事档案的真实性。②收集补充了新材料,解决了人事档案老化和缺漏的问题。③完成了人事档案的上交下放工作,彻底改变了过去有档无人和有人缺档的状况,实现了"人档一致"。④重新整理了人事档案,使之达到完整、真实、精练、实用的要求。⑤修订和补充了旧的规章制度,建立新的制度,严格进行管理,以适应形势发展的需要。⑥举办人事档案干部业务培训班,提高人事档案管理人员的政治素质和业务素质。⑦改善人事工作的物质条件,添置档案柜架、复印机和档案装具等必要的工作设备,提高了档案工作的管理水平。

1990年12月,中央组织部召开了第三次全国干部档案工作座谈会。中央组织部、国家档案局修改制定了《干部档案工作条例》。会后十多年来,中国人事档案工作取得了新的成绩。第一,人事档案工作已形成一个较完整的体系。第二，建立了一套规章制度。中央组织部、人事部、国家档案局先后发布了《关于干部档案材料收集、归档规定》《干部档案整理工作细则》等文件，使干部人事档案工作有章可依。第三，业务工作取得重大进展。全面完成了清理和整理工作任务、初步改革传统管理方式，试行目标管理与考评。第四，国家公务员和流动人员档案工作已逐渐开展起来。

2005年11月，中央组织部召开了第四次全国干部档案工作会议。会议总结了第三次全国干部档案工作会议以来的15年中，各级组织人事部门认真落实《干部档案工作条例》，形成了组织部门牵头抓总、有关部门各负其责、分级分类管理的全国干部档案工作格局；健全和完善了有关规章制度，开展了干部人事档案目标管理工作，进一步夯实了干部档案工作基础；档案管理水平不断提高，干部档案的作用得到进一步发挥；干部档案工作方法和手段得到改进，信息化建设初见成效。会议强调，要以对历史负责、为现实服务、替未来着想的高度政治责任感，做好新时期的干部档案工作，把弥足珍贵的干部档案管理好、利用好。具体做好五方面的工作：一要围绕组织工作的中心任务，以领导干部档案和公务员档案为重点，切实加强干部档案管理；二要充分发挥干部档案在公道正派地选人用人上的重要作用；三要加大改革力度，大力推进干部档案工作的创新；四要加强调查研究，积极探索解决干部档案工作面临的新问题；五要进一步加强领导，努力建设一支政治坚定、业务精通、爱岗敬业、严守纪律的高素质干部档案工作队伍。

四、他山之石，可以攻玉

发达国家在经济社会高度发展的同时，社会管理也积累了一些成功的经验，其人事档案管理具有较明显的特点，许多地方值得借鉴。

（一）发达国家人事档案的内容

发达国家对人事档案的定义有所不同，但基本上是指国家机构、社会组织在人事活动中形成的，记述和反映人员经历、德才水平与工作表现，以个人为单位集中保存备查的文字、表格及其他各种形式的原始记录。还有某些专业部门形成的公民状况文件、健康状况文件、财产和收入证明、刑事和犯罪处理案卷等与个人秘密有关的档案文件，也可看作人事档案的组成部分。各国人事档案的内容基本上包括有关员工个人履历情况的记录以及员工在录用、考核、晋升、培训、工资福利、退休等方面情况的工作记录。如欧美国家人事档案卷中一般包括工资福利记录、社会和医疗保险交付情况、受雇时间、病假及休假情况和奖惩记录、工作鉴定等。而日本人事管理主要实行的是年功序列制度和终生雇佣制度，因此，人事档案不仅包括员工的录用条件、职务、能力、资格、待遇、健康状况、履历、身世、奖惩等原始资料，还对员工年龄、工龄、本单位的就职年数、升职和升级依据等有着特殊的关注。

在美国，军人的档案内容除了必要录用资料之外，重点保存的是军人的年度考核，要求每一位军人填写一份"考核报告表"，作为军人个人永久性档案的一部分。其主要内容包括：个人的一般情况（如姓名、现军衔及晋升日期、兵种勤务、军事专业、工作单位及驻在地、任职情况、所受教育、体育标准测验结果、身高和体重等），专业素质（包括专业才能、职业道德）及业绩表现，发展潜力等。这种由考核员、高级考核员负责填写和审查的军官"考核报告表"，通常在考核后的几个月内便能呈报到军事人员中心并编入军官个人档案。

信用体系在西方市场经济发达国家已经建立了近200年，个人信用记录是指信用评估机构采集的来自某一渠道或社会各方，能够判断当事人信用状况的真实记录。信用档案是所有公民必备的人事档案。在美国，无论人怎样自由流动，都有一个终生的社会保障号。通过这个无法伪造的号码，每个人拥有一份信誉局做出的信用报告，任何银行、公司或业务对象都可以付费查询这份报告。个人信用状况通过一系列有效的数据、事实来支撑，由此获得支付能力而进行消费、投资和经营。一旦某人被信誉局记录在案，此人的信誉就有污点，在以后的诸多领域均受到限制。信用档案的管理十分严密，它使得任何有良知、想体面的人都不敢胆大妄为，不讲信用将会付出很大的代价，因此，美国的公民非常重视培养自己的信用。

美国的一些专业部门也保存着公民的一部分人事档案，社会保障号码就是一例（Social Security Number，SSN）。美国所有的成年人都有一个非常重要的社会保障号。1935年，美国为了保护失业者颁布的社会保险法规定，在全国范围建立统一的失业人员补偿机制和统一的退休金计划，这两个机制的资金都来源于工人和雇主定期交纳的费用。社会保险管理局负责给每个公民分配9位数的社会保险号码，联邦政府通过这个号码可以追踪雇员和雇主交纳保险金的情况，以此作为日后获取诸如退休金、老年医疗、退役军人收益等各种社会保障的凭证。

出生医学档案一般俗称为"出生证明"，它是人事档案的基础。欧美国家的出生证明一般由婴儿出生所在地依法许可的医疗保健机构签发，由该机构出具的新生儿法定医学证明又被称为"出生医学证明"。它是新生儿作为登记国籍户籍、获得医疗保健服务、证明亲属血缘关系的重要法律文本，也是公民的出生证明。身份辨识是信用社会的一个基本构成元素，也构成了一个公民开展活动的前提。美国作为世界上的发达国家，对外来移民、留学人员的出生医学证明等医学档案有着严格要求。出生医学凭证在美国具有辨识身份的作用。根据美国法律的要求，婴儿在美国出生后，医院派遣专员办理婴儿的出生证明，然后传递给州政府。婴儿父母拿到出生证明后提供给联邦政府才有资格申请办理护照、社会安全号（SSN）。可以说，在美国如果没有出生医学档案这个"身份承认"文件，那么护照和社会安全号的办理都无从谈起。

（二）发达国家人事档案管理的特点

首先，市场经济是法治经济，发达国家人事档案管理的最大特点是，统一立法，依规管理。如二战以前，美国对出生医学档案的管理很不规范，私自篡改或伪造新生儿医学档案的情况比比皆是。1953年，艾森豪威尔当选美国总统后，出于国家安全政策的需要，联邦政府鼓励各州制定统一立法措施，杜绝对出生证明的篡改，确保出生医学档案的权威性和可信性。根据美国《公务员法》《信息自由法》《隐私法》等相关规定，联邦政府工作的人员分军人和文职两种，产生的个人档案分别保存在其所在单位的人事档案室。美国国家档案文件局在圣路易斯建立了全国军事人员文件中心和全国文职人员文件中心。凡在军队服役的军人，不论是士兵或军官，在死亡、辞职或调动工作120天后，其档案都要向军事人员文件中心移交；而在联邦政府工作的雇员，不论其有无职位，在辞职、死亡或调动工作120天后，其个人档案则向文职人员文件中心移交。[1]

其次，市场经济是多元经济，西方国家人事档案管理体制也呈现多元化。

---

[1] 黄霄羽. 国外人事档案管理的特点及启示［J］. 北京档案，2006（1）：20-23.

如美国的人事档案管理因雇员任职机构的所有制形式不同可分为联邦政府雇员和私人部门雇员两系统。公有系统的人事档案一般采取的是集中管理模式。美国联邦政府各部门、各机关的档案由联邦档案机构负责集中管理。各州、市、企业、公司、财团、科研、文教等非联邦机关的档案由归属者自行管理。美国的人事管理总署，直接对总统负责，联邦政府各个部门都统一设置人事机构，负责该部门的人事档案管理。私立系统的人事档案一般采取分散的社会化管理模式，其人事档案由本单位人事部门进行保管。如雇员出现辞职或工作调动等情况，其人事档案仍然保留在原供职单位，或移交到商业性文件中心寄存。雇员进入新的单位，就建立起新的人事档案，这种做法的特征是"人档分离"。正如以上曾介绍过的，"小马赛人报"、居留卡、工卡、出警记录等信息碎片构成了一个真实完整的资料链，逐步完善邓小平在法国的人事档案，凸显发达国家"雁过留声、人档分离"的人事档案管理特点。日本的人事档案管理也是分公有、私人两个系统，但不像美国公有机构集中管理，而是由各部门、各层级负责保管同级机关的人事档案。

再次，市场经济是信用经济，西方国家人事档案管理特别注重信用管理。法国、德国和比利时等一些欧洲国家的信用体系与美国有共同特征。一是都有健全的信用法律体系，二是信用信息公开、透明，共享程度高，三是公众和市场主体的经济行为都有伴随终生的信用记录。欧洲国家与美国存在的差别，主要是：前者的信用监管，公权的力度较大；而后者市场的行为较多。但是对失信者的严惩，欧美国家态度是一致的。它们认为，不需要对失信者进行任何思想道德教育，失信记录是人事档案的重要组成部分。法律支持信用服务机构把失信人的失信记录方便地在社会传播，使失信者在一定期限内付出惨痛代价。如在破产记录保留的7~10年内，消费者个人不可能得到新的贷款。美国对失信者有从劳动处罚、经济处罚直至刑罚的多种处罚手段。法律明确规定，对失信者监狱行刑有缓刑、假释、电子监控等多种替代方法，并有多种短刑期，对民事惩罚不足以惩戒的严重失信行为则依法进行刑罚，使失信者留下终生不良记录。

最后，市场经济是效益经济，西方国家人事档案管理强调保护个人隐私，尽可能地扩大人事档案的使用范围。例如，美国国家人事文件中心在网络主页上就明确提出其使命是"为政府机构、退伍军人、前政府文职雇员、家庭成员、历史学者以及研究人员提供世界一流的服务"。① 特别是，西方国家积极倡导人事档案应主动向本人开放。如法国行政机关在对公职人员启动惩戒程序以前，必须对拟受惩戒者交阅档案材料。美国的《信息自由法》规定，积极提倡保障相对人的知情权，对人事档案采取"依申请公开"的方式，只要是在法律许可的范围内，人事档案必须向符合条件的利用者开放。另外，西方国家一般注重公民隐私权的保护，一般来说，人事档案不随便向公众开放。美国、法国明确规定，人事档案的提供利用必须以尊重相对人隐私权为前提，不能开放的内容将坚决受到保护。例如，涉及个人出生状况、健康状况、婚姻状况、财产收入状况、职业经历、宗教信仰、犯罪记录以及家庭名誉等方面的信息就属于需要限制利用的范畴。

第二节　探讨人事档案管理

人事档案是中国人事管理制度中的一项重要内容，它是个人成长过程中身份、学历、经历等要件的真实记录，与个人工资待遇、社会劳动保障、组织关系紧密挂钩，具有法律效用。人事档案是以人为主体而设置的一类信息载体。从理论上讲，它是一个人全部经历的德、勤、能、绩等诸多方面的真实记录，也是用人单位全面了解一个人历史的基本材料。

一、人事档案基本功能

在中国，人事档案大概可分为干部档案、科技人员档案、工人档案、学生档案、军人档案等多种类型。另外，根据个人身份的不同，一般又可分为干部人事档案和一般个人档案。由于人事档案服务对象的不同，人事档案功能也表现为党组织、其他组织、个人三个层面。

---

① 黄霄羽. 国外人事档案管理的特点及启示 [J]. 北京档案，2006（1）：20-23.

（一）党组织层面：干部人事档案是"党管干部"的基础

1. 干部人事档案是我们党创造的独特财富。干部人事档案工作是干部工作中最基础、最重要的部分，它往往是跟着干部走，跟着干部的经历走，它是集中记载了干部个人经历、政治思想、品德作风、业务能力、工作表现、工作业绩等内容的文字材料。干部人事档案工作是组织人事工作的主要组成部分，也是干部工作、人才工作的重要环节，具有不可替代的重要作用。做好干部人事档案工作，是从严治党的关键所在。党要管党首先要管好干部，从严治党关键是从严治吏。干部人事档案记载着干部的基本信息和成长经历，是选拔、评价、使用干部的基本凭证和重要依据，同时也体现干部的基本诚信，是衡量干部德行的重要方面。无论是按照"三严三实"要求从严管理干部，还是按照"德才兼备、以德为先"标准选拔好干部，都必须加强干部人事档案工作。做好干部人事档案工作，是深化人事制度改革的现实要求。治国之要，首在用人。全面深化改革能否成功，关键在党、关键在人。当前，各地区、各部门正在认真贯彻落实党中央关于深化党和国家机构改革的各项部署，其中对档案材料移交和接收、工作纪律、组织领导等作了明文规定，以确保干部人事档案工作与党和国家机构改革步调一致，健康有序开展，《干部人事档案工作条例》的出台是人事制度改革的产物，顺应了时代的需要。

2. 干部人事档案是管党治党的重要依据。党的十九大报告中指出，坚持全面从严治党，必须以党章为根本遵循，把党的政治建设摆在首位，思想建党和制度治党同向发力，统筹推进党的各项建设，抓住"关键少数"，坚持"三严三实"。"三严三实"包括：严以修身、严以用权、严以律己，和谋事要实、创业要实、做人要实等六部分。其中，严以修身就是要加强党性修养，坚定理想信念，提升道德境界，追求高尚情操，自觉远离低级趣味，自觉抵制歪风邪气。严以用权就是要坚持用权为民，按规则、按制度行使权力，把权力关进制度的笼子里，任何时候都不搞特权、不以权谋私。严以律己就是要心存敬畏、手握戒尺，慎独慎微、勤于自省，遵守党纪国法，做到为政清廉。谋事要实就是要从实际出发谋划事业和工作，使点子、政策、方案符合实际情况、符合客观规律、符合科学精神，不好高骛远，不脱离实际。创业要实就是要脚踏实地、真抓实干，敢于担当责任，勇于直面矛盾，善于解决问题，努力创造经得起实践、人民、历史检验的实绩。做人要实就是要对党、对组织、对人民、对同志忠诚老实，做老实人、说老实话、干老实事，襟怀坦白，公道正派。要发扬"钉钉子精神"，保持力度、保持韧劲，善始善终、善作善成，不断取得作风建设新成效。党员，尤其是党员干部，过去、现在如何坚持"三严三实"，都突出记载在每个人的干部人事档案中，成为党组织从严治党、统筹推进党的各项建设的一项重要依据。

3. 干部人事档案是建设高素质专业化干部队伍的重要基础。人事档案是新时代党的重要执政资源。档案反映了人们在各项社会活动中直接形成的各种形式的具有保存价值的原始记录，也就是一个人的经历、成就、特长等信息都能从档案中找到，它是对个人能力强弱的最有力依据。因此，加强干部人事档案管理，对打造专业化干部队伍有积极意义。中国历朝历代都重视官吏选拔和管理，强调"为政之要，唯在得人""育才造士，为国之本"。共产党员干部是中国共产党的基石，是国家有效治理的重要保障。因此，全面清理干部人事档案，着力以档案的清清爽爽保证用人的清清爽爽，培养选拔党和人民的好干部。"伟大斗争，伟大工程，伟大事业，伟大梦想"需要才合其位的党员干部来支持，这就需要推动干部人事档案工作科学化、制度化、规范化，全面提升新时代干部人事档案工作质量和水平，通过人事档案把"质量关""准确关""认定关"，做到因才定位，让每一个岗位都有专业化的干部到位。依据人事档案，全面掌握干部的真实表现。结合人事档案材料，充分发挥领导干部"负面清单"制度筛选把关作用，坚决杜绝"带病"干部上岗，确保将干部考准考实、选准用顺。坚持依据工作需要、岗位需求选用综合素质好、专业匹配度强的干部，使领导班子成员专业素养整体覆盖一个地方发展需要、一个单位核心业务，努力做到以事择人、依事选人、人岗相适。

4. 干部人事档案是新时代党的重要执政资源。办好中国的事情，基础在党，关键在人。当今世界正处于百年未有之大变局，中国正处于由大向强发展的关键阶段，建设一支堪当重任的高素质专业化干部队伍至关重要。中国特色社会主义进入新时代决定了干部肩负的艰巨历史任务，需要广大党员干部团结带领人民群众撸起袖子加油干，始终保持永不懈怠的精神状态和一往无前的奋斗姿态，保持党的先进性和纯洁性，始终做到干部清正、政府清廉、政治清明。干部要始终践行"信念坚定、为民服务、勤政务实、敢于担当、清正廉洁"的20字干部标准。党组织要用这些标准引导干部、考核干部，并做好真实记录，形成干部人事档案。并以此作为新时代我党的重要执政资源，努力打造一支忠诚干净担当、数量充足、充满活力的高素质专业化干部队伍。领导干部必须敢于挑战，善于干事创业，在干事创业中磨炼意志、增长本领，在事业奋斗中接受组织的挑选、群众的评判。必须坚持公道正派，坚持五湖四海、任人唯贤，着眼于党的事业发展需要选人用人，公道对待干部，公平评价干部，公正使用干部，让好干部真正受尊重、受重用，使选出来的干部组织放心、群众满意、干部服气。必须强调事业为上、人岗相适、人事相宜、以事择人。对此，干部人事档案可以发挥不可替代的作用。

（二）社会组织层面：人事档案是组织建设的基础性内容

1. 人事档案是企事业单位吸引人才、储备人才的重要前提。成熟的企事业单位在招聘时，都要审查相关人员的档案，并以其记载的相关资讯作为甄选人才的重要证据。人事档案管理部门通过对人事信息的汇总、统计、分析，结合自身情况，给本单位制订人才引进计划，提出合理建议。人事档案是人才个人经历和社会实践活动的原始记录，是人才德、能、勤、绩等情况的综合反映。企事业单位需要的人才是否可以长期满意使用，除了直接考察外，还要通过查阅和分析其人事档案以全面、准确地了解人才各方面情况。其间，短时间的面试考察和人事档案长期的、真实的、有价值的记录相比较，后者的作用和可信度或许会高一些。企事业的人力资源管理部门会依据不同人才的能力和各类人才的特点，博采众长，对人才进行合理配置和优化组合，完善人才结构，组建一支整体素质高、技术实力强、结构合理、团结协作、能打硬仗的专业队伍和高素质、高水平的管理队伍，盘活高素质人才资源，充分发挥人才的作用，真正实现"人尽其才，才尽其用"。通过对本单位现有人事档案进行科学分析，结合组织建设和发展方向，可以发现本单位人才梯队的薄弱环节，从而有针对性地引进急需优秀人才，合理储存后备人才。

2. 人事档案是企事业单位内部管理、结构优化的重要依据。人事档案是人才信息的重要载体，它记述和反映个人经历、思想品德、业务业绩、个性特点、专长爱好等情况，是全面考察和正确选拔使用人才的重要依据。个人的年度考核，是通过群众监督，组织认定的真实、有价值工作记录，是人事档案的重要组成部分；个人的获奖、学历提升、重要业绩都是人事档案增添的主要内容，这对于发现人才、识别人才、培养人才、使用人才有着重要的意义。另外，人事档案既是针对每个人特点进行"量体裁衣"的工具，又是帮助个人多方面取得佳绩的有效工具。通过记载清楚、内容完整的人事档案，可以激励各种人才总结过去成绩，不断奋进，创造新的业绩，从而最大限度地发挥自身的潜能和智慧。企事业单位根据人事档案中现有人才结构情况，分析人才的各自特点，制定相应的人才培养措施，使优秀人才脱颖而出，为组织发展做出更大贡献。以致在组织内形成积极上进，你追我赶，共同进步的良好气氛，使个人及群体的潜能得到充分发挥。同时，单位内部设立负面清单事项，人人对照执行，重点事项的表现记入人事档案，这对减少违规违法，促进组织发展有直接作用。

3. 人事档案是企事业单位参与构建和谐社会的重要保障。人事档案材料是考察一个人各方面的重要依据，在和谐社会时期要重视人事档案道德资源建设的开发，为组织部门全面地考察和正确地选拔干部做好准备工作。人事档案形成于不同时期，是个人社会经历及其实践活动的真实记录。它可以为落实人事政策、评定职称、调整工资级别以及解决个人历史遗留问题等方面提供可靠的线索，对维护当事人的正当权益有着无可辩驳的凭证作用，是维持社会秩序，稳定社会，推进和谐进程的重要保障。建立责任型的企业文化，促进企业履行社会责任的自觉性。企业通过承担社会责任而实现社会财富的第三次分配，能够有效弥补社会净产值一次分配和二次分配的不足，还能缓解贫富差距和区域发展失衡，如慈善捐款、技术与文化培训、人力支持等。人事档案记录的关于个人经历、政治思想、品德作风等，是历史的、全面的考察和评定员工的重要依据。企事业单位人事档案中都包括社会服务、社会公德的内容，反映了员工的综合素质。这一导向性的原始记录，对推动和谐社会的构建起到积极作用。

（三）个人层面：人事档案是每一位追梦人的必备

1. 人事档案是个人身份最有力的证明。人事档案是一个人经历的真实记载，也是人才交流、个人发展的依据。这些以个人为单位集中保存起来以备查考的文字、表格及其他各种形式的历史记录。它是个人身份、学历、资历等方面的证据，档案里有关职工在职期间的招用、劳动合同，调动、聘用、复员退伍、转业、工资、保险福利待遇、出国、退休、退职等材料，档案材料在职期间用来核定职工本人工资、计算本人工龄与个人工资待遇、社会劳动保障、组织关系紧密挂钩，档案在职工达到退休年龄时，由社保部门对工作期间记录的工龄、是否符合特殊工种退休等条件来计算职工本人退休后养老金的发放标准。个人档案是记载一个人成年后（含参军入伍）的全部经历，包括一个人的工作经历、学习经历、政治表现、每一年的年度考核、工资待遇、职称评定情况、政治面貌、品德作风、受过的表彰和处分等个人情况的文件材料，起着凭证、依据和参考的作用，是记载人生轨迹、审核工龄、审核个人政治思想表现等的重要依据。任何一个有理想、有能力的追梦人，都需要这一张证明信，以证明自己原有的贡献、现有的身份、将有的潜能。人事档案也是一张通行证，它可以帮助你迈过一定的门槛，尽快进入理想的成功殿堂。

2. 人事档案在社会交往中具有法律效用。档案是个人维护自身权益和应有的社会、政治待遇的重要工具。人事档案不仅为领导决策、教学、科研和管理等工作服务，也为个人的切身利益服务，帮助解决没有档案就无法解决的问题。例如，每一位在职员工职称申报，需要根据人事档案中记录的信息来确定申报资格。又如，个人转正定级，需要利用人事档案信息去确定干部身份，计算工龄。真实性是人事档案的生命，是人事档案存在的前提和发挥作用的基础。市场经济需要信用作为保证，人事档案是个人在社会活动、生产经营等方面建立和利用信用体系最有力的工具。人事档案中"三龄一历"个人信用的基础，在企事业单位，工龄和个人经历是作为工资、职务晋升的主要依据，是享受社会保险的依据。党龄和工作表现是组织考核与干部任免前的必查内容。市场经济的另一个特点是人才的频繁流动，其中，人事档案是干部身份在单位之间、城市之间流动的必备条件之一。户口可以根据人事档案中是否具备干部身份，随档案调动而迁移。在保留原有身份、工龄连续计算、国家规定的档案工资调升、转正定级、职称评定、出国（境）政审、党团关系管理、婚姻生育管理、代办社会保险等事项中，应出具以人事档案为依据的各种法律证明。

3. 人事档案是每个人参加公平竞争最有力的工具。人事档案是人事信息资源的主要来源，是记述个人基本情况、工作能力及道德表现的文字材料，也为社会如何合理配置人力资源提供依据。市场经济提倡的是公平、公开、开放的

21

竞争，但是由于市场经济竞争具有盲目性等特征及社会方面陋习的存在，托关系、走后门等不良现象层出不穷，这也使得在人才选择过程中往往就会受到各种因素的干扰而导致对人才选择的错误，以致出现人事不匹配，"英雄无用武之地"等不良局面。在公平的市场经济竞争中，人事档案是录用公务员、事业单位工作人员政审时必备的材料，是公务员、企事业员工公平公正确定工资、职称评审以及离退休手续的办理依据。如新单位入职审查，公务员、事业单位招考政审，流动人员计划生育相关事宜及婚姻状况证明等都会用到人事档案；员工工龄的认定和退休工龄的审核也要用到人事档案；申请经济适用房时也必须到档案管理部门开具工龄证明；以及退役军人开具安置介绍信延续工龄、公务员入职、晋升提供政审资料等相关证明时，都需要使用人事档案；包括因公出国政审也必定要依据人事档案进行政治审查，如果档案材料不全，政审机构就会拒绝审查。

二、人事档案管理体制

中国改革开放后的高速发展，一个重要的原因，就是广大干部群众的基本素质有了较大提高。其间，人事档案真实地记录了每一位奋进者走过的艰辛历程和丰硕成果，对个别人犯下的个别重大失误也留下了警示，真正起到激励和鞭策作用。人事档案管理体制是一个系统工程，其内涵重点基于管理原则、管理特征两个方面。

（一）人事档案管理原则

根据中国人事档案工作长期积累的经验，依据中央组织部2018年《干部人事档案工作条例》第五条规定的主要精神，人事档案管理应该遵循以下原则。

1.党管干部、党管人才原则。党管干部，是党的领导在干部人事工作中的重要体现，是巩固党的执政地位、履行党的执政使命的重要保证。主要内容包括：由党制定干部工作的路线、方针、政策；由各级党委管理和推荐重要干部，加强领导班子和干部队伍建设；党指导干部人事制度改革，改进党管干部方法，努力实现干部工作的制度化、规范化、科学化；加强对干部人事工作的宏观管理和检查监督，保证干部工作及其人事档案管理工作健康有序进行。

实践证明，坚持党管人才，不仅有利于巩固和扩大党的执政基础，提高党的执政能力，而且有利于大力实施人才强国战略，加强人才队伍建设，提高人才工作水平，为全面建成小康社会提供坚强的人才保障。为此要发挥人事档案的作用，在党委的领导下，组织部门、政府职能部门、人民团体、企事业单位和社会中介组织等充分发挥各自作用，对人才实行分层分类管理，重点是建立与完善适合党政人才、经营管理人才、专业技术人才这三支队伍特点和成长规律、公平与效率相统一、激励和监督相结合、竞争与创新相促进的管理机制，做到更快发现人才，更好使用人才。

对党政领导人才，要坚持"群众公认"；对企业经营管理人才，要坚持"市场公认"；对专业技术人才，要坚持"学术公认"。坚持党管人才，党委与政府在其中主要是指导、协调和服务，制定和组织实施人才工作中的长期发展规划，建立和完善人才政策体系，用法制手段保障各类人才的合法权益，为人才素质的提高和作用的发挥创造更加宽松和谐的环境条件。组织部门要充分利用人事档案，切实做到对待人才"不唯学历、不唯职称、不唯资历、不唯身份，重在表现、重在能力"，努力创造一种公平竞争，能让各类人才来去自由、自我扩张的宽松环境，实现人才提升、进出的"零障碍"。

2. 依规依法、全面从严原则。人事档案是社会主义公权制度下对个人信息的收集和使用，它属于国家所有，政策性相当强，其管理必须严格依规依法。《干部人事档案工作条例》中设有专章规定干部人事档案工作的纪律和监督，凸显了全面从严管党治党、管档治档的新要求。并明确规定公务员、企事业员工的人事档案必须做到"凡进必审""凡提必审""凡转必审"，将干部人事档案审核工作"嵌入"到人员聘用、录用、遴选、选调、考察、任职前公示、交流、军队转业（复员）安置、人才引进等人力资源管理环节。并提出"十一严禁"工作纪律和工作要求，涉及干部人事档案工作的"建、管、用"各个工作环节，覆盖到档案材料形成部门、干部本人、档案工作者、档案利用者、档案违规违法行为当事人和有关人员等各类主体。明确划出人事档案管理工作中不可逾越的"底线"，标明每个人在人事档案信息提供和档案材料使用方面不可踩触的"红线"，亮出警示灯，竖起人事档案工作栏杆的"警戒线"。

《干部人事档案工作条例》赋予组织人事部门、纪检监察机关、巡视巡查机构、下级机关（单位）和党员、干部、群众对干部人事档案工作进行监督的职责，构建了组织监督、民主监督、内部监督、其他部门监督、社会监督等全方位、多维度、立体化的监督体系。坚持制度面前人人平等、制度约束没有例外、制度执行没有特权，使制度真正成为"硬约束"而不是"橡皮筋"。这种刚性的问责条款，确保干部人事档案工作法规的严格执行，使纪律真正成为带电的"高压线"，对干部人事档案工作中的违纪、违规、违法行为形成威慑，促使干部人事档案工作依法依规、科学规范开展。

3. 分级负责、集中管理原则。《中华人民共和国档案法》第五条规定，档案工作实行统一领导、分级管理的原则，维护档案完整与安全，便于社会各方面的利用。在此基础上，针对人事档案的特殊性，中国的人事管理制度强调"分级负责、集中管理"。

"分级管理"是指全国人事档案工作，由各级组织人事部门根据其管理权限负责某一级人员的人事档案材料，并对人事档案工作进行指导、检查与监督。由于各级别的人事档案形成者所处的地位与身份不同，从事的工作性质不同，对国家所做贡献有大小之分，其档案的保存价值、保密范围也必然存在一定差异，因此，人事档案分级负责势在必行。一般来讲，学生档案由所在学校的教务或学生工作部门管理，职工档案由所在单位的人力资源部门管理，干部档案是按干部管理权限由各级组织、人事部门分级管理，即管哪级干部，就管哪一级干部档案，使人员管理与档案管理的范围一致。这种管人与管档案相统一的管理体制，使人事档案工作与人事工作的关系非常密切，有利于各级组织、人事部门对人事工作的领导，也可以为人事档案的管理与利用提供组织保障。

"集中管理"是指人事档案的所有权属于国家，中央组织部和国家档案局对全国人事档案工作实行全面规划与统筹安排，制定统一的档案法规和业务标准，提出统一的方针政策，实行统一的指导、监督和检查。其中，各级各部门的人事档案必须集中由组织、人事、劳动部门统一管理，具体业务工作由直属的人事档案部门负责，其他任何部门或个人不得私自保存人事档案，严禁任何个人保存他人的人事档案材料，违反者将要受到追究。

4. 真实准确、完整规范原则。维护个人信息的真实性，是从严治党、人事档案工作开展的可靠保证。人事档案内容的真实性直接关系到人事档案的使用价值，关系到组织部门对人才的评价、培养和使用，关系到每个员工的切身利益和政治前途。因此,真实准确是人事档案管理的根本属性,必须做到凡归档的材料必须实事求是、真实可靠。由于历史的、体制的等方面原因,人事档案失真问题,多是在管理不严或管理混乱的情况下发生的。现在许多部门都在以不同方式管理人事档案。除人事部门所属人才交流机构外,劳动部门、失业管理部门、社会保险机构、一些社会团体也在管理,国有企业、私营企业也都在管理。这种多头管理的状态,难免存在一些漏洞,给一些不良风气留下空间。解决上述存在问题,必须对现行的人事档案进行规范。

人事档案作为干部成长的重要记录"凭证",必须完整、精练,始终坚持从严管档、数字建档、精准用档,持续推动干部人事档案工作科学化、制度化、规范化、完整化。人事档案内容失真问题,虽然是少量的、个别的,但影响不可低估,它使档案工作的严肃性受到损害。有些地方和单位发生涂改、篡改档案,编造假材料,制造假档案,甚至丢失、贩卖档案等问题,往往都与监督检查不力有关。因此,要以防止和纠正档案领域不正之风为重点,加大对档案管理工作的监督检查力度。对于弄虚作假,伪造档案材料的行为,一经发现,要依法依纪进行严肃查处。不仅要追究直接责任者的责任,还要追究管理人员和主管领导的责任。同时,也要教育干部在档案工作中,严格按规章制度办事,坚持党性原则,遵守职业道德,坚决同利用人事档案谋取私利的不良倾向做斗争,维护人事档案的真实性,使档案客观地记录好历史真实的一页,进而更好地为现实服务。

5. 方便利用、安全保密原则。人事档案是个人成长轨迹的真实记录,是个人信息的储存库,具有考察了解、选拔任用干部和历史凭证的作用。

首先,充分挖掘档案的内在功能,提高档案的利用价值。在档案中增加全面反映干部真实情况的内容,提高干部人事档案在干部人事工作中的影响力和执行力,发挥档案提供考察依据的有效作用。要合理开发、利用干部人事档案资源的优势,建立健全档案资源的系统化管理与利用的运作机制,发挥档案的社会效益。

其次,创新干部人事档案管理的方式方法,提高工作效率。要积极构建以现代信息技术为依托的干部人事档案信息平台,提高档案管理与利用的效率,实现全面、动态化的管理。要加强档案工作队伍建设,构建吸纳、留住优秀人才的工作激励机制，同时加大培训力度，确保档案工作者的素质与现代化档案工作要求相适应。

再次，构建面向社会的干部人事档案管理服务体系。要从干部人事档案管理机构与干部人事档案管理模式上进行重新思考，使人事档案管理服务工作不仅要满足组织、人事等到部门工作的需要，还要不断满足广大社会公众对人事档案信息合理合法的利用需求，从而推进中国人事档案管理改革，促进和谐社会建设的全面发展。

最后，维护干部人事档案的安全保密，除了做好"六防"工作，积极采取措施，最大限度地减少人为和自然因素损坏干部人事档案。建立健全和严格执行保密制度，切实做到不丢失、不损毁、不扩散、不泄密，确保干部人事档案的完整性与安全性。人事档案管理人员应签署保密协议；他人进行档案资料调取和使用时，同样需要签署保密协议，如有违反，应按相关规定进行处罚。为避免档案资料的安全性和保密性降低，及时对现有系统进行更新和维护，并聘请专业的电脑维护人员，研发独立自主的电脑防火墙，提高资料的安全性，让资料的使用、存储既快捷方便，又安全可靠。定期对人事档案数据库系统进行更新和维护，保证人事档案数据的完整和安全。

（二）人事档案管理特征

1. 法治建设是人事档案管理体制的基石。新中国成立后，党中央对干部人事档案管理工作十分重视，尤其是规范性的法治建设。1956年，中共中央要求中组部以及各级党委组织部门成立专门机构，对干部档案进行分级管理，取代了以往人事档案管理的行政性，从而实现了党对人事档案管理的统一领导。其间由中央组织部牵头，并且组织相关部门进行座谈之后，出台了中国第一部有关干部人事档案的指导文件即《干部档案管理工作暂行规定》。该规定主要解决了在干部人事档案管理中，人事资料的收集、总结、补充、审查、归档、整理等问题中存在的问题，同时也建立起干部人事档案管理体制。《干部档案管理工作暂行规定》的出台，标志着中国干部人事档案的管理逐渐走向了正规化。

党的十一届三中全会之后，随着党的改革开放事业不断推进，干部人事档案制度也随之得到了很大的发展。1980年，中央组织部颁布了《干部档案整理办法》《干部档案工作的意见》等文件。按照文件的要求，在全国范围内都逐步开始施行了履历表填写工作，也逐步补充完善了干部相关的人事资料，与此同时也逐渐清理了"文革"时期的假、冤、错档案资料。1987年9月5日，第六届全国人民代表大会常务委员会第二十二次会议通过《中华人民共和国档案法》，随后该法经过多次修改，成为中国人事档案管理的基础性法律文件。1990年，中央组织部制定了《干部档案整理工作细则》，由此中国干部人事档案制度的框架基本建立。

1991年，中央组织部、国家档案局依据《中华人民共和国档案法》等法律法规，颁发了《干部档案工作条例》，使得中国的人事档案工作又上了一个新台阶。1992年，劳动部、国家档案局颁布《企业职工档案管理工作规定》，使得人事档案管理的范围更加全面。随着改革开放进程的加快，中央组织部、人事部1996年颁布《流动人员人事档案管理暂行规定》。该规定为进一步加强流动人员人事档案的管理，维护人事档案的真实性、严肃性，完善人才流动社会化服务体系，促进人才合理流动。

2018年，中共中央办公厅印发了《干部人事档案工作条例》，要求各级党组织提高政治站位，切实把干部人事档案作为新时代党的重要执政资源。要着力完善管理体制、健全工作制度、细化工作标准、创新工作方式，全面提升干部人事档案工作质量，持续推进干部人事档案工作科学化、制度化、规范化，服务广大干部人才，服务新时代中国特色社会主义伟大事业。该条例对人事档案管理的组织建设、管理环境与物质条件、管理环节、分级负责、集中管理等都做了规范性要求，成为人事档案管理的工作指南、行为准则与法律文本，必须严格执行。

2. "档随人走"是人事档案管理工作的一项重要制度。在人事管理工作中，干部的任免权限与主管单位是动态的，人员流动是客观存在的，人事的主管协管单位经常发生改变。为此，人事档案要随着人员的流动，干部任免权限的改变，主管协管单位的变化，及时转至新的主管部门，做到"档随人走"。"档随人走"是保持管人与管档案相一致的有效措施，是保证干部人事档案工作及时为组织、人事工作服务的必要条件，是维护人事档案完整与安全的一项重要业务建设，也是干部人事档案部门接收干部人事档案和充实档案内容的重要途径之一。

长期的实践证明,"档随人走"的最大优点,是保持了人事档案的完整性,使其能集中反映一个人一生的经历、政治思想、品德作风、个性特点、业务专长、工作表现、实际业绩、工资待遇、廉洁诚信、健康状况等全面情况,便于组织、人事部门历史地、全面地了解、考察、选拔、培养、使用干部,有利于充分发挥人事档案的作用和避免"无头档案"的产生。但是,"档随人走"的制度,却遇到了人员流动频繁的挑战,实践检验证明,它并不是一条普遍适用的规律。"档随人走"取决于人员与单位之间处于相对稳定状态,流动性不大,机关变动少,人事档案管理规范,转递制度健全等条件。从中国的现实情况来看,以公务员管理或参照公务员管理的党政军机关的干部人事档案,应严格执行"档随人走"的制度。一个干部(公务员)无论怎样调动或流动,只要还在党、政、军系统内,就应坚持"档随人走",一人一生只有一套人事档案,是终身的。

对于人员辞职、出国不归或者被辞退、解除(终止)劳动(聘用)合同、开除公职等情况,在党委(党组)或者组织人事等有关部门对当事人做出结论意见或者处理处分,经保密审查后,原管理单位的干部人事档案工作机构应当将档案转递至相应的干部人事档案工作机构、公共就业和人才服务机构或者本人户籍所在地的社会保障服务机构。接收单位不得无故拒绝接收人事档案。因行政区划调整、机构改革等原因单位撤销合并、职能划转、职责调整、国有企业破产重组等,组织人事部门应当制定干部人事档案移交工作方案,编制移交清单,按照有关要求及时移交档案。干部身故5年后,其人事档案移交本单位档案部门保存,按同级国家档案馆接收范围的规定进馆。

3. 收集利用规范化、审核监督常态化是人事档案管理的明显特征。1996年中央组织部颁发《干部人事档案材料收集归档规定》,长期以来,档案管理人员主要是根据这一规定收集人事档案材料。同时规定强调,人事档案的鉴定是辨别真伪、确定人事档案范围的重要一环。它有助于判断记载的信息是否真实、准确、完整。在鉴定中要剔除没有价值的多余材料、假材料,净化和优化人事档案内容。对人事档案中遗漏材料或信息给以完善,缺少的主要材料,要逐一登记,并补充收集归档,对一些重要信息做出相应的书面鉴定。鉴定档案的保存价值,决定档案的存毁,是一项科学性很强的工作。"认真守纪、广泛收集、严格鉴定、去伪存真"是人事档案收集规范化的最精准概括。

对于日益增多的流动人员，中央组织部、人力资源部2021年颁发的《流动人员人事档案管理服务规定》明确提出，档案管理服务机构按规定接收符合条件的人事档案、学生档案，形成流动人员人事档案，并以适当形式明晰与流动人员、存档单位的权利和义务。对不同区域、岗位间移动的聘用合同和解除合同等材料要及时归档入册，保证档案的真实性、完整性，实现人事档案科学动态管理。

人事档案是国家所有、部门管理，提高人事档案的服务效能，充分发挥档案的作用，实现档案的价值，建立规范的人事档案利用制度，完善档案利用环节，就显得十分重要。人事档案的利用主要有三方面。第一，服务组织内人事等部门，这是人事档案利用工作的最主要形式，几乎所有人事工作都需要通过查阅人事档案，了解其真实全面的情况。第二，服务社会，为公安、司法、民政等部门提供个人档案资料，为社会公平、公正提供了可靠的依据。第三，服务个人，即让人事档案为相对人升学报考、出国、公证等需要提供帮助。为了严格遵守保密制度，保障人事档案相对人的合法权益，人事档案的利用就必须做到有章可依，规范操作。

遵循党管干部、党管人才原则，组织人事部门必须坚持"凡提必审""凡进必审""凡转必审"，在干部动议、考察、任职前公示、录用、聘用、遴选、选调、交流，人才引进，军队转业（复员）安置，档案转递、接收等环节，严格按照有关政策和标准，及时做好干部人事档案审核工作。人事档案审核应当在全面审核档案和重点审核相结合的基础上，审核档案内容是否真实、档案材料是否齐全、档案材料记载内容之间的关联性是否合理以及是否有影响干部使用的情形等。重点审核的是，干部的出生日期、参加工作时间、入党时间、学历学位、工作经历、干部身份、家庭主要成员及重要社会关系、专业技术职务（职称）、学术评鉴、奖惩等基本信息。审核档案内容是否真实、档案材料是否齐全、档案材料记载内容之间的关联性是否合理以及是否有影响干部使用的情形等。

档案审核中发现的问题应当按照相关规定及时进行整改和处理。涉及干部个人信息重新认定的，应当及时通知干部所在单位和干部本人。凡发现档案材料或者信息涉嫌造假的，组织人事部门等应当立即查核，未核准前，一律暂缓考察或者暂停任职、录用、聘用、调动等程序。

严肃纪律、强化监管是我党从严治党的前提，也是人事档案内容真实、利用规范的基础。开展干部人事档案工作必须遵守"11条禁令"，即严禁篡改、伪造干部人事档案；严禁提供虚假材料、不如实填报干部人事档案信息；严禁转递、接收、归档涉嫌造假或者来历不明的干部人事档案材料；严禁利用职务、工作上的便利，直接实施档案造假，授意、指使、纵容、默许他人档案造假，为档案造假提供方便，或者在知情后不及时向组织报告；严禁插手、干扰有关部门调查、处理档案造假问题；严禁擅自抽取、撤换、添加干部人事档案材料；严禁圈划、损坏、扣留、出卖、交换、转让、赠送干部人事档案；严禁擅自提供、摘录、复制、拍摄、保存、丢弃、销毁干部人事档案；严禁违规转递、接收和查（借）阅干部人事档案；严禁擅自将干部人事档案带出国（境）外；严禁泄露或者擅自对外公开干部人事档案内容。

各级组织人事部门对人事档案工作情况进行监督检查，纪检监察机关、巡视巡察机构按照有关规定，对干部人事档案工作进行监督检查。在人事档案工作中，所有管理人员自觉接受组织监督和党员、干部、群众监督。下级机关和党员、干部、群众对干部人事档案工作中的违纪违规行为，有权向上级党委（党组）及其组织人事部门、纪检监察机关举报、申诉，受理部门和机关应当按照有关规定查核处理。对于违反相关规定和纪律的，依据有关规定予以纠正；根据情节轻重，给予批评教育、组织处理或者党纪政务处分，并视情追究相关人员责任。涉嫌违法犯罪的，按照国家法律法规处理。

三、人事档案管理内容

由于历史变迁、社会发展，我党的工作重心发生了很大变化。因此，人事档案收集的内容呈现出一个动态的过程，使得人事档案内容范围逐渐成熟，相对稳定。

（一）人事档案内容的演变过程

1. 开始起步。新中国成立初期，干部档案材料陈旧，档案内容杂乱，手续制度混乱，损毁散失现象严重，缺乏一套统一的、健全的干部档案管理制度。

同时，历年积存下来的干部档案材料和肃反审干中形成的材料堆积如山，严重地影响到对干部档案材料的使用。为此，建立统一的干部档案管理制度迫在眉睫。1956年8月，中央组织部制定《干部档案管理工作的暂行规定》（以下简称"1956年《规定》"），明确了干部档案的内容。这是中国第一部全国性的干部档案工作综合性法规，标志着中国干部档案管理工作走上正轨。

2. 逐步成型。"文革"十年，党的政治生活遭到极大破坏，一方面人事档案材料损失相当严重，另一方面利用档案材料整人造成严重恶果。党的十一届三中全会之后，全党工作的着重点转移到四个现代化建设上来，而人事档案工作面临着不少问题，表现为：档案材料政治性的过多、过乱，派性材料仍然存在；人员的业务能力体现较少，材料普遍存在老、散、乱、缺；人事档案的管理与人力资源管理相互脱节；等等。为此，1980年中央组织部修订《干部档案工作条例》（以下简称"1980年《条例》"），其出发点就是为发现、培养、选拔、使用建设"四化"人才服务。因此，人事档案中增加了个人的业务水平、技术专长、工作能力、成就贡献等方面的材料，为选拔建设"四化"人才，为按照专业的要求配置各级领导班子，提供可靠的依据。

3. 趋于成熟。1987年9月《中华人民共和国档案法》的颁布，伴随着干部制度改革，干部管理权限下放后，干部档案工作出现了许多新的情况和问题，1980年《条例》有些条文内容已不适宜，人事档案的部分内容已经不能反映改革开放深入的人才需要，中央组织部1990年12月召开第三次全国干部档案工作会议，修订《干部档案工作条例》（以下简称"1991年《条例》"）。1991年《条例》明确了干部档案内容"分类"思想。在不打乱原十类的情况下，做了部分合理调整，将四类中的考核、考察材料并入第三类，同鉴定并列，集中反映干部的政治思想、品德作风、业务能力和工作表现情况；将九类中的评聘专业技术职务、授予学位的材料列入四类，使四类集中反映干部学历、学位、学习成绩、评聘专业技术职务的情况，改变了九类材料过于庞杂的现象。

1991年3月印发《关于干部档案材料收集、归档的暂行规定》，罗列了干部档案收集归档范围，第一次对归入干部档案材料的名称做了进一步明确，为及时、全面地收集归档材料，搞好档案建设方面提供了制度支撑。1996年4月重新修订《干部人事档案材料收集归档规定》，明确了"后备干部登记表（提拔使用后归档)、审计工作形成的有关材料、博士后期满登记表"等材料应收集归入干部档案中。接着,为规范干部人事档案材料收集归档工作,确保为公道正派地选人用人提供真实、全面的档案信息,2009年7月再次修订《干部人事档案材料收集归档规定》,新增了如"报告个人有关事项的材料;在重大政治事件、突发事件和重大任务中的表现材料,援藏、援疆、挂职锻炼等考核材料";并明确如"报考博士的专家推荐表,毕业证书、学位证书复印件,教育部授权单位出具的国内外学历学位认证材料,教师资格认定申请表,各类专业拔尖人才的材料,干部人事档案报送、审核工作材料,毕业生就业报到证(派遣证),再生育子女申请审批表"等材料应收集归档。2017年5月,中央组织部印发了《关于完善干部人事档案材料的通知》,明确了在继续执行《干部人事档案材料收集归档规定》的基础上,对档案材料收集范围及材料归类问题做了更进一步完善,以充实和丰富干部人事档案建设内容。2018年,中央组织部印发《干部人事档案工作条例》(以下简称"2018年《条例》"),其中第十八条明确要求"干部人事档案内容根据新时代党的建设和组织人事工作以及经济社会发展需要确定,保证真实准确、全面规范、鲜活及时",这不仅规范了干部人事档案内容建设,也落实了从严管理干部要求,为今后档案内容建设指明了方向。

(二)人事档案内容演变规律的特征

1. 人事档案内容带有时代的烙印。不同时期归入人事档案的材料,记录了不同年代个人的成长轨迹,也承载着社会经济发展的印记。新中国成立之初,全国的审干工作并未停止,各级组织人事部门对过去的档案进行了必要的清理,新的档案材料包括清理"中层""内层""三反""五反"运动的大量材料。根据1956年《规定》,干部档案服务方向偏向政治斗争,导致1956年《规定》中档案内容以政治审查材料居多。1980年,国家进入改革开放初期,党和国家忙于经济建设,弱化政治审查,着重工资改革、职称评审。因此,1980年《条例》侧重收集干部的业务考绩材料以及干部任免呈报和晋升技术职称等材料。20世纪90年代,伴随着干部队伍"四化"建设,更加突出干部的实绩。故为1991年《条例》增添了反映干部学习经历、培训、评聘专业技术职务、参加学术团体和国际性政治、经济、科技、文化等活动材料。党的十八大以来,党中央坚定不移地推进全面从严治党,深化干部人事制度改革,建设高素质执政骨干队伍。为此，2018年《条例》新增了思想类材料、党组织书记抓基层党建评价意见等材料，充实了审计类材料，增加了审核类材料和诚实信用方面材料。例如，作为干部任免考察重要依据之一的干部人事档案，反映个人历史和现实的客观情况应是多角度、多方面的。故最新条例补充了反映专业性人才材料，"当选院士、入选重大人才工程，发明创造、科研成果获奖、著作译著和有重大影响的论文目录"；也补充了廉洁品德材料，"廉洁从业结论性评价等材料"，"公安机关有关行政处理决定，有关行业监管部门对干部有失诚信、违反法律和行政法规等行为形成的记录，人民法院认定的被执行人失信信息等材料"，体现了干部忠诚、干净、担当等。

2. 人事档案管理层级清晰、责任明确。2018年《条例》人事档案管理分三个层面。一是中央层面，由党中央领导，中央组织部主管，负责全国干部人事档案工作的宏观指导、政策研究、制度建设、协调服务和监督检查，建立由中央组织部牵头、中央和国家机关有关部门参与的干部人事档案工作协调配合机制，研究完善相关政策和业务标准，解决有关问题，促进工作有机衔接、协同推进，集中管理中央管理干部的人事档案。二是国家部委、省市党委层面，贯彻落实党中央相关部署要求，研究解决工作机构、经费和条件保障等问题，将干部人事档案工作列为党建工作目标考核内容，各部门、各地区按照干部管理权限分级负责、集中管理。各级组织人事部门负责本地区、本部门、本单位干部人事档案工作，建立健全规章制度和工作机制，配齐配强工作力量，组织开展宣传、指导和监督检查。三是县处及以下层面，干部人事档案按不同类别、身份，由县（市、区、旗）党委组织部门、人力资源社会保障部门等分别集中管理。根据工作需要，经上级组织人事部门批准，有关机关（单位）组织人事部门可以集中管理下级单位的干部人事档案。

3. 人事档案内容在继承中不断创新。从历史角度上看，1956年《规定》搭建了档案内容建设的雏形；1980年《条例》为干部人事档案内容构成基本成型；1991年《条例》提出了分类思想，进一步固化档案内容，干部人事档案内容建设逐渐形成了稍显完备的体系；2009年中央组织部制定《干部人事档案材料收集归档规定》，是对1991年《条例》材料收集归档方面的细化与发展；2018年《条例》进一步巩固干部人事档案的类别性原则，并立足党的建设和组织人事工作需要,在未打破十大分类体系下进行细微调整。半个多世纪,人事档案内容有增有减,但历次条例中有大量已被实践证明行之有效的内容和分类体系相对稳定,有利于干部人事档案工作延续。如干部履(简)历表、自传、鉴定材料、政治审查材料、党团材料、奖励材料、处分材料等,这些材料历次条例中都包括,构成干部人事档案主要内容之一,保持档案内容框架相对稳定(见图1.1)。

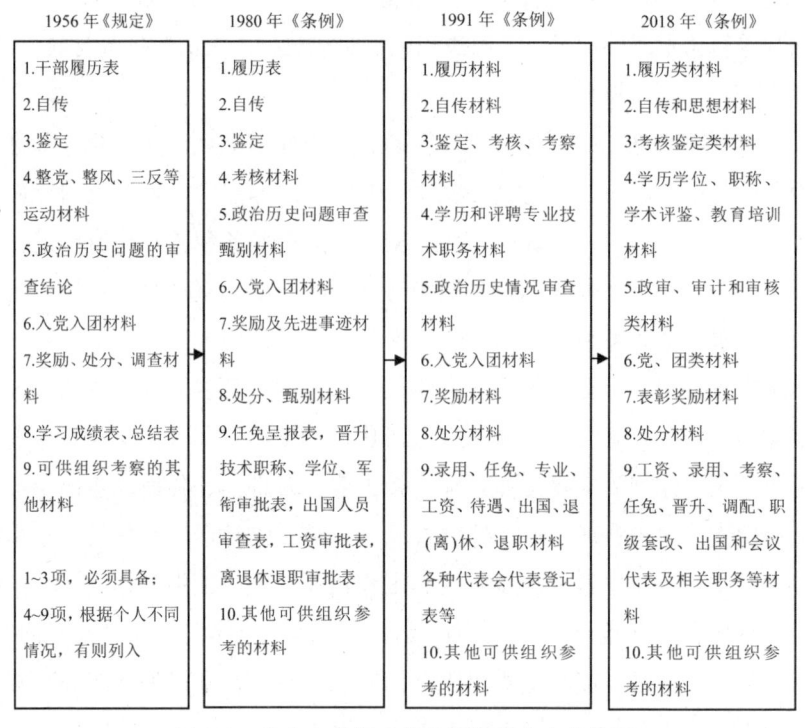

1956年《规定》	1980年《条例》	1991年《条例》	2018年《条例》
1.干部履历表	1.履历表	1.履历材料	1.履历类材料
2.自传	2.自传	2.自传材料	2.自传和思想材料
3.鉴定	3.鉴定	3.鉴定、考核、考察材料	3.考核鉴定类材料
4.整党、整风、三反等运动材料	4.考核材料	4.学历和评聘专业技术职务材料	4.学历学位、职称、学术评鉴、教育培训材料
5.政治历史问题的审查结论	5.政治历史问题审查甄别材料	5.政治历史情况审查材料	5.政审、审计和审核类材料
6.入党入团材料	6.入党入团材料	6.入党入团材料	6.党、团类材料
7.奖励、处分、调查材料	7.奖励及先进事迹材料	7.奖励材料	7.表彰奖励材料
8.学习成绩表、总结表	8.处分、甄别材料	8.处分材料	8.处分材料
9.可供组织考察的其他材料	9.任免呈报表,晋升技术职称、学位、军衔审批表,出国人员审查表,工资审批表,离退休退职审批表	9.录用、任免、专业、工资、待遇、出国、退(离)休、退职材料各种代表会代表登记表等	9.工资、录用、考察、任免、晋升、调配、职级套改、出国和会议代表及相关职务等材料
1~3项,必须具备;4~9项,根据个人不同情况,有则列入	10.其他可供组织参考的材料	10.其他可供组织参考的材料	10.其他可供组织参考的材料

图1.1 半个多世纪人事档案归档内容变化图

实践证明,1991年《条例》中干部人事档案的类别性确实是行之有效的,因此一直沿用至今。另外,从1956年到2018年,干部人事档案内容从片面的、单一的到全面的、多维度的不断拓展和深化。例如,整理"无头档案"一直是干部人事档案整理的难点。减少和消除"无头档案"不仅需要整理制度的完善,还需要干部转递制度、审核制度的配合。中央组织部为了从根本上消除干部与干部人事档案脱离的现象,要求各级党委和各个部门对保存的"无头档案",进行了一次全面的、有计划的、认真细致的整理。同时，干部档案的内容也存在着很多混乱现象，很多干部人事档案中一方面缺少某些必要的材料，但另一方面又有很多与干部人事档案无关的材料；有些材料来源不明，头尾不清，也没有必要的附注；有些材料因年代久远，遭受损毁而字迹模糊，难以辨认；至于档案材料的主次不分、幅页不整齐、头绪混乱的现象则更是普遍。这种情况不仅给档案材料的使用造成了困难，而且易于使材料毁损散失。对此，中央组织部提出的整理要求是：就现有材料进行技术上的整理，经过整理，进一步充实和健全档案内容，为今后建立正规的干部人事档案打下初步基础。在整理方法中，中央组织部要求将每个干部人事档案材料的"正本"，分为"主件"和"附件"，分别装订，统一保管。档案材料的"副本"应进行整理、登记、装订成册，但无须划分"主件"和"附件"。首次规定了干部人事档案必须在每册卷首放置"干部档案目录"，并与其他档案材料一起装订。这项要求在不断地完善、创新和发展中一直延续至今。

（三）目前人事材料存档的主要内容

经过多次调整优化，中国人事材料存档的内容基本稳定，做到严谨、规范。2018年《条例》已经将其表述的十分明确，作为组织人事部门材料收集、档案管理的根本依据。人事档案主要内容和分类包括十大类。

1. 履历类材料。主要有《干部履历表》和干部简历等材料。目前，中央组织部统一制发的《干部履历表》只有1979年版、1988年版和1999年版三个版本。对于新入职的干部须填写1999年版《干部履历表》，依据中央组织部填表说明，《干部履历表》的填写必须按照以下要求。①"姓名"（包括少数民族译名）用字要固定。"曾用名"（包括笔名）应填写使用较多、影响较大的。②"民族"要写全称。如"汉族""哈尼族"。③"出生日期"按公历填写到日，年份须填四位数，月日填两位数。如"1978年08月08日"。④"籍贯"填写本人的祖居地（指祖父的长期居住地）。"籍贯"和"出生地"均按现行行政区划填写。⑤"学历"分毕业、结业、肄业三种，按国家教育行政部门的规定填写最高阶段的学历。研究生按博士研究生毕（结、肄）业、硕士研究生毕（结、肄）业、研究生班毕（结、肄）业填写。党校通过全国教育统考招生录取的研究生，也按此填写。凡在各类成人高等教育（电大、函大、夜大、职大、业大、管理干部学院等）或通过自学考试形式取得学历的，应具体写明，如"电大本（专）科毕业、自学高考大专毕业"等。在各级党校函授毕（结、肄）业的，应填写"××党校本（专）科函授毕（结、肄）业"。各级党校培训、进修一年半以下的，不作为学历填写。不得填写"相当××学历"。⑥"学位"填写在国内外获得学位的具体名称，如"文学学士""理学硕士"等。多学位的应同时填写。仅有学位而无学历的，只填写学位。⑦"单位职务"要填写本人现担任的最高职务，包括技术职务。担任两个职务以上的，要同时填写，如"省委副书记、省长""副局长、总工程师"等。⑧"健康状况"要根据本人身体情况选择填写"健康""一般""较弱"，有严重疾病或伤残的要具体写明。⑨"工资情况"只需要填写"职务工资"。党政群机关工作人员填写职务档次及工资额、级别及工资额，如"副部长1档、270元、五级、298元"；实行职务等级工资制的事业单位工作人员只填写职务等级及工资额，如"二级职员一档、349元""研究员一档、404元"；实行其他工资制度的事业单位工作人员也只填写工资构成中的固定部分；国有企业的管理人员、技术人员由负责布置填表的组织人事部门指导填写，一般应填写职务级别和工资额。⑩"何年何月何处参加工作"，应填写完整。如"2012年08月在××参加工作"。⑪"何年何月何人介绍加入中国共产党，何时转正"，"何年何月加入中国共产主义青年团"，要逐项填写清楚。如"1999年06月经××、××二位同志介绍加入中国共产党，2000年06月转正"。入党介绍人一定是两位同志。脱党或失掉过组织关系的，应填写经组织审查确定的入党时间。⑫"何时经何机关审批任何专业技术职务或任职资格"，专业技术职务或任职资格填写本人现担任的最高专业技术职务或现具有的最高专业技术职务任职资格。⑬"何年何月至何年何月参加过何单位举办的政治理论或业务培训"，要写明培训班名称、主要学习内容、有无证书等情况。⑭"有何业务技术专长、重要发明创造、科研成果、著作译作"，要具体填写。"发明创造、科研成果"要写明名称与鉴定单位，"著作译作"要写明出版或发表的情况。⑮"何时何处参加何社会团体，任何职务"，要填写具体名称、参加时间、担任职务和主要活动情况。⑯"何年何月出国（境）及参加重大国际性活动情况"，出国（境）从事一般性公务活动和旅游、探亲时间在一个月以上均应填写。⑰凡是参加重大国际性学术活动的一律填写。"掌握外语、少数民族语言及其他技能情况",要写明语种和听、说、读、写能力,通过等级考试的要写明何时何单位组织的何级考试。⑱"技能情况"要具体填写,通过等级考试的,写明何时何单位组织的何级考试。"何时何处何原因受过何种奖励",要填写经何单位批准,享受待遇的需注明。填写的奖励,一般是地厅级以上奖励,同时要附上奖励证书或表彰文件。⑲"历史上参加过何种反动组织、任何职务、有何结论",要写清楚参加的时间、组织名称、参加方式和地点。⑳"'文化大革命'中犯有何种错误,组织意见如何",本人在"文化大革命"中犯有错误的,并经组织审查做出结论、审查意见或考察意见的,应如实填写。如受过处分,并已在"何时何处何原因受过何种处分"栏内填写的,可不在此栏重复填写。㉑"学习简历"要从小学填起,起止时间精确到月。参加电大、函大、夜大、职大或自学考试等学习的,也要填写;取得学位的要在相应栏目注明。起止时间均填到年、月。㉒"工作经历"要连续填写,不得间断,起止时间精确到月。如"1999年07月—2002年08月""2002年08月—2007年09月"。"文化大革命"中因冤、假、错案间断的,可填写为"文化大革命"中受冲击或受迫害;因脱产学习间断的,要写明情况。起止时间均填到年、月。㉓"家庭主要成员情况",填写配偶、父母、子女情况,称谓要规范。如配偶为妻子、丈夫,子女为儿子、女儿,父母为父亲、母亲。父母已去世的要注明。㉔"国内外主要社会关系情况",填写与本人关系较密切的亲友,主要包括岳父母、公婆、兄弟姐妹、伯、叔、姑、舅、姨等。家庭主要成员和主要社会关系较多,表中填写不下的,可另续页填写。配偶、子女及主要社会关系中,有在国(境)外学习、工作、经商、定居或与外国人结婚的,均应详细填写。如在某国某地某学校学习或某公司做某种工作(或任何种职务)。配偶、子女及主要社会关系中被判刑和受开除党籍、开除公职处分的,也应具体写明。如表格填写不下的,可在"其他需要说明的情况"栏中填写。㉕凡经组织审批同意更改出生时间、参加工作时间、入党入团时间的,有重要政治历史问题并经过组织审查和有结论的,以及本人认为需要向组织说明的重要情况,应在表中"其他需要说明的情况"栏中填写。㉖"审查机关盖章",由干部所在单位组织、人事部门对填写内容核对无误后加盖干部所在单位公章。㉗《干部履历表》填写完毕后,填表人应认真核对。凡因相隔时间长、记忆不清的,必要时可请组织、人事部门查实后填写。㉘表中贴照片处，要粘贴近期二寸正面半身免冠彩色照片，不能空白。㉙表中栏目没有要填写内容的要注明"无"。

2. 自传和思想类材料。主要有自传、参加党的重大教育活动情况和重要党性分析、重要思想汇报等材料。

3. 考核鉴定类材料。主要有平时考核、年度考核、专项考核、任（聘）期考核，工作鉴定，重大政治事件、突发事件和重大任务中的表现，援派、挂职锻炼考核鉴定，党组织书记抓基层党建评价意见等材料。

4. 学历学位、专业技术职务（职称）、学术评鉴和教育培训类材料。主要有中学以来取得的学历学位、职业（任职）资格和评聘专业技术职务（职称），当选院士、入选重大人才工程，发明创造、科研成果获奖、著作译著和有重大影响的论文目录，政策理论、业务知识、文化素养培训和技能训练情况等材料。

5. 政审、审计和审核类材料。主要有政治历史情况审查，领导干部经济责任审计和自然资源资产离任审计的审计结果及整改情况、履行干部选拔任用工作职责离任检查结果及说明、证明，干部基本信息审核认定、干部人事档案任前审核登记表，廉洁从业结论性评价等材料。

6. 党、团类材料。主要有《中国共产党入党志愿书》、入党申请书、转正申请书，培养教育考察，党员登记表，停止党籍、恢复党籍，退党、脱党，保留组织关系、恢复组织生活，《中国共产主义青年团入团志愿书》、入团申请书，加入或者退出民主党派等材料。

7. 表彰奖励类材料。主要有表彰和嘉奖、记功、授予荣誉称号，先进事迹以及撤销奖励等材料。

8. 违规、违纪、违法处理处分类材料。主要有党纪政务处分，组织处理，法院刑事判决书、裁定书，公安机关有关行政处理决定，有关行业监管部门对干部有失诚信、违反法律和行政法规等行为形成的记录，人民法院认定的被执行人失信信息等材料。

9. 工资、任免、出国和会议代表类材料。主要有工资待遇审批、参加社会保险，录用、聘用、招用、入伍、考察、任免、调配、军队转业（复员）安置、退（离）休、辞职、辞退，公务员（参照公务员法管理人员）登记、遴选、选调、调任、职级晋升，职务、职级套改，事业单位管理岗位职员等级晋升，出国（境）审批，当选党的代表大会、人民代表大会、政协会议、群团组织代表会议、民主党派代表会议等会议代表（委员）及相关职务等材料。

10. 其他可供组织参考的材料。主要有毕业生就业报到证、派遣证，工作调动介绍信，国（境）外永久居留资格、长期居留许可等证件有关内容的复印件和体检表等材料。

需要提醒注意的是，收集的个人信息，是否属于以上十大类，应该如何归档，需要有一个档案材料的鉴别过程。干部档案材料的鉴别工作，是干部档案管理部门对收集起来准备归档的材料进行审查，甄别材料的真伪，判定材料的保存价值，确定其是否归入干部档案的工作。根据中央组织部相关规定，必须做到以下几条。

第一，鉴别归档材料，必须根据中央有关文件的精神，以2018年《条例》和《关于干部人事档案材料收集归档规定》等有关规定为依据，严肃认真地进行。

第二，鉴别工作应坚持历史唯物主义和辩证唯物主义的观点，具体问题具体分析，根据形成材料的历史条件，材料的主要内容、用途及其保存价值，确定材料是否归入档案。

第三，鉴别归档材料的具体做法是：判定材料是否属于所管干部的材料及应归入干部档案的内容。发现有同名异人、张冠李戴的，或不属于干部档案内容和重复多余的材料，应清理出来。对其中有保存价值的文件、资料，可交文书档案或转有关部门保存。不属于干部档案内容，比较重要的证件、文章等，组织不需要保存的，退给本人。无保存价值又不宜退回本人的，应登记报主管领导批准销毁。审查材料是否齐全、完整。政审材料一般应具备审查结论、调查报告、上报批复、主要证明材料、本人的交代等。处分材料一般应具备处分决定（包括免予处分的决定）、调查报告、上级批复、个人检讨或对处分的意见等。上述材料，属于成套的，必须齐全；每份归档材料，必须完整。对头尾不清、来源和时间不明的材料，要查清注明后再归档，凡是查不清楚或对象不明确的材料，不能归档。审查材料是否手续完备。凡规定需由组织盖章的，要有组织盖章。审查结论、处分决定、组织鉴定、民主评议和组织考核中形成的综合材料，应有本人的签署意见或由组织注明经过本人见面。任免呈报表须注明任免职务的批准机关、批注时间和文号。出国、出境审批表，须注明出去的任务、目的及出去与返回的时间。凡不符合归档要求，手续不完备的档案材料，须补办完手续后归档。鉴别中发现涉及干部政治历史问题或其他重要问题，需要查清，而未查清的材料及未办理完毕的材料，不能归入干部档案，应交有关组织处理。鉴别时，发现档案中缺少的有关材料，要及时进行登记并收集补充。

第二章

高校人事档案管理的现状

高校人事档案是记载学校教职员工人事信息的重要载体，在推动学校全面发展中起着重要作用。但目前人事档案管理仍无法适应高校快速增长的人才需求，所存在问题有着深层次的原因。

第一节 高校改革发展中的人事档案

高校是高级知识分子会集的地方，是人才的摇篮。人事档案反映个人成长历史和综合素质，为高校教育改革、人才资源开发发挥了基础性作用。人事档案管理是高校人事部门的核心工作，在学校干部队伍建设、培养和造就德才兼备的人才事业中，起着支撑和连接点的作用。

一、中国高校在改革中步入快车道

1949年是中国近代高等教育与现代高等教育的分水岭。1949年12月，全国第一次教育工作会议确立了新中国的教育发展方针："以老解放区新教育经验为基础，吸收旧教育有用经验，借助苏联教育建设的先进经验，建设新民主主义教育。"由此，中国的高等教育在曲折中得到了一定发展。如果不是"文革"十年带来的灾难性伤害，中国的高等教育会更加繁荣。

1978年党的十一届三中全会胜利召开，确立了改革开放的基本国策。1978年4月召开的全国教育工作会议，否定和抛弃了以阶级斗争为纲的教育，将现代化的实现确立为教育的主要目标。同年10月，教育部对1961年颁布的《中华人民共和国教育部直属高等学校暂行工作条例（草案）》（又称《高教六十条》）略做修改，印发全国高等学校。1980年2月，全国人大颁布了《中华人民共和国学位条例》，促进了高层次学科专门人才的成长，促进了各门学科学术水平的提高和教育、科学事业的发展。1983年9月，邓小平同志提出："教育要面向现代化，面向世界，面向未来。"①"三个面向"成为中国教育改革和发展史上一个新的里程碑，也开辟了中国高等教育新航道。1985年5月，中共中央颁布的《关于教育体制改革的决定》指出，"高等学校是教学和科研的中心"；而不是像苏联模式那样，高校是教学或专业培训的单一中心。进入20世纪90年代，随着改革开放的深入和经济体制的转变，中国高等教育的发展进入了一个新的历史时期。1998年8月，全国人大通过了《中华人民共和国高等教育法》。1999年6月，第三次全国教育工作会议召开，中国教育事业进入一个加快发展、深化改革的阶段。1999年，中国高校扩招，短短几年的时间，高等教育规模有了巨大的发展。2012年，国家财政性教育经费支出占国内生产总值的比例实现4%目标，随后一直保持在4%以上，并于2016年首次突破3万亿元。

（一）高校教育规模迅速扩张

1973年6月，美国著名教育社会学家马丁·特罗在世界经合组织（OECD）召开的"关于中等后教育的未来结构"的国际会议上发表了《从精英向大众化高等教育转变中的问题》，首次提出高等教育发展的三阶段理论。② 这一论点受到各国政府及学者的普遍认可。高等教育发展三阶段划分的方法是：第一阶段为精英化阶段，即一个国家高等教育的规模能为低于15%的适龄青年提供学习机会（也称"毛入学率"）；第二阶段为大众化阶段，即国家高等教育的规模能为15%左右到50%左右的适龄青年提供学习机会；第三个阶段为普及阶段，国家高等教育的规模能为超过50%的适龄青年提供学习机会。依据"三阶段划分法"，回顾新中国高等教育的发展，可以说是迅速提升，可圈可点。

---

① 邓小平. 邓小平文选（第3卷）[M]. 北京：人民出版社，1993：35.
② 李晓晨. 马丁·特罗的高等教育大众化理论在中国的引进及其影响[D]. 太原：山西大学，2012.

表 2.1 全国高校部分年度在校生与毛入学率

年度	1949	1978	1998	2002	2007	2019
高校数量（所）	205	598	1022	2003	2321	2688
在校生（万人）	11.70	228.00	340.87	1462.50	2700.00	4002.00
毛入学率（%）	0.26	2.70	9.80	15.00	23.00	51.60

资料来源：根据教育部官网公布的统计数据整理

从表2.1中可以清晰看到，1978年和1949年相比较，在29年中，全国高校数量增长了近3倍，全国在校生数量增长了近20倍，全国毛入学率增长超过10倍。再拿2007年和1978年比较，在29年中，中国高校数量增长了近4倍，全国在校生数量增长了近12倍，全国毛入学率增长了近8.2倍。尤其是从1999年开始大学扩招，不仅是中央的决策，也是经济社会发展的客观要求和必然选择。高校招生的大幅度增加，拉动了高等教育投入的大幅度增长。如自1999年起，国家已经连续三年累计安排高等教育资金达70多亿元，拉动各方面配套投资120多亿元，总计达200亿元，建设了达1000万平方米的高校基础设施建设格局，是新中国成立以来高等学校基本建设投入增长最快的时期。高校扩招的实践，成功地使中国高等教育以前所未有的步伐跨上了新的发展平台，较快地拉近了迈入大众化门槛的距离。2002年，全国高校在校人数达到1462.52万人，比扩招前的1998年，4年增加4倍多，全国高等教育毛入学率快速上升，2002年达到15.30%，由此，高等教育从精英教育阶段进入大众化阶段。2007年，中国高等教育毛入学率达到23.00%。2019年，高等教育毛入学率51.60%，进入国际通行的普及化阶段，且高校在校生规模位居世界第一。可见，改革开放后，中国从高等教育精英化阶段到大众化阶段用了24年的时间，从大众化阶段步入普及阶段只用了17年的时间。这一成果为今天高等教育顺应市场经济所需要的观念和体制创新提供了实践的契机，更为未来如何实现高等教育持续、健康、快速发展提供了重要的启示。

(二) 高校教学质量明显提升

高等教育发展是一个由数量、质量、结构、效益四要素组成的相互依存、相互协调的过程，其中，质量要素在高等教育发展的全过程中起着重要作用。

1980年2月，中国颁布了《中华人民共和国学位条例》，这在法律层面上规范了高等教育人才培养的质量要求。1998年，中国颁布的《中华人民共和国高等教育法》指出，中国特色高等教育人才培养质量标准主要包括5个方面内容，一般质量标准、学业标准、学位标准、教师标准等，其质量评估分三个阶段。

第一阶段是1985—2002年，该阶段以院校评估为主。1985年，中共中央《关于教育体制改革的决定》首次提出"高等学校办学水平评估"，1990年10月，原国家教委颁发了《普通高等学校教育评估暂行规定》，这是中国第一个关于高等教育评估的立法。同时在全国开展了"全方位、多层次的教育评价实验和实践活动"，强调以评促改、以评促建、评建结合、重在建设。该阶段的院校评估以三个符合度为重点，即学校的目标与需要之间的符合度、学校教学工作状态与学校自身目标的符合度、教学效果与学校自身目标的符合度，具体包括被评机构的自我评估、专家组现场考察和学校整改三个环节。

1993年，原国家教委对清华大学等6所工科院校进行本科教学实训进行评估。1994—2000年，原国家教委对1976年以来新建的本科普通高校开展了本科教学工作的合格评估，前后共评估了169所。1996—2000年，教育部对进入"211工程"建设的部分高校，开展了本科教学工作的优秀评估，共评了16所高校。1999—2001年，国家对以本科教学为主、办学历史长的高校开展本科教学工作随机性水平评估，结论分为优秀、良好、合格、不合格四种，共评估了25所学校。2002年，教育部颁布文件并开始组织实施"普通高等学校本科教学工作水平评估"，将过去的合格评估、优秀评估和随机性评估方案合并为水平评估方案。

第二阶段是2003—2008年，该阶段是水平评估，以条件评估为主。这是评估高等学校质量保证条件及其效果为主的大规模评估，也称"首轮评估"。首轮评估标准的制定主要依循"三个符合度"院校评估理念，包括一级指标（8项）、二级指标（19项）、观测点（43项）三个层次，三者之间是上位与下位、共性与个性的关系。首轮评估历时5年多，大规模整体性推进了高等教育评估，并逐步建立了高等教育评估制度，为建立具有中国特色高等教育质量保证体系奠定了坚实基础。

表 2.2 首轮高校教学评估优秀率

评估年度	2003	2004	2005	2006	2007	2008
优秀率（%）	47.6	55.6	57.3	75.2	80.8	81.6
参评高校（所）	42	54	75	133	198	87

资料来源：刘献君等. 高等学校本科教学评估的成效、问题与改进对策 [J]. 高等工程教育研究, 2012 (02): 54-62.

2003—2008年，教育部统一组织对全国2001年前取得本科学位授予资格的589所高等学校进行本科教学工作水平评估。其中，被评优秀的有424所，接近总数的3/4，144所、21所院校分别被评良好和合格。从总体来看，每批评估的优秀率越来越高，尽管因此也存在一些争议，但基本体现了中国的高等教育教学水平在不断提升（见表2.2），高校的办学质量在稳步提高。

第三阶段是2008年至今，以审核评估为主、条件评估为补充，以审核高等学校质量保障体系为主，也称"第二轮评估"。早在1992年，英国高等教育质量委员会制定了5年一次的审核评估制度，以帮助各大学确保并提升其质量。在中国2009年制定的《普通高等学校本科教学工作审核评估》制度，2011年10月，教育部办公厅印发了《教育部关于普通高等学校本科教学评估工作的意见》，其后历时2年多论证，2013年12月，教育部制定了《关于普通高等学校本科教学工作审核评估实施办法》，主要是从6个方面对高校本科教学评估工作进行了规范。

截至2018年底，共有650所学校参加了审核评估。先后邀请了5300余人次的专家参加了进校评估考察工作，其中，两院院士60余人次，知名大学领导700余人次，海外知名专家100余人次。同时，共有205所高校接受了合格评估，实现了31个省市区全覆盖。其间，国家工程教育专业认证升温，2018年共有400多个专业通过认证，受理范围涉及17个专业领域的56个专业，已有全国231所高校的1193个专业通过了工程教育专业认证。高等教育正在向一流专业、一流课程发力，本科教学有了质的改观。

（三）高校综合实力实现跃升

改革开放以后，中国高校综合实力有了大的飞跃，教学、科研比翼双飞。

高校战略科学家和领军人才群体稳步壮大，全国超过40%的两院院士、近70%的国家杰出青年科学基金获得者都集聚在高校。高校不断加强创新平台体系建设，大力培养创新人才，科技创新综合实力有着大的提升。

2012—2021年，高校牵头建设了60%以上的学科类国家重点实验室、30%的国家工程（技术）研究中心。教育部瞄准世界科技前沿和国家重大需求，主动布局建设了25个前沿科学中心、14个集成攻关大平台、38个国家级协同创新中心，系统布局的教育部重点实验室、工程研究中心、省部共建协同创新中心等平台超过1500个。

这十年中国高校创新资源相对汇聚。高校科学研究与试验发展拨入经费从2012年的768.7亿元增长到2021年的1592亿元，十年累计拨付经费总额上万亿元。企事业单位委托经费由2012年的391.8亿元增至2021年的847.5亿元，增长超过116%。高校科技活动中的科学研究与试验发展人员全时当量从2012年的20.9万人/年增长到2021年的33.4万人/年，增幅近60%。创新资源的汇聚为高校原始创新能力跃升和关键核心技术突破奠定了坚实基础。

十年期间高校国际科技合作更加广泛。高校共派出近40万人次参与国际科技合作研究，出席国际学术会议人员174万人次，发表特邀报告18.7万篇、交流论文88.3万篇。更多高校走出国门，深度参与了国际热核聚变实验堆、大洋钻探等国际大科学计划，中国地质大学等高校牵头组织了国家首批国际大科学计划之一"深时数字地球"（DDE），还有多个国际大科学计划正在加快培育。高校与国外高水平大学和研究机构广泛开展深层次国际合作，建设了70多个国际合作联合实验室，成为国际科技合作的重要窗口和桥梁。

通过十年的努力，高校科技成果供给质量和转化效率显著提升。高校专利授权量从2012年的6.9万项增加到2021年的30.8万项，增幅达到346.4%，授权率从65.1%提高到83.9%；专利转让及许可合同数量从2000多项增长到15000项，专利转化金额从8.2亿元增长到88.9亿元，增幅接近10倍，不仅实现了量的增长，也实现了质的提升，把更多科技成果转化为了现实生产力。

1995年11月经国务院批准，原国家计委、原国家教委和财政部联合下发了《"211工程"总体建设规划》，"211工程"正式启动。"211工程"是指面向21世纪、在全国重点建设100所左右高等学校和一批重点学科的建设工程，最终有116所入选。这是新中国成立以来由国家立项在高等教育领域进行的重点建设工作，是中国政府实施"科教兴国"战略的重大举措、中华民族面对世纪之交的中国国内外形势而做出的发展高等教育的重大决策，推动高校综合实力再上新水平。

1998年5月4日，时任国家主席江泽民在庆祝北京大学建校100周年大会上代表中国共产党和中华人民共和国中央人民政府向全社会宣告："为了实现现代化，中国要有若干所具有世界先进水平的一流大学。"[①] 1999年，国务院批转教育部《面向21世纪教育振兴行动计划》，"985工程"正式启动建设，经过多轮评选，获批建设的"985工程"高校总计39所。"985工程"是中国共产党和中华人民共和国国务院在世纪之交为建设具有世界先进水平的一流大学而做出的重大决策。其建设目标是：在2020年前后，形成一批达到国际先进水平的学科，使若干所大学跻身世界一流大学行列；使一批学校整体水平和国际影响力跃上一个新台阶，成为国际知名的高水平研究型大学；使一批学校成为特色鲜明的高水平研究型大学。

2015年10月24日，国务院印发《统筹推进世界一流大学和一流学科建设总体方案》，对新时期高等教育重点建设做出新部署，将"211工程""985工程"及"优势学科创新平台"等重点建设项目，统一纳入世界一流大学和一流学科建设。2017年9月21日，教育部、财政部、国家发展改革委联合发文，对国内首批评选的世界一流大学和一流学科建设高校及建设学科名单正式确认公布。入选的世界一流大学建设高校42所（A类36所，B类6所），入选世界一流学科建设高校95所，即双一流大学建设高校共计137所。

2021年12月17日，中央全面深化改革委员会第二十三次会议审议通过了《关于深入推进世界一流大学和一流学科建设的若干意见》。习近平总书记在主持会议时强调，要突出培养一流人才、服务国家战略需求、争创世界一流的导向，深化体制机制改革，统筹推进、分类建设一流大学和一流学科，为全面建成社会主义现代化强国提供有力支撑。双一流高校最大的特点是动态发展，五年一轮，不搞终身制。2022年2月14日，教育部、财政部、国家发展改革委公

[①] 李金春. 我国"世界一流大学建设"的高等教育政策评价 [J]. 中国高教研究，2007（01）：47-50.

布《第二轮"双一流"建设高校及建设学科名单》，公布第二轮"双一流"建设高校及建设学科名单和给予公开警示（含撤销）的首轮建设学科名单。此次名单不像以往那样，明确划分一流大学、一流学科建设高校两个层面；而是以需求为导向、以学科为基础、以比选为手段，统一确定了新一轮一流学科范围及建设高校，包括基础学科布局59个、工程类学科180个、哲学社会科学学科92个，共入选高校147所。其中，和首轮相比，增加了10所高校，同时有11所高校列入"给予公开警示（含撤销）的首轮建设学科"的名单。并且明确规定，这11所高校需要接受2023年的再评价，届时未通过的，将调出建设范围。

在2019年QS世界大学排名中，清华大学进入世界前20名，成为首次入选世界前20名的中国大学。而在世界排名前100的学校中，中国大陆共有6所高校入选，而2010年仅有2所。同样在泰晤士高等教育公布的2019年世界大学排名中，中国高校也表现不俗。清华大学取代新加坡国立大学成亚洲排名第一，同时中国大陆也是全球高校入围数量第四多的国家，从上年的63所高校增加到72所高校，并有7所高校入围世界前200名。

二、人才强校推动高校的快速发展

从国家战略高度而言，人才资源是第一资源，高校人才强校战略是学校总体发展战略的核心部分。2003年底，党中央、国务院召开了新中国历史上第一次全国人才工作会议；2004年，人才强国战略列入国家"十一五"规划；同年，教育部启动了人才强校工程。此后，各高校纷纷启动"人才强校"工程，加大人才工作力度。高校大力实施"人才强校"战略，充分发挥在人才培养、科学研究、社会服务、文化传承创新等方面的重要作用，就必须高度重视和加强人才队伍建设。人才资源已成为最重要的战略资源，以高层次人才和创新团队带动学校人才队伍的建设，是学校培养高素质师资队伍的核心。实施人才强校战略是高等学校改革和发展的根本途径，同时也是高校科学发展的一种必然选择。尽力培养、引进和稳定人才，建设一支高素质、高水平的教师队伍，是高校实现快速发展的最根本最有效的方式。

（一）人才是学校安身立命的基础

在推进科教兴国战略的进程中，各类高校面向未来，在学校战略发展规划中,明确提出要把学校建成有教育特色的高水平大学。而要真正实现这一奋斗目标,最重要、最根本的资源就是人才资源。无论是从传统教育向现代教育转型,还是从单一学科高校向综合性大学过渡,抑或是从原来的教学型大学向教学研究型大学、研究型大学迈进,人才队伍的数量和质量都具有举足轻重的作用。坚持"人才第一,教师为本"的队伍建设理念,大力开发人才队伍资源,全面加强教师资源能力建设,成为进一步提升学校核心竞争力、保证学校向着更高目标持续发展的关键所在。

1999年高等学校扩招,很多高校的师资队伍一时不能完全适应扩招后的需要,全国高校教师人数尚缺至少30万合格高校教师。教师队伍学历职称结构偏低,教师的职务职称结构不合理,高水平的学术带头人数量少、年龄偏大。英语、计算机、数学等基础课和一些热门专业教师短缺问题尤为突出。师资教育需加强,缺乏"双师型"教师,有扎实的专业理论知识、有十分熟练的动手操作能力和技术应用能力的普通高校教师紧缺。由于当时高校教师待遇偏低,科研经费渠道少、额度小,难以稳定现有的教师队伍,更难吸引高水平人才。2002年全国生师比为19∶1。师资不足导致教师工作量过大。高校教师周课时20节的十分普遍,有的至高达周40课时,一人承担3门课以上的教师占60%以上,最多的达6门。繁重的教学工作任务导致教师疲于应付,很少有时间和精力进行教学研究与知识更新,直接影响了高校教育教学质量。

为了彻底改变高校教学质量滑坡的状况,2002年教育部开始组织实施"普通高等学校本科教学工作水平评估"。评估通过《评估方案》的指导,进一步促进教师重视本科教学。重点促使教授、副教授给本科生上课的比例逐渐增加。要求高校把教授、副教授给本科生上课作为制度予以规范,同时实行本科生导师制,要求教授、副教授加大对本科生思想、学习和生活的指导,以制度的形式规定专任教师负责指导一定数量的本科生。鼓励教授、副教授以科研促教学,通过"科研成果进课堂、科研实践促成长、科研经费助教学、科研协作搭桥梁"等方式,以科研促进教学。

2010年,教育部印发教发〔2010〕5号文件,对办学秩序不规范的高校,予以"红牌""黄牌"警告。其中,有3所学校确定为2010年度暂停招生(红牌)高等学校,有6所学校确定为2010年度限制招生(黄牌)高等学校。并强调各地各部门要千方百计加大投入，促进学校办学条件改善；同时严格规范所属高校的招生、办学行为，确保高等教育事业健康发展。这在国内引起较大的震动，进一步激发高校对教学评估审核的关注，以及对办学质量的重视。

2015年8月，教育部下发《中国教育监测与评价统计指标体系》（教发〔2015〕6号），其中，"办学条件"指标模块中的第一部分就是"教职工"，和高校有关的监测指标包括生师比、高级专业技术职务专任教师比例、普通高校具有研究生学位的专任教师比例、普通高校具有海外工作学习经历专任教师比例、普通高校聘请校外教师与校本部专任教师比、普通高校聘请的外籍教师占专任教师的比例、普通高校学生与专职辅导员比、普通高校学生与心理咨询工作人员比、每百名专任教师接受培训的次数、"双师型"教师比例等。

2020年，教育部制定的《普通高等学校本科教育教学审核评估指标体系》规定，重点审核评估教师教学能力，了解是否能满足一流人才培养需求情况，引导高水平教师投入教育教学，推动教授全员为本科生上课、上好课的政策、举措与实施成效。在诸多考评项目中，有7个必选项目，它们是：生师比、具有博士学位教师占专任教师比例、主讲本科课程教授占教授总数的比例、教授主讲本科课程人均学时数、具有博士学位教师占专任教师的比例、主讲本科课程教授占教授总数的比例、教授主讲本科课程人均学时数。这些项目勾画了高校人才强校的基本要求，就是教师要足、教授要多、博士要多，即"一足两高"。

2019年4月，国务院学位委员会、教育部启动了学位授权点合格评估抽评工作，对自评结果为"合格"的学位授权点按一定比例进行抽评，共抽评普通高校和科研机构现有学位授权点2292个。通过评审并经国务院学位委员会审议批准，2251个学位授权点抽评结果为"合格"，8个学位授权点抽评结果为"不合格"，33个学位授权点抽评结果为"限期整改"。此轮合格评估总体上达到了促进学位授予单位加强质量保证体系建设、落实质量保证主体责任、打破学位授权点终身制的目标。从评估结果来看，一些未达到"合格"的学位授权点，主要反映出师资力量薄弱、生源缺乏保障、培养效果不彰、发展后劲不足等问题。对于存在问题的学位授权点，学位授予单位在评估过程中积极加强整改，部分学位授予单位还采取主动暂停自我评估"不合格"学位授权点招生等措施，突出对学位授权点和学位授予质量的严格把关。部分学位授予单位结合自我评估情况和学科发展规划，根据有关规定对有的学位授权点进行主动撤销或做出调整。到2019年底，由于"师资队伍"硬条件不达标，有关学位授予单位已通过学位授权点动态调整撤销、主动申请撤销等方式撤销了1742个学位授权点。

根据教育部公布的数据，截至2022年5月31日，全国高等学校共计3013所，其中：普通高等学校2759所，含本科院校1270所、高职（专科）院校1489所；成人高等学校254所。伴随着生源的不断减少，社会对高等学校办学期望值的不断增加，高校之间的竞争愈加激烈，人才强校战略在高校生存发展中愈来愈重要。

（二）人才是高校争创一流的根本

2015年8月18日，中共中央审议通过《统筹推进世界一流大学和一流学科建设总体方案》；10月24日，国务院印发《统筹推进世界一流大学和一流学科建设总体方案》；将"211工程""985工程"及"优势学科创新平台"等重点建设项目，统一纳入世界一流大学和一流学科建设（简称"双一流建设"），这是中国高等教育领域的国家战略。战略公布以来，中国各高校相继加大了对高层次人才引进力度。学科建设靠人才来实现，在一定意义上说，一流的人才队伍是组建一流学科的基础，一流学科是一流学校的标志。显然，世界一流大学和一流学科建设的中心任务就是人才队伍建设。

QS世界大学排名（QS World University Rankings）是由英国一家国际教育市场咨询公司Quacquarelli Symonds（QS）发表的年度世界大学排名。QS世界大学排名2010年得到了大学排名国际专家组（IREG）建立的"IREG—学术排名与卓越国际协会"承认，是参与机构最多、世界影响范围最广的排名之一，与泰晤士高等教育世界大学排名、U. S. News世界大学排名和软科世界大学学术排名被公认为四大较权威的世界大学排名。尽管各类高校排名在学界一直存在争议，但在一定程度上反映了高校的办学水平，这也是一个不争的事实。

2022年6月9日，QS发布了第十九版全球咨询最多的世界大学排名。在新的QS世界大学排名中，北京大学在中国（大陆）排名最高，排名上升6位，至世界排名第12，这是该校自2004年QS世界大学排名编制以来的最高排名。清华大学上升了3个名次，世界排名第14，同样创下了其在QS世界大学排名的历史最高排名。

QS 世界大学排名囊括了 71 所中国大陆大学，其中 24 所的排名较上年有所提升，20 所的排名较上年有所下降，14 所的排名持平，13 所新上榜。中国（大陆）上榜的大学数量为世界第三，前二分别是美国（201 所）和英国（90 所）。中国（大陆）上榜的大学数量为亚洲最多，2 所大学排名世界前 15、5 所大学排名世界前 50、13 所大学排名世界前 300，以及 28 所大学排名世界前 500。其中，5 所大学排名世界前 50 分别为北京大学、清华大学，以及复旦大学（第 34 位）、浙江大学（第 42 位）、上海交通大学（第 46 位），见表 2.3。

院士是国家科学技术方面的最高学术称号，是国家特定领域的最高层次人才。在中国，院士通常是指中国科学院院士和中国工程院院士，简称"两院院士"。目前，国内大学流行"双聘院士"或"共享院士"，即有的大学在官方网站上列出的院士数量包含了兼职的院士。为了有利于可比性，表 2.3 采用了全职院士的数量指标，即表中只记录档案材料归属学校的院士。从表 2.3 中可以看到，国内全职院士数量前三位的高校，全部进入世界大学排名表的前 50。

表 2.3　2022 年部分高校院士人数与世界大学排名对照

	北京大学	清华大学	复旦大学	浙江大学	上海交通大学
2022 年公布世界大学排名	12	14	34	42	46
2022 年高校两院院士（人）	72	79	30	30	30
高校全职院士人数排名	2	1	3	3	3

资料来源：QS 官微公众号、腾讯新闻

三、人事档案与人才强校良性互动

人才兴校、人才强校作为高校建设的重要战略措施，已经受到各大高校的高度重视和积极落实。高校人事档案蕴含着丰富的人力资源，能够为人才强校战略的实施提供强大的人才供给保障。高校人事档案工作作为学校工作的重要部分，应该以学校人才强校战略为动力与目标，积极加强自身的改革发展与不断创新。因此，人才强校战略与人事档案开发利用统一于高校人才队伍建设和改革发展之中,两者具有良好的互动性。

(一) 人事档案为人才强校提供有力保障

高校人事档案的主体是高级知识分子个人经历、政治思想、品德作风、业务能力、工作业绩、职务、职称的真实再现,是历史地、全面地考察教职工综合素质的重要依据。高校人事档案从客观上反映了一个学校的师资水平和管理水平,在高校教学、改革、发展中起着十分重要的作用。

1. 做好人事档案工作有利于高校现有人才的充分利用。高等学校是高级人才和专家学者集中的地方,这些高层次的人才都有着非凡的人生履历和较丰富的教学科研等方面的成果。他们的人事档案如果记载清楚、内容齐全,那么对于高校而言会是一笔丰厚的财富。高校可以依据人才档案记载的历史,不断激励人才总结成绩,积极进取,创造更多更大的工作成果,发挥他们的最大潜能和聪明才智,这样既可以提高高校自身的影响力,促使优秀人才脱颖而出,为学校的发展做出更大贡献,也可以发挥榜样的力量,形成一个积极向上、创先争优的良好氛围。这些人才的档案如果是完整、清晰和准确的,那么对于学校而言是一笔非常大的财富。

人事部门通过人事档案工作,及时发现人才,选拔德才兼备的人才,合理使用人才,为人事部门选拔、考察和使用人才发挥重要作用,有效克服用人的盲目性和随意性,达到知人善任的目的。人力资源的有效作用,有利于最大限度地发挥人才潜能和智慧,推动广大高校教师的积极性。此外,人事档案在分析高校人力资源状况是否适应变革与发展的要求,是否有利于制订人才资源计划方面也发挥着重要作用。做好高校人事档案工作,有利于充分发挥高校人才的巨大优势。宣传部门如果依据档案素材撰写成宣传作品进行宣传,对外可以树立高校形象,提高影响力;对内可以激励人才继续奋进,不断创造新业绩;对于其他职工,可以发挥榜样的力量,形成健康向上创先争优的良好氛围。

高校人事档案管理是人才资源管理的基础性工作,在促进人才的合理流动和优化配置方面能够为学校教育教学提供相关数据与信息支持,发挥着重要功能。利用人事档案能够进一步了解教职工的相关信息,譬如学历程度,是否有出国学习经历,是否有从事相关教学和研究的经验等。以便管理部门根据不同人才的能力和各类人才的不同特点,合理配置,因事而择人,因人以治事,把人才配置到最能发挥作用的地方和岗位，充分发挥人才优势，促进专业之间、学科之间、校内部门之间人才合理有序地流动。

2. 做好人事档案工作有利于对人才的培养。人事档案记载着个人的学习、成长和参加各种实践的过程，是每个人思想品质、工作态度、工作能力、工作作风和工作业绩等方面的综合表现。人事部门在完成人事档案材料的收集、鉴定、整理、装订、保管的基础上，应该对档案材料反映的信息进行分类、汇总、统计和分析，形成有针对性的报表，在学校制定师资培训规划、进修计划、人才队伍建设规划，以及在职工的职称晋升、干部选拔配备等方面，提供符合客观实际的科学数据支撑。在"高校优秀人才资助计划""教学名师奖""人才小高地建设""十百千人才工程""政府特殊津贴专家"等评优推优和人才培养项目推荐工作中，人事档案可以在人选和项目确定、材料组织等环节发挥积极与权威性作用。

完整、齐全的干部人事档案材料在高校学科带头人评选、突出贡献学者、教学名师、政府特殊津贴等评选推荐中，可以在人选和材料组织等环节发挥权威作用。在人才岗位设置、调配以及人才团队的组建等方面，人事档案管理部门可以根据人事档案反映的材料，向人事行政部门提出合理性的建议和意见，改善人才的人际环境和工作环境。在人才职称晋升、科学研究等方面，人事档案管理部门可以通过对人事档案进行分析，查找出人才真正需要填补的应该是"语言培训"，还是"专业进修"；需要解决的是"研究时间不足"，还是"科研助手配备不够"。高校组织人事部门应依据人才不同的能力和特点，对人才资源进行科学配置和整合，优化人才的结构，打造一支业务能力强、团结合作精神佳、综合素质高、结构优的师资队伍和整体素质较高的管理队伍，激活高层次人才队伍，充分发挥各类人才的重要作用，真正做到"人尽其才，才尽其用"。人事档案管理部门应该主动变"死档案"为"活档案"，在"人才强校"战略实施的进程中，发挥自身的能动作用，使人才能真正"人尽其才，才尽其用"。

3. 做好人事档案工作有利于引进优秀人才。高校引进的人才，应该是人才队伍专业结构、学历结构、职称结构以及年龄结构中最紧缺的，又不能在内部调剂补充的人才。人事档案反映着人才有关专业、学历、职称、特长、研究方向、教育、工作及进修经历等第一手最真实、最新、最全面的材料。人事档案管理部门可以在对人事材料进行汇总、统计、分析的基础上，对高校制订的人才引进计划提出意见和建议。人事档案管理部门可以对前来应聘人才的档案进行专业分析，辨别真伪、检查错漏、预测人才的价值，协助人事行政部门对引进的人才进行把关，确保引进的人才各方面符合高校实际需要，促进人才合理梯队的构建。干部人事档案真实记载各类人才的学科专业、研究领域、自身优势等，是最翔实、最全面的资料和信息。高校干部人事档案管理部门应对本校现有人才档案进行科学分析，结合学校现有学科专业实际和今后学科专业发展的目标，可以发现现有人才队伍建设的不足，为学校引进紧缺和急需的专业人才提供支持。

随着我国社会主义市场经济不断完善，尽管人事档案管理形式不断发生变化，但人事档案的功能不可能削弱，相反其内容应"与时俱进"不断完善。其中"诚信"是社会各个部门之间人际关系的基本准则，因此，个人信用度相关的原始记录已成为人事档案的重要内容，是高校人才引进的最重要一环。现在高校之间的竞争非常激烈，要求学校必须具有雄厚的师资力量，因此，人才引进已成为高校人才强校的一个重要手段。尽管高校对于高素质人才的需求是非常迫切，但宁缺毋滥。以人事档案为基本依据，以达到"观其卷，知其人，用其长"的目的。只有掌握拟引进人才的人事档案，德、智、能综合考量，高校才可以加大投入，为人才提供相适应的优惠政策，比如，配套科研经费、住房补贴、优先落户等一系列措施，从而吸引那些有真才实学的高层次人才，助力学校不断提升核心竞争力。

4. 做好人事档案工作有利于高校深化改革的推进。近几年，为形成良好的竞争机制，调动全体教职员工的工作积极性，全国高校都加快了改革的步伐，努力打破"铁饭碗"和平均主义"大锅饭"，破除职务"终身制"，为此制定了一系列的人事制度改革方案。作为人事管理工作的重要依据和资料，人事档案在许多方面发挥着证据性的重要作用。比如，人事制度的改革，人才的进出和流动，校内工资分配制度的调整与改革，专业技术人员的配置与培养，干部的使用和提拔等。特别是当发生人事争议时，人事档案表现出强大的说服力，发挥着不可替代的作用。可以说，完整有序地做好人事档案工作，对学校的教育改革与和谐发展起到了积极的推动作用。

伴随着经济全球化和知识经济的发展、人才的激烈竞争，客观上要求高校建立新型的人力资源配置体制。长期以来，高校的用人都是采用"事业编制"的用人形式，以致限制了人才的引进和流动。近年来，人事代理制度、兼职教师制度是高校在人事管理改革上的有益尝试，而人事档案管理也随着用人制度的不同，提出了不同的要求。

根据国务院《关于机关事业单位工作人员养老保险制度改革的决定》（国发〔2015〕2号），高校干部、教师从2014年10月1日起开始上交缴纳基本养老保险费。改革后，养老金计算并不涉及当事人职称，而是和累计缴费年限、缴费工资、当地职工平均工资、个人账户金额等有关。由于改革前高校教师没有缴纳基本养老保险费，因此之前的工龄就可以按照文件规定，作为相当缴费的年限计入当事人的养老金总额。对此，政府人社部门要根据每个人的人事档案严格审核，予以认定。尤其是在2014年10月1日之前工作单位发生变动，当事人经历比较复杂的个例，人事档案显示的作用就更加明显。

（二）人才强校战略促进人事档案管理登上新台阶

1. 人才强校战略推动高校人事档案管理数字化进程。在人才强校战略实施过程中，人们清晰地感受到，人才的广泛搜寻，专业的精准对口，发展的准确定位，传统的管理模式已经制约高校人事档案工作的开展，高校人事档案管理数据化势在必行。高校人事档案管理数据化是以计算机技术为依托，电子数据为载体，网络技术为方式，信息安全技术为保障的新型管理模式。

首先，高校人才强校战略实施，采用人事档案电子数据型载体是对原有印刷型载体的必要补充。人事档案有着自身的特殊性，为了保证档案的真实性和原始记录性，许多档案材料需要当事人的亲笔手稿，审核人的签名、公章等具有法律凭证作用。尽管电子型载体取代纸质载体目前还不具备条件，但是需要将人事档案中部分材料数字化，作为现行档案的补充。如对人事档案信息数据库录入量较大的信息项，如工作简历、家庭主要成员、干部任免、技术职称等，采用扫描及光盘存储技术，将档案材料或文件扫描后存储在光盘上，查档者可在微机上直接阅读档案的全文信息。这一管理方法既可避免因阅档对档案的磨损，又可减轻数据录入时的工作量，加快实现人事档案信息实现资源共享，有利于社会各界"知己知彼"，是对人事档案知情权的一种有效保障。这样在利用人事档案时，就不用提取实体档案，只要通过计算机电子数据库进行检索，在提高工作效率的同时也延长了实体档案的寿命。

其次，高校人才强校战略实施，需要建立一套完整的人事档案管理信息系统，以便提高管理效率。管理是手段，利用才是目的。通过利用开发、加工的人事档案信息，管理者才能够合理地安排工作，领导者才可以做出更科学的人事决策。高校人事管理系统的建立，符合现在提倡的高校无纸化办公发展要求，使人事管理各项事务日臻规范化和科学化。人事档案管理信息系统以提高效率和工作质量，便捷、高效地为各级领导和各相关部门及时提供科学的决策数据，提升管理水平，使人事管理工作者从原始复杂的人工管理的高劳动强度中解脱出来。高校人事信息管理系统集全校教职员工档案管理、岗位聘任、年度考核、薪酬分配、职称评聘、员工招聘与解聘、社会保障、数据统计与上报、信息的采集与运用为一体，它是运用科学的原理和方法，根据人才成长的规律和学校的任务，对学校各级各类人员进行组织与规划，对人际与人事关系进行协调、指导和控制。采用计算机数字化控制取代落后的手工管理，可以快速地完成名册的打印、数据的统计、有关事项的多途径检索，是高校人事档案管理工作改革的必然趋势。计算机技术在高校人事档案管理中的广泛应用，会极大地提高办公效率，如学历、职称、职务、工资等若干材料多以规定格式从数据库输出，政审等由当事人亲笔书写的材料也可由便捷的计算机打印。人事档案信息数据库的建立，使得对人事档案信息的利用更加方便和快捷。

最后，高校人事档案不能仅停留在单机的管理水平，人才强校战略需要强有力的信息网络作为支撑。要进一步运用网络技术建立连接用人单位、上级主管部门、行业内部的局域网或广域网，使不同范围内的利用者共享计算机管理的人事档案信息资源。这是人事档案计算机管理及人事档案信息开发利用进一步发展的必然趋势。在系统的设计过程中，对全体教职员工进行了角色与权限的划分，不同角色赋予不同的使用权限，这样有利于信息的安全管理，按照参与角色可以将参与者分为四类：系统管理员、二级部门或单位管理员、决策者和主管领导、普通用户。系统管理员是人事管理系统的第一责任人，负责划分并分配用户权限，核对佐证材料并归档，确认电子签名，具有系统操作的全部录入、修改、追加、查询、统计、分析、上报等管理功能。单位管理员具有部分修改、追加信息的管理功能，具有部分统计结果、分析结果、部分个人信息等内容的查询功能。决策者和主管领导具有查询全体教职工信息、审查统计报表等所有模块的权利，但仍没有修改的权利。普通用户只有追加信息的管理功能和本人信息的浏览功能。信息维护要提供佐证材料，并通过电子签名进行确认才能进行信息补录、修改或删除；程序在每个页面都进行身份和权限的验证，防止非法用户绕过系统登录界面进入系其他页面。

2. 人才强校战略推动高校人事档案管理更先进。在人才强校战略的推动下，人才资源成为高校事业发展的第一资源，构建高素质的师资队伍成为建设高水平大学的第一需要。高校要适应市场经济条件下人才流动的趋势，遵循人力资源管理的规律，实现学校办学规模、办学水平和层次质量上的跨越式发展，造就、引进一批优秀人才，建设一个高水平的人事档案管理体制，相当必要。

首先，实施人才强校战略客观要求高校人事档案管理要更科技化、标准化、便捷化。科技化的档案管理工作，将通过计算机技术和数据技术，改变传统的"纸质化"，整个管理工作将实现"无纸化"，通过电子技术和数据技术实现整个过程的数据化，由数据代替传统的纸张，所有的档案材料都将转化成数据，档案管理人员坐在电脑前就可以完成数据的录入、传送、储存。

传统的人事管理模式，对档案的收集、整理、鉴别、归档、保护、传输以及利用的流程不规范，标准不一，导致了部分档案材料存在虚假、前后矛盾的情况，也有存在材料不全和更新不及时的现象，而高校档案数据化就必须要求对档案材料的收集、利用等流程制定统一的标准和规则，特别是对档案材料的审核，要求更严格，以确保在统一标准下档案材料的真实性。

档案管理的便捷化，要依靠科学技术，没有先进的计算机科学技术做支撑，便捷化无从谈起。具体表现在对历史的材料，通过扫描等方式，转化成电子数据，并形成数据库，形成目录，以便查询。同时，通过系统或者其他方式的加密，严格管理。对于新增加的信息，可以直接用电子化办公软件完成，并利用网络技术传送到对应的档案储存中心。利用或者借阅时，可以直接登录储存系统，经过授权后，直接在计算机中读取，既方便又快捷，同时可以防止更改或者丢失。

传统的档案管理工作存在滞后性，高校的人事档案往往跟不上高校教师的政治面貌、职称评定、年度总结、奖惩情况、科研结果的更新速度,有的甚至出现教师或者行政管理人员已经转到其他单位,档案材料还没有及时转到相应的单位,出现"人档分离"的现象,还有对于高校的专业技术人才,由于收集的滞后性导致不能充分反映他们的全部数据,特别是技术专长,导致出现人才乱用或者滥用情况,不能充分做到"知人善用"。因此,现代化的档案管理,将突破传统纸张的格式,采用数据结合办公的电子形式,通过计算机进行一键式的操作,及时或者同步记录和储存相对人的所有数据材料,利用起来也简单又快捷,并能充分体现出服务人才的理念。

其次,实施人才强校战略客观要求高校人事档案管理水平进一步提升。伴随着人才流动频率加快,顺应科学发展,盘活社会和校内的人力资源,激活人事档案,变"死档案"为"活信息",建立通畅的档案材料报送制度显得越来越重要。因此,高校在保证人事档案全面完整、及时准确,在统一集中综合管理的基础上,开始建立快速便捷的档案材料报送制度。在校属各单位明确兼职档案员,严格按照新的人事档案目录内容负责收集、送交本部门的各类档案材料,使新材料能及时、主动地被送交归档。在此基础上,加快对人事档案材料查漏补缺,对缺少的档案材料逐一登记,并耐心催要。为高校的人才使用、培养,及时发挥作用。

最后,随着高校人才战略实施的深入,以业绩材料为重点的个人资料不断充实着人事档案内容。与国家机关人事档案工作相比较,高校人事档案工作的侧重点在于反映每个教职工的工作业绩。因此,实施人才强校战略之后,教职工在教学、管理、科研等业务活动中的实绩材料,已经成为增加高校人事档案信息含量、增强人事档案活力的必要措施。高校人事档案管理须结合学校的实际情况,注重收集当前反映个人业绩的材料。包括:行政人员重点放在实行公开招聘形成的干部档案材料,如聘用单位意见、考核表、民主评议表、考核结果,把能体现干部特长、廉政和政绩的内容存入本人档案。教师档案着重反映其教学科研成果及对其科研成果起重要作用等方面的内容,如教师在其科研和教学活动中形成的"业务""教学"档案,这些档案中的论著目录、工作实绩,是学术单位对其成果和业务水平的鉴定与评价意见,客观地反映了教师业务水平和科研能力,要注意收集教职工在教学、管理、科研等业务活动中的实绩材料，如教师考核鉴定材料、科学研究成果、获得的各种奖励以及各种荣誉证书等，此类业绩材料是人事档案非常必要的补充，是人事档案的重要组成部分。工人档案重点收集材料放在考工定级、招工录用、劳动合同、文化培训等方面。这样既避免了"一刀切"，使档案材料的收集更全面，更符合个人实际情况，又增加了高校人事档案的信息含量。

第二节　高校人事档案管理面对新挑战

实施人才强校战略的关键是遵循规律，深化改革，建立适应高校特点的新型管理体制与运行机制，为吸引、稳定和培养人才搭建制度上的平台。改革是高校发展的强大动力，也是一个不断扬弃、螺旋上升的过程。其间，高校人事档案管理面对着一个个新的挑战。

一、高校人员构成变化较大

人事档案大概可分为干部档案、科技人员档案、工人档案、军人档案、学生档案等多种类型。高校人事档案主要有干部档案、科技人员档案、工人档案三大类，包括管理者、教师、教辅人员、研究人员、工人等。改革开放前，高校的职责较为单一，就是教书育人，平时没有严格的考核，因此，高校人事档案管理的内容主要是人员的政治表现，人员也只分干部、工人两类。但随着高校的迅速发展，档案人员构成及档案内容开始发生了一定的变化，大大增添了人事档案管理的难度。

（一）高校人员变化较大

首先，高校快速发展，高校各项总量都在增加。从表2.4可以看到，随着改革开放的不断深入，经济社会的迅速发展，2019年是新中国成立70周年，中国在校大学生规模达到4002万人，是解放之初的342倍，是改革开放之初16倍，位居世界第一；各类高校2688所，是解放之初的13倍，是改革开放之初的4倍，位居世界第二；高等教育毛入学率51.6%，比解放之初增加到198倍，比改革之初的1978年增加到19倍，高于全球平均水平，进入了世界公认的高等教育的最高阶段,即大学教育普及阶段。

表 2.4 全国高校人员结构相关数据对照

年度	1949	1978	1998	2002	2019
高校数量(所)	205	598	1022	2003	2688
在校生(万人)	11.70	228.00	340.87	1462.50	4002
毛入学率(%)	0.26	2.70	9.80	15.00	51.60
在职员工(万人)	4.60	51.80	102.95	147.17	256.67
专任教师(万人)	1.61	20.60	40.72	70.73	174.01
教师占全员比(%)	35	40	40	48	68
本专科生师比	7.3∶1	11.1∶1	11.6∶1	19.1∶1	18.9∶1
校均员工(人)	224	866	1007	735	955
校均学生(人)	571	3813	3335	4510	12222

资料来源:根据教育部官网公布的统计数据整理

其次,多年来我国高校有分有并,高校员工校均人数有增有减,人员有进有出,因此高校员工人事档案管理工作更加繁重。从表 2.4 中可以看到,全国总体规模,中国高校总数从新中国成立之初的 205 所,到改革开放之初及高校招生改革之初的 598 所,增加近两倍。而校均员工一般在千人以下;最低的时候,1949 年校均员工 224 人;最高的时候,1998 年校均员工 1007 人;目前稳定在 900 人左右。另有全员 1/2 人数的离(退)休人员档案需要管理,各高校员工人事档案管理任务不轻。全国高校的规模有大有小,每个高校员工有多有少,再加上人员流动频繁,学校分分并并,高校人事档案管理的变数加大。如浙江大学,1952 年全国高等学校院系调整时,学校部分系科转入复旦大学等兄弟高校和中国科学院,留在杭州的主体部分被分为多所单科性院校,后分别发展为原浙江大学、杭州大学、浙江农业大学和浙江医科大学。1998 年,同根同源的四校实现合并,组建了新浙江大学。截至 2021 年底,学校有全日制学生 63136 人、国际学生 5609 人、教职工 9778 人,迈上了创建世界一流大学的新征程。

(二)普通高校内部的人员结构也在发生变化

在全国事业单位机构改革、人事制度改革的大环境下,对高校中教师比例有着一定的要求。《人事部、教育部关于高等学校岗位设置管理的指导意见》（国人部发〔2007〕59号）文件明确规定"高等学校岗位设置实行岗位总量、结构比例和最高等级控制，其中专业技术岗位一般不低于岗位总量的70%；教师岗位一般不低于岗位总量的55%，高水平大学为教学科研服务的辅助性专业技术岗位占岗位总量的比例可适当提高。管理岗位一般不超过岗位总量的20%"。由表2.4显示的部分数据形成的图2.1中可以看出，从1949年开始，中国高校的教师占全员比一直在50%以下，直到2019年高校教师占全员比才超过55%，基本稳定在理想的水平。与其同时，高校本专科生师比也在逐渐提升。由于1999年的高校扩招，高校的生师比大幅度上升，大多年度超过18∶1。2002年首批高校本科教学评估，为了保证教学质量，教育部颁发的《普通高等学校基本办学条件指标》（教发〔2004〕2号）文件规定，高校本专科生师比合格标准为不超过18∶1。其间，教师科研能力两极分化较严重，科研性的人才加大了引进力度，教学性的人才开始转岗或流失，高校内部出现进进出出频繁景象。由此，高校人事档案传出率和转入率都明显增加。

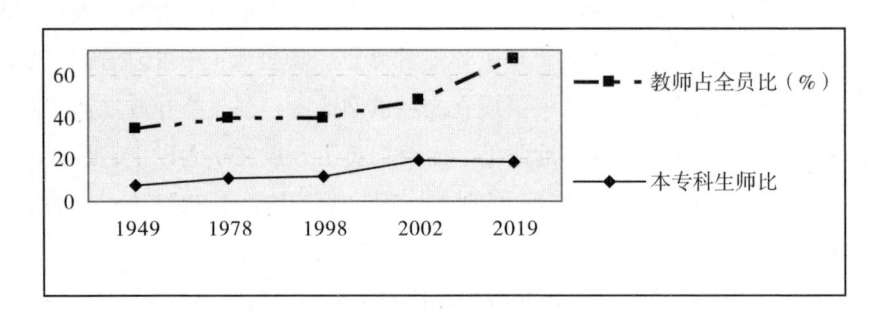

图2.1 全国高校部分年度教师占比数据

《山西政报》2002年第14期发表山西省编办事业处的文章，透露了山西省出台高校机构编制标准及执行情况。2002年，山西省高校教师编制由11010人增加到13094名，增加2084名，增比19%；高校科研人员由429人增加到1352名，增加923名，增比215%；可见科研人员的增比是教师增比的11.3倍，高校对科研人才的重视显而易见。同时该文指出，学校之间发展很不平衡。如2019年高校扩招后，有的高校生师比偏高，最高达20.91∶1；有的高校生师比偏低，最低达5.6∶1，造成编制大量闲置。同时文章指出，学校内部各类人员的结构也不尽合理。教室与行政工勤人员的比例倒挂。例如，有的学校基本教育规模中专任教师只占40.7%，行政工勤人员却占到了48%，非专业教师比例过大，必须在近期内改变这种状况。

（三）高校专任教师的学历、职称有了较大的提高

改革开放前，中国高校自主培养的硕士生、博士生十分有限，高校专任教师的来源一般为本科生的精英，有研究生学历的人很少。1978年开始，只有部分重点高校培养少量研究生。从表2.5中可以看出，1984年全国专职教师31.5万人，有研究生学历的只占11.1%，博士学历只有1.3%。到2019年，具有研究生学历的已经达到了64%，其中具有博士学历的27.0%，分别增加477%和1977%，研究生学历、硕士博士学历在全员的比例，已经成为高校办学合格的一个必要条件，教育部有着明确的规定。

表2.5　全国高校专职教师部分年度学历对照

年度	专任教师人数（万人）	博士研究生占比（%）	硕士研究生占比（%）	本科占比（%）	专科及以下占比（%）
1984	31.5	1.3	9.8		
1998	40.7	5.0	25.0	65.0	5.0
2002	61.8	8.0	26.0	62.0	4.0
2019	176.1	27.0	37.0	35.0	1.0

资料来源：根据教育部官网公布的统计数据整理

1981年，长期停止的高校职称评定正式开始恢复。当年全国高校超过13万名教师提升和明确了职称。其中，提升教授2400多名，副教授20700多名，讲师116100多名，当时全国普通高校，专任教师为24.99万人，分别占比见表2.6。其中，中级职称的占比一般稳定在47%左右；正高级职称的占比由1981年的1%，提升到2019年的13%，增加了12倍；副高级职称的占比由1981年的8%，提升到2019年的30%，增加了2.75倍。

表 2.6　全国高校专职教师部分年度职称对照

年度	合计人数（人）	正高级占比（%）	副高级占比（%）	中级占比（%）	初级占比（%）	无职称占比（%）	备注
1981	249900	1	8	47	0	44	为当年对应职称人数占全员比
1998	407253	9	28	38	19	5	
2002	618419	10	30	34	19	7	
2019	1760786	13	30	39	10	1	

资料来源：根据教育部官网公布的统计数据整理

根据中央组织部"凡提必审"的档案管理工作要求，教师职称变动、学历提升的每一个环节都需要档案工作者的积极配合，为此提供、收集准确的人事档案资料，为高校"人才强校"付出了辛勤的劳动。

二、聘任制下人员构成繁杂

1998年《中华人民共和国高等教育法》明确地授权事业单位校长可以代表学校对校内工作人员拥有招聘与解聘的权利，高校在用人的自主权上有了明确的法律保障。国办发〔2002〕35号人事部"意见"指出："聘用合同分为短期、中长期和以完成一定工作为期限的合同。对流动性强、技术含量低的岗位一般签订3年以下的短期合同；岗位或者职业需要、期限相对较长的合同为中长期合同；以完成一定工作为期限的合同，根据工作任务确定合同期限。合同期限最长不得超过应聘人员达到国家规定的退休年龄的年限。聘用单位与受聘人员经协商一致，可以订立上述任何一种期限的合同。"《意见》指出："事业单位除按照国家公务员制度进行人事管理的以及转制为企业的以外，都要逐步试行人员聘用制度。""通过实行人员聘用制度，转换事业单位用人机制，实现事业单位人事管理由身份管理向岗位管理转变，由行政任用关系向平等协商的聘用关系转变，建立一套符合社会主义市场经济体制要求的事业单位人事管理制度。"在事业单位试行人员聘用制度，是用人制度的一项重要改革，对实施科教兴国战略和人才强国战略，调动事业单位各类人员的积极性和创造性具有重要作用。文件明确了事业单位人事管理的目标任务，强调事业单位要从固定用人模式向合同用人模式转变，合同制成为聘用制的基本特点。

高校人事管理聘用制的实施，推进了教师自身观念从"单位人"向"社会人"的转变，教师聘任形式从"评聘合一"向"评聘分离"的转变，教师聘任地位从"形式平等"向"实质平等"的转变，教师管理方式从"身份管理"向"岗位管理"的转变，教师聘任条件从"资历至上"向"学术优先"的转变。聘用制成为高校"人才强校"的有力推手，是高校人事制度改革的方向。高校聘任制形式有两种不同的分类方式。

（一）以合同期限为标准，高校聘任制形式的分类

从世界各国的情况来看，高校聘任制大体有三种类型。

1. 定期合同制。如俄罗斯高校明确规定了教师聘任合同的期限。

2. 公务人员职务终身制。如在法国和德国，高校教授被定为国家公务人员，高等院校的正式教师，除医学专业助教外，都是职务终身制。

3. 定期合同与职务终身制并行。美国教师的高级职务（教授、副教授）分定期制和终身制，教授多为终身制。

国办发〔2002〕35号人事部《意见》指出："聘用合同分为短期、中长期和以完成一定工作为期限的合同。对流动性强、技术含量低的岗位一般签订3年以下的短期合同；岗位或者职业需要、期限相对较长的合同为中长期合同；以完成一定工作为期限的合同，根据工作任务确定合同期限。合同期限最长不得超过应聘人员达到国家规定的退休年龄的年限。聘用单位与受聘人员经协商一致，可以订立上述任何一种期限的合同。"

中国高校基本上是根据《意见》要求，借鉴国外三种类型，加以改造，因人而异，为我所用。比如，中国农业大学教师职务聘任期限分为"有固定期聘任"和"长期聘任"两种。助教职务为有固定期聘任职务，首次聘期3年，续聘期为1~3年，最多可续聘1次；讲师职务也为有固定期聘任职务，首次聘期3年，续聘期3年，最多可续聘2次。而副教授和教授职务为长期聘任职务。有固定期职务受聘者，至迟在其受聘满之前半年，应向所在院系提出续聘或申请更高职务的报告。否则，视为无意在受聘期满后继续在学校工作。

又如，2003年左右，北京大学和清华大学曾经推行过类似终身教职制度的人事改革方案。以此为基础，北大、清华多年来坚持以"预聘—长聘"为主的

教师人事制度改革,有效地改善了高校的生态,以较好的资源支持年轻人独立开展研究,产生了一批走向世界前列的自然科学、社会科学的学者,为国家和社会的进步做出了巨大贡献。北大、清华实行的"预聘—长聘"制度,源于国外大学的终身教职制度(Tenure-track)。终身教职制度最早出现于20世纪初的美国高校。终身教职制度下,一经聘任为终身教职,聘期可以延续到退休,不受学校各种阶段性教学、科研工作量的考核,而且没有被解聘的压力,同时他们还享受学校颁发的终身教授津贴。但被聘任为终身教职前,如果教职人员在一定年限内经过了两个聘期未取得副教授或更高级别职称则不再聘用,这有点类似国内的"非升即走"。(见图2.2)

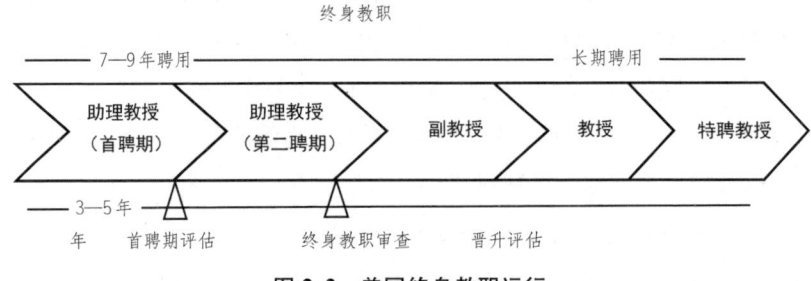

图2.2 美国终身教职运行

2016年以后实施"预聘—长聘"制度的中国148所大学,截至2019年底,大学国际期刊论文发表数量整体提高了26.55%,其中,实施了"非升即走"制度的大学,其国际期刊论文发表数量更是提高了103.02%。而且经验证明,"预聘—长聘"制度的积极作用会随着执行时间延长日益凸显。直到2018年1月,中共中央、国务院出台《关于全面深化新时代教师队伍建设改革的意见》,首次提出"准聘与长聘相结合"的重要政策导向,"预聘—长聘"制逐渐成为国内高水平大学师资队伍建设的改革方向。越来越多的院校开始加入"预聘—长聘"制度的队伍中。

(二)以教师身份为标准,高校聘任制形式的分类

高校人员主要有编制和无编制两大类,并包括事业编制、人事代理、劳务派遣、临时聘用四种。前一种属于有编制类型,后三种属于无编制类型。

1. 事业编制,是指为国家创造或改善组织条件、增进社会福利,满足人民

文化、教育、卫生等需要，其经费一般由国家事业经费开支的单位使用的人员编制。政府职能部门根据事业单位的社会功能、职责任务、工作性质和人员结构特点等因素，综合确定事业单位管理岗位、专业技术岗位、工勤技能岗位（以下简称"三类岗位"）总量的结构比例。已经实行聘用制度，签订聘用合同的事业单位，可以根据人力资源社会保障部意见及行业指导意见的要求，按照核准的岗位设置方案，对本单位现有人员确定不同等级的岗位，并变更合同相应的内容。

1999年9月，中央编办、教育部、财政部联合颁布了《普通高等学校编制管理规程（草案）》，编制成为政府职能部门对高校总量把控、财政拨款的重要依据。高校"两定一聘"的基础是定编，编制确定，规模恰当，体系科学、合理，是设定岗位、职务聘任的前提条件。2021年教育部等六部门《关于加强新时期高等学校教师队伍建设的意见》指出，"加快高校教师编制岗位管理改革。积极探索实行高校人员总量管理。高校依法采取多元化聘用方式自主灵活用人，统筹用好编制资源，优先保障教学科研需求，向重点学科、特色学科和重要管理岗位倾斜"。指出"有条件的高校顶编、兼职教师一般应占到教师总数的1/4以上"，这为流动编制的使用提供了政策依据。尽管"取消事业编，实行全员合同聘用制，是事业单位的改革方向"，但事业编制仍然成为今后一段时间聘用制中有激励作用的用人形式。根据中央组织部要求，高校事业编制的人员其人事档案必须由所在高校人事档案管理部门按照规定统一管理。

2. 人事代理，是与社会主义市场经济体制相配套的新型人事管理模式，是指政府人事部门所属人才服务机构受单位或个人委托，运用社会化服务方式和现代科技手段，按照一定的法律程序和政策规定，代办有关人事业务。高校人事代理，是一种人力资源外包形式，是高校根据需求将一项或多项人力资源管理工作或职能外包出去，由专业的第三方代理。从人事代理的内容来看，主要是以人事档案管理为依托的基础性代理，包括流动人员人事档案管理的服务内容。从人事代理的对象来看，可分为单位委托代理和个人委托代理。可见，由学校以人事代理形式聘用人员的人事档案，应该由当地的政府所属人才服务机构按照规定统一管理。

一方面，1999年高校扩招之后，学校的办学规模迅速膨胀，许多高校为解决师资力量紧张、编制不足等问题，短期聘任辅导员或其他教职工人员，以解决燃眉之急；另一方面，许多政府部门规定将增人计划的权力下放给高校，定编不定人，职能部门不再过问了。一些高校利用这一政策，为实施"人才强校"战略，在招聘高层次人才过程中，为了验证新招聘的博士毕业生能够确实发挥作用，一般都是先以人事代理聘用，如果取得了应有的成果，再办理入编手续。由此，高校人事代理人员的身份变化较大。2020年教育部等八部门发布《关于加快构建高校思想政治工作体系的意见》（教思政〔2020〕1号），第23条明确要求，专职辅导员不得以劳务派遣、人事代理方式聘用。事实上，目前高校一般都以人事代理、劳务派遣编外聘用人员的方式编外聘用辅导员。为此，各省、各高校认真落实。如江苏省教育厅于2020年4月发文（苏教社政〔2020〕1号）第三条提出，2022年之前要保证辅导员100%进入事业编制。按照学生与辅导员的生师比200∶1的硬性规定，高校约有1/10的教师编制将转移为辅导员，工作量之大可想而知。

3. 劳务派遣，是指由劳务派遣机构与派遣劳工订立劳动合同，把劳动者派向其他用工单位，再由其用工单位向派遣机构支付一笔服务费用的一种用工形式。《中华人民共和国劳动合同法》第六十六条规定："劳动合同用工是中国的企业基本用工形式。劳务派遣用工是补充形式，只能在临时性、辅助性或者替代性的工作岗位上实施。"《中华人民共和国劳动合同法》第五十八条又规定"劳务派遣单位应当与被派遣劳动者订立二年以上的固定期限劳动合同，按月支付劳动报酬。"可见，劳务派遣的临时性具有相对性。高校引进劳务派遣等灵活用工形式，解决编制紧缺的结构性矛盾，为推进高校绩效管理、夯实岗位责任、淡化身份属性发挥了重要作用。在高校全面推行聘任制和去编制化的趋势下，劳务派遣已经成为高校简化人事管理、促进人才流动、激发人才活力的手段。人事代理和劳务派遣是高校聘用制度的重要形式，且二者相互转换也成为高校人事管理的必要手段。2018年12月28日，齐鲁网报道一篇名为《临沂大学近三百名硕士教职工"被弃"》的文章，在网络上引起热议。作为临沂唯一一所普通本科院校，临沂大学自2012年以来先后以人事代理方式分批公开招聘了部分教学、管理、教辅人员，双方在平等自愿的基础上签订了人事代理合同，其中也包括按照人事代理方式安置的少量新进博士家属。根据《山东省实行人员控制总量备案管理的事业单位人事管理办法（试行）》规定，自2017年12月起，山东省事业单位用人实行人员控制总量管理。在文件第十四项中明确规定，事业单位对履行职能需要购买辅助性服务的，应当按照政府采购法律制度有关规定执行，相关人员不纳入人员控制总量。临沂大学认为，签订人事代理合同的教职工不属于控制总量内人员。此前签订人事代理合同的教师不再续签，而是改为劳务派遣方式签订新的合同，学校认为此举符合省里规定。

4. 临时聘用，主要是指国家或地方机关单位、国有企事业单位等，通过与员工签订临时聘用合同形成劳动协议的聘用制度。长期以来，许多高校人事管理中都存在着正式聘用和临时聘用分离的两种截然不同的用人形式，其中对正式聘用的招收、使用、薪酬福利、考核晋升、档案保管等都有一套比较完整的管理规定或实施办法。而对临时聘用的使用和管理基本上没有固定的管理规定或实施办法。高等学校中所谓的"临时聘用"，一般是指通过协商或事实劳动关系形成的，被学校或者学校的内部机构，与学校存在关联关系的单位等聘用，向其提供劳务行为，并接受学校或者学校的内部机构，与学校存在关联关系的单位给付报酬的自然人。高等学校的编制外临时聘用是高等学校用工计划不足的一种补充，一直在高校教学、科研辅助岗位及后勤保障工作中起着重要作用。高校临时聘用的规范管理不仅是一种用人制度和形式的改变，更是高校聘任制度改革中一种全新的尝试，通过临时聘用的规范管理，可以尝试探索在高校人事制度中一些更加灵活的制度设计，通过不断地改革和摸索，建立更加完善的高校人员管理制度。临时聘用人员一般不属于学校人事部门统一管理，故聘用单位只对聘用人员进行考核，学校人事档案管理部门不负责管理他们的人事资料。

三、重建档案带来一定冲击

（一）重新建档由来

"重新建档"是指为了完善人事档案材料，对人事档案损毁、丢失或无从查考的人员重新建立档案，是对人事档案管理的一种特殊补救。对此，重新建档有着严格的制度规定，包括当事人申请、组织审批、资料核对、最终确认等对应的环节。正常情况下，这种补救形式的"重新建档"并不常见。

1996年，江苏省昆山市人事局发布《关于对部分缺档专业技术人员、干部重建档案的暂行规定》，成为国内最早明确提出，为了引进人才可以重建人事档案的官方文件。① 2004年，浙江省出台《关于促进人才柔性流动的实施办法》（浙委办〔2004〕75号），其中明确指出，柔性流动人才包括不转移人事关系的人才，并规定柔性流动的一般范围为高层次人才。除了一些诱人的高额奖励之外，柔性流动人才和正常调入人员一样，可以享受各种校内待遇和社会福利。事实上，这种人才柔性流动方式中的一项重要内容，就是可以重建人事档案。多年来，运作人才柔性流动的单位中，高校占了很大比例，且有一定的增长势头。

"大学者，非有大楼之谓也，有大师之谓也"，因此人才的争夺自然成为各高校竞争的制高点。人才大战中，人才引进高校利用自身优势和各种丰厚待遇立于势在必得的高位，而原属单位"冻结人事档案"则成为留住人才的法宝。为此，"柔性流动""重新建档"的办法成为部分高校迅速补强师资、引进人才的捷径。表2.7是2006—2010年五年期间，广东省两所省属重点高校引进人才数量及重建档案数量的调查统计表，该两校分别简称为甲校、乙校。这五年是高校柔性人才引进的高峰时期，其间引进的人才有多有少，但重新建档数量占引进人才数量的比基本表现为阶段性增长，尤其是乙校的2008年和2010年两次占比都达到50%，力度之大，可想而知。

表2.7 广东省两所高校引进人才相关数据统计

年度	高校	引进人才数量（人）	重新建档数量（人）	重新建档占比（%）
2006	甲校	35	10	26
	乙校	38	11	29
2007	甲校	39	15	38
	乙校	40	16	40
2008	甲校	32	15	47
	乙校	30	15	50

---

① 万辉.人事档案能"克隆"吗？——关于吸引人才重建档案的调查与思考［J］.档案与建设，2003（01）：25-27.

续表

年度	高校	引进人才数量（人）	重新建档数量（人）	重新建档占比（%）
2009	甲校	21	9	43
	乙校	20	8	40
2010	甲校	15	7	47
	乙校	18	9	50

资料来源：张家英．对高校重新建档的反思［J］．云南档案，2012（5）：49-50.

（二）高校重新建档增多的主要原因

1. 人事档案单位管理

按照相关规定，高校有权依法依规独立行使人事档案的材料收集、归档管理和档案使用，当然也包括人事档案的部分修正和因特殊情况所引发的重建档案。

2. 人事档案与社会管理职能一度分离

事业单位中人事档案中原本涉及很多方面的问题，诸如养老保险、医疗保险、失业保险等国家推行的福利政策，一度和高校关系不大。2014年10月之前，高校人员参考公务员不交养老金，在校工资、福利、退休金等都是自己说了算，并不需要必须用原始档案来佐证。以致完整的、原始的人事档案许多功能被相对淡化，由此造成"弃档"现象在社会上越来越多，高校重新建档也应运而生。

3. "人才强校"的迫切要求

1995年开始，党中央、国务院面向21世纪，统一规划，先后采取三大举措，即重点建设211工程、985工程、双一流工程，努力赶超世界一流高校，其中科研水平决定了高校的学术影响力、学术声誉及社会地位。目前，我国高校以不到全国10%的研发人员、不到全国8%的研发经费，高校占据了国家科技三大奖的半壁江山，其中自然科学奖以及技术发明奖主要来自高校。因此，高校对高层次科技人才的需要更加迫切。

4. 人才流动的不规范性

一方面一些高校总把教师作为本单位的私有资源，尽管单位一时用不上，或难以充分发挥作用，也不允许人才外流。单位留住人才的最好办法，就是控制教师的人事档案。另一方面，随着人事制度改革的深入，单位人逐渐成为社会人，这为柔性引进人才模式创造了条件。再加上新生事物中制度性的缺失，许多高校坚持，只要是人才，转不转人事档案就不是关键问题。以致一段时间，重新建档成为许多高校引进人才优惠政策的一项重要内容。

（三）重新建档曾为高校发展做出贡献

尽管许多高校已经明确表示，今后在引进人才过程中，不再给予重新建档的"优惠"。但是，重新建档历史贡献还是有目共睹的，主要表现为以下三方面。

1. 冲破了传统人事制度对人才的束缚

传统理念下，人是学校的人，档案是学校的档案。许多高校为了减少高层次人才流失，制定了一些限制人才流动的规定，比如博士、硕士研究生毕业需要服务多少年，才能调离本学校；评职称前必须承诺，评上教授、副教授必须服务多少年，才能调动工作等。保证这种人才固化的撒手锏，就是不允许转移人事档案。国家尽管在促进人才流动过程中有许多积极的政策措施，但是县官不如现管，本位主义作祟，一份自己的档案，活生生难倒了英雄汉。在这种情况下，重建人事档案一定程度上顺应了社会化的发展趋势，打破了人才流动的壁垒，实现了社会人力资源的有效组合。

2. 打开引进人才绿色通道

随着高等教育双一流工程建设的兴起，高校对高层次人才都是求贤若渴，于是采取非常规办法提档加速，弯道超车。许多高校为吸引人才，出台相应的办法，明确强调引进人才无法将档案转入的，可以开通绿色通道，只要填写《重新建档申请表》，就能为其重新建立人事档案。这一做法从人才自身来讲，可以不征得原高校的同意，由新单位为其快速办理引进手续，大大简化了人才引进的程序，工作任务、个人待遇等事项只要新单位和人才自身双方同意即可。实施重新建档引进人才，使得人才自身变成一只自由飞翔的雄鹰，不再受到任何约束，可以根据自己的意愿任选新单位。"重新建档"是特定时期的产物，一定程度上加速了高层次人才流动，更贴合社会主义市场经济的需要，对许多高校的"人才兴校、人才强校"确实做出一些贡献。

3. "重新建档"引发高校鲇鱼效应

人才柔性流动、人事档案重新建档等新生事物的出现，使人们对市场经济是竞争经济、人是单位人更是社会人、人的前途决定于个人努力而不是长官意志等理念有了更加坚定的认识。高校高层次人才的引进，可以为现有的教师队伍增添"强心剂"。由此产生的鲇鱼效应是高校领导层激发高校科研教学人员的有效措施之一。一方面在原有的队伍中增添新的具有引领性人物，为教师队伍的壮大带来明显效果；另一方面，高层次人才的引进也对原有的教师们做出了一些提醒，尤其对那些故步自封、因循守旧的教工提醒，唤起他们的生存意识和竞争求胜之心，提高他们的忧患意识，并在现有的状况下，努力奋发向上、激发教职工的潜能。因而优秀人才的引进会为高校带来明显的鲇鱼效应，营造了良好的竞争氛围。

（四）重新建档在高校实施中暴露出一些问题

1. 档案重建有违档案的基本属性

档案必须具备三个基本属性：一是真实性，是没有经过加工、变通的原始信息，是当时特定时期真实情况的反映；二是历史性，是真实历史"即时记录"，而不是"事后记录"；三是价值性，档案的证明力越强，其价值越高。而重新建档，它是经过加工、变通的事后记录，证明力较弱，因此档案的这三个属性均不完整存在。重建档案由引进的人才重新填写形成，档案材料很难做到齐全、完整，无法保证档如其人。完全撇开个人的历史事实，仅仅依据当前表现来评判一个人的才能，有可能造成组织人事部门在培养干部、选拔使用人才上的失误。

2. 重新建档的合法性受到质疑

2018年中共中央办公厅颁发《干部人事档案工作条例》，其中第三十五条指出，"组织人事部门应当坚持'凡提必审'、'凡进必审'、干部管理权限发生变化的'凡转必审'，在干部动议、考察、任职前公示、录用、聘用、遴选、选调、交流，人才引进，军队转业（复员）安置，档案转递、接收等环节，严格按照有关政策和标准，及时做好干部人事档案审核工作。"显然条例提出的是"凡进必审""凡转必审"，而不是"凡进可建、凡转可建"。同时，该条例第三十九条开展干部人事档案工作必须遵守下列纪律，包括："严禁篡改、伪造干部人事档案；严禁提供虚假材料、不如实填报干部人事档案信息；严禁转递、接收、归档涉嫌造假或者来历不明的干部人事档案材料"等。显然，重新建档中的一些做法并不符合中央有关精神，有的甚至越过了一些明令禁止的红线，值得人们反思。

3. 重新建档引发一系列问题

（1）助长失信、不法风气。《民法典》第四百六十五条规定"依法成立的合同，受法律保护。"许多高校为了留住人才，尽可能减少高层次人才流失，会和相关人员签订协议，约定服务期未满不予流动、不转人事档案，并承担违约责任。当高层次人才不履行协议，且不愿承担相应违约责任而提出工作调动时，原高校为了维护自身的利益，采用不转人事档案留住人才之举，合理、合情、合法。但是引进人才的高校为了自身发展的需要，只讲才华，不讲公德，单方采用重新建立人事档案的方法调入高层次人才。这样不仅损害了原单位的合法利益，而且支持了当事人的不法行为，讲诚信的良好风气也受到污染。

（2）档案真实性、完整性受到破坏。人事档案是反映一个人成长最原始的记录，"重新建档"主要记录的是个人在新单位的工作表现，人为地将个人档案进行了分解，致使后来形成的档案材料与前期的档案材料无法整合，无法形成一卷完整的人事档案。导致一个人在至少两个单位同一时间段拥有多卷档案，甚至有人会利用原来的那卷档案在隐瞒新单位的情况下再次调动工作，这就造成了一人多档、"一女二嫁"的现象。《党政领导干部选拔任用工作条例》明确规定，考察党政领导干部拟任人选时必先查阅档案。"档如其人"说的是只要查阅一个人的档案，即使没见到本人，也能对其有了大致的了解。可是"重新建档"人员，仅能查阅后来形成的材料，无法全面了解人员情况从而无法对其作出客观、公正的评价，以此选人未免有些偏颇，有时甚至造成不必要的失误。

（3）直接影响当事人的各项利益。机关事业单位在进行工资改革或养老保险改革时要认真查阅个人参加工作时间、工龄、工作经历等，以此按照国家的政策规定落实每个人的经济利益。重新建档，档案材料不全，就无法确定真实的参加工作时间、工龄、工作经历等，影响工资套改的政策落地，并会引发一系列连锁反应，直接影响当事人的个人收入。2014年10月之后，高校退休人员统一纳入社会保障系统，不再是学校仅凭新建的档案，就可以单方确定退休人员的退休待遇，必须通过政府社保部门的严格审查。显然，引进人才时学校的一些超政策承诺就无权兑现，这是学校和当事人都没有料到的。面对这种窘境，当事人只好在退休前四处奔跑，想方设法追回原有档案，极力挽回不必要的损失，同时也为学校的工作带来一些负面影响。

第三节　高校人事档案管理存在的问题

习近平同志指出："必须坚持问题导向。问题是时代的声音，回答并指导解决问题是理论的根本任务。"① 目前高校的办学规模不断扩张，高校的引才力度也在不断增加。高校人事档案管理在市场经济的挑战中不断奋进，在人事制度深化改革中探索前行。与此同时，高校的人事档案管理在前进中也存在一些问题。

一、高校人事档案管理没有得到足够重视

中共中央办公厅《干部人事档案工作条例》第三条指出："干部人事档案是教育培养、选拔任用、管理监督干部和评鉴人才的重要基础，是维护干部人才合法权益的重要依据，是社会信用体系的重要组成部分，是党的重要执政资源，属于党和国家所有。"高校领导班子对学校人事档案管理普遍不够重视，对文件内容标题性的浏览，有些领导甚至不知道有这份专门性的文件。因此许多领导对待人事档案工作，"说起来重要，排起来次要，忙起来忘掉"。高校这项不被重视的工作，主要表现为以下几方面。

（一）高校人事档案管理队伍建设时的不足

首先，高校人事档案管理专职人员普遍不足。《干部人事档案工作条例》第十六条规定："组织人事部门应当明确负责干部人事档案工作的机构（以下简称干部人事档案工作机构），每管理1000卷档案一般应当配备1名专职工作人员。

---

① 习近平. 高举中国特色社会主义伟大旗帜　为全面建设社会主义现代化国家而团结奋斗——在中国共产党第二十次全国代表大会上的报告［EB/OL］.（2022-10-25）［2022-10-26］. https：//www.gov.cn/zhuanti/zggcddescqgdbdh/sybgqw.htm.

有业务指导任务的干部人事档案工作机构，还应当配备相应的业务指导人员。管理档案数量较少且未设立工作机构的单位，应当明确岗位，专人负责。"中央的"千卷一人"人事档案管理人员基本要求已经提了30多年，但真正在高校落实的寥寥可数。如果将离退休人员的档案卷数计入高校人事档案总数，几乎每一高校都达不到这一标准。有的高校领导发挥智慧，使得人事档案管理人员编制名义上有，实际上却没有。如某高校人事处将档案科和行政科合并办公，两块牌子一套班子，档案科长由行政科长兼任。按照编制，档案科是3人，但科长和另一人员几乎做的都是行政科的事情，以致3000多卷在职档案、2000多卷退休档案完全由1名专职人员承担。据了解，目前，各地高校一人管几千卷档案的现象比比皆是，为应付只增不减的档案管理需求，他们只能加班加点来完成档案管理业务，这无形中影响了档案管理质量。

其次，人事档案管理人员整体素质有待提升。《档案法》第十一条规定："国家加强档案工作人才培养和队伍建设，提高档案工作人员业务素质。"《干部人事档案工作条例》第十七条规定："组织人事部门应当选配政治素质好、专业能力强、作风正派的党员干部从事干部人事档案工作。强化党性教育和业务培训，从严管理，加强激励保障。干部人事档案工作人员应当政治坚定、坚持原则、忠于职守、甘于奉献、严守纪律。对于表现优秀的干部人事档案工作人员，应当注重培养使用。"高校在选配人事档案管理人员时基本上都注意到政治标准，即只有中共党员才可以担负此项工作。但就专业性而言，大部分高校均无硬性要求。但是相关职能部门却有明确规定，如《江苏省档案人员上岗资格管理办法》第二条明确要求："本省行政区域内机关、团体、企业事业单位以及其他组织从事档案工作的专兼职档案人员必须持有省档案局和省人事厅统一制发的档案人员上岗资格证书。"并于第十六条指出："有下列行为之一的，由所在地档案局对直接责任人给予通报批评，包括：擅自安排未经培训的人员从事档案工作而造成档案损失的。"由于组织隶属问题，许多高校对此并不知晓，尤其是部属学校。因此，一些高校人事档案管理人员安排时有乱象重生。如没经过培训直接上岗，无证上岗已成常态，工人身份管理干部档案，不学习相应的专业知识与技能且长期担任此项工作，政策性、保密性不强，服务意识不高，等等。甚至有的高校把人事档案管理部门看作"福利院"，调配一些"老、弱、病、残"的人员充当,办事效率低可想而知。

最后,高校人事档案管理人员个人发展领导很少过问。高校的三大任务是教学、科研和社会服务,学校的基本政策和优惠条件基本向这三个领域的人员大幅度倾斜。人事处作为高校人力资源管理的职能部门,特别关注的是负责人才引进、人事考核、工资兑现等相关科室,对于人力资源管理最基础的人事档案科几乎是无暇问津。人事档案科不管是归属校档案馆,还是归属校人事处,几乎都成为被领导遗忘的角落。以致,一些高校每年的评先选优,几乎都是和人事档案管理人员擦肩而过;凡遇到晋升、提拔名额有限时,第一考虑的就是让人事档案管理人员发扬风格;若人事档案管理人员有机会外出进修学习、业务培训时,首先想到的是"要花钱了"而不是"工作需要"。尽管上述都是偶发事例,但每一个小概率之后都会大大挫伤默默奉献的人事档案管理人员的工作积极性、主动性。

2. 高校人事档案管理的硬件条件不够完善,人事档案的保管与保护工作需要进一步加强,《干部档案工作条例》(组通字〔1991〕13号)第二十七条规定:"根据安全保密、便于查找的原则要求,对干部档案应严密、科学地保管。(一)干部档案管理部门,要建立坚固的、防火、防潮的专用档案库房,配置铁质的档案柜。库房面积每千卷需20至25平方米。库房内应设置空调、去湿、灭火等设备;(二)库房的防火、防潮、防蛀、防盗、防光、防高温等设施和安全措施应经常检查;要保持库房的清洁和库内适宜的温、湿度(要求:温度14℃-24℃,相对湿度45-65%)。"1991年中共中央组织部《干部档案整理工作细则》第二章整理工作的基本要求中第五条规定:"整理干部档案,事先要收集好干部档案材料,并备齐卷皮、目录纸、衬纸、切纸刀、打孔机、缝纫机等必需的物品和设备。"30年后的今天,人事档案管理基本的硬件条件,理应有大的提升。但在现实中,一些高校做得并不理想,主要表现为以下三方面。

首先,人事档案管理用房相对不足。由于人事档案属于内部资料,一般不对外开放,因此它不像图书馆、档案馆、博物馆那样,高校师生进出的流量比较大,有一定影响力。因此许多领导认为人事档案室用房安排和学校的硬件建设关系不大,对它的布局只是考虑资料存放和内部查阅,至于相关硬性标准关注得不够。如有的高校人事档案室放在隐蔽的地方,美其名曰是为了保密,忽视了防潮等必要规定；有的高校人事处没有储藏间，于是就将日常的相关物品，包括酒类和食品堆放到下属的人事档案室里，增加了人事档案腐蚀、失火等隐患；有的办公用房紧张，便以种种理由，想方设法压缩人事档案室的面积。

其次，人事档案管理设施落后，工作效率低下。在管理手段上，大部分以手工操作为主，基本上没有现代化的设备，有些人事档案部门就连起码的吸湿机、装订机也没有，档案管理工作效率低。虽然部分高校档案部门配置的电脑设备，但由于缺乏相应的应用软件与操作人员，计算机所起的主要作用是简单的文字处理与制表功能，并没有实现档案管理的信息化与数字化。高校人事档案管理信息化需要大量的先进的仪器与设备，而正是由于传统的人事档案管理的观念还没有及时地适应时代的发展，所以很多高校并没有进行相应的投入，导致了及时招募了专业的人才也没有相应的物质基础，只能还是依靠传统为主的档案管理模式。没有必备的计算机、扫描仪器、软件等这些先进的技术支持，人事档案现代化管理就会成为一种口号。

最后，高校人事档案管理缺乏必要的资金投入。人事档案管理是一个动态的管理，对材料的不断收集、整理、鉴别、分类、剪裁、入档，每装一份材料都需把档案重新拆装一次，再加上频繁的档案查阅，对原始档案材料的无意磨损不可避免。现阶段，部分高校在尝试或实现对人事档案进行系统化升级，将原始材料进行扫描，放入软件管理系统，通过不同的系统对档案材料进行录入和查阅，这需要不少的资金投入。有些学校在软件和硬件设施的投入上有些为难，制约了档案管理的数字化进程。人事档案管理工作是一项特殊的工作，它对环境的要求比较高，不良的环境对人也有一定的伤害性。人事档案存放的一般都是原始的东西，又经过长期的查阅和磨损，十分容易腐蚀。可见，在日常管理中，除了防火、防潮、通风之外，还特别需要净化空气，保障查阅人和人事档案管理人员的身体健康。因此，人事档案室不仅需要设备齐全，还需要有专项管理经费。包括档案的收集、制作、管理、转递、设备维修、环境保护等，以及工作人员劳动保护的费用。如，工作人员进档案室必须穿工作服，搬运、查阅档案必须口罩、手套，等等；以及人事档案室的工作人员应该享有必要的劳保福利。目前许多高校在人事档案管理中，划有这部分的专项资金。但在具体实施中，由于人事档案科基本都是附属其他主管部门，时常专款得不到专用。

专项投入很容易变成一句虚言。

二、制度在人事档案管理中没能真正贯彻

2018年中共中央办公厅《干部人事档案工作条例》第一条就体现出这样一种精神：为了贯彻新时代党的组织路线，落实从严管理干部要求，充分发挥干部人事档案在建设高素质专业化干部队伍中的重要作用；必须推动干部人事档案工作科学化、制度化、规范化建设。即人事档案管理中的制度性在一定程度上就是党性。这一点高校各级领导及档案管理人员都相当清楚，但在具体执行中，有时会出现偏差，甚至背道而驰。

1. 人事档案管理的保密制度有时形同虚设。人事档案（包括干部档案、学生档案、工人档案）中的大部分内容属于个人隐私，从法律层面、道德层面而言，私自透露或扩散个人隐私属于违法或不道德的行为，造成严重后果者应承担法律责任。况且，干部档案有着更高的保密要求。按照现行的《组织工作中国家秘密及其密级具体范围的规定》（中组发〔2001〕14号）第四条第六款规定"干部人事档案中未经批准不得公开的内容，属于工作秘密，不得擅自扩散和公布。"对此，一些高校没有引起足够重视。

首先，落实人事档案管理保密制度的工作生态没有真正形成。少数高校不了解人事档案保密方面的法律规定，没有制定相关制度，管理人员只能自主操作。而大多数的高校对相关保密法规有所了解，也制定了相应的保密制度，但有时很难落实。如《中华人民共和国档案法》《中华人民共和国保守秘密法》及相关政策文件上明文规定：干部人事档案管理部门，应设立专用档案库房（室），配置铁质档案柜，明确专人管理，非管理及无关人员一律不得进入档案库房（室），严禁用电话、电报索取或提供有关干部的全面材料和涉及干部政治历史问题或其他重要问题的材料，不得向无关人员谈论泄露有关干部人事档案的内容，严禁任何人携带干部人事档案材料进入公共场所和娱乐场所，在工作中形成的各种草稿、废纸等，不得乱扔、乱抛，一律按保密纸处理或销毁。但是，有的高校人事档案室一室多用，甚至作为单位储藏室，什么都能放，人人都可进；有的领导在电话中询问他人的政治历史问题，档案管理人员边查边回答；人事档案查阅后没有及时入库，放在办公桌上好几天；等等。

其次，工作中的自由主义仍然存在。人事档案管理员特殊的地位和身份，决定其具有知密早、知密多、知密深的特点，他们是各项管理制度的直接贯彻者，对保守党和国家、高校、党组织的秘密负有比一般工作人员更为重大的责任。因此，只有具备较高的政治素质才能做到坚持原则、严守纪律、遵守制度、保守秘密。但是个别人事档案管理人员组织纪律性不强，对于干部任免、组织考核、民主评议、党员发展等相对敏感的工作，没有做到不该说的不说、不该问的不问，有时一时兴起，不管什么随口而出，影响了组织工作的开展。档案管理人员由于了解的情况多，信息会随着管理员的工作生活无形中带入社交活动领域，往往一句话说者无意听者有心，无意识地泄露他人人事档案信息。还有的人事档案管理人员只想做个"好心人"，不顾组织原则，他人有求必应。如帮助他人查看个人档案，为他人撮合一段姻缘；或透露一些不应随意透露的个人信息，帮助他人达到一定的目的，等等。所以，人事档案管理员无论在何种场合都应有保密意识，做到坚持原则，守口如瓶，谨言慎行。

最后，信息化下的人事档案管理保密制度没能引起高度重视。计算机在管理档案中发挥着越来越重要的作用，计算机使用的安全性、保密性也成为档案管理的重要部分。《档案法》第十七条规定："机关、单位对承载国家秘密的纸介质、光介质、电磁介质等载体（以下简称国家秘密载体）以及属于国家秘密的设备、产品，应当做出国家秘密标志。"第二十三条规定："存储、处理国家秘密的计算机信息系统（以下简称涉密信息系统）按照涉密程度实行分级保护。涉密信息系统应当按照国家保密标准配备保密设施、设备。保密设施、设备应当与涉密信息系统同步规划，同步建设，同步运行。涉密信息系统应当按照规定，经检查合格后，方可投入使用。"第二十四条规定："机关、单位应当加强对涉密信息系统的管理，任何组织和个人不得有下列行为，不包括：将涉密计算机、涉密存储设备接入互联网及其他公共信息网络；在未采取防护措施的情况下，在涉密信息系统与互联网及其他公共信息网络之间进行信息交换；使用非涉密计算机、非涉密存储设备存储、处理国家秘密信息；擅自卸载、修改涉密信息系统的安全技术程序、管理程序；将未经安全技术处理的退出使用的涉密计算机、涉密存储设备赠送、出售、丢弃或者改作其他用。"按照国家规定，干部人事档案属于"工作秘密"，其工作内容及工作程序必须符合保密条例，对此一些高校没有引起高度重视。如，运用人事档案信息系统的计算机没有"秘密"标志，不设专门密码，也没有独立储存和运行，管理人员一边输入干部个人信息，一边QQ聊天，工作失误和信息泄露二者风险同时存在。又如，计算机更新升级，但原有计算机没有做保密处理，一扔了之；等等。总之，对人事档案信息系统保密管理，没有做到：严格恪守"控制源头，加强检查，明确责任，落实制度"的原则；工作中本着"谁主管，谁负责；谁使用，谁负责"的态度加强档案信息管理。

2. 人事档案管理的工作制度不能得到落实。人事档案工作是一项政策性很强、艰苦细致、默默无闻的事业。《中华人民共和国档案法》、中组部1991年《干部档案工作条例》、中共中央办公厅2018年《干部人事档案工作条例》等法律法规先后出台，为建立一整套全新的统一的人事档案工作制度奠定了基础、指明了方向。其中包括干部人事档案管理部门的部门职能和档案管理人员的岗位职责，档案收集、整理、查阅、转递和利用等一系列规章制度，促进人事档案管理标准化、规范化、科学化。大部分高校争取在制度上下功夫，通过网上办公系统公告、组织业务学习、制度规范上墙等方式，使人事档案管理者和广大教职工了解自己在干部人事档案工作中承担的义务和责任，取得了一定的成效，但也存在一定的问题。

首先，材料收集归档把关不严格，效率不高。2009年中组部《干部人事档案材料收集归档规定》（中组发〔2009〕12号）第三章收集归档要求第30-37条对人事档案材料收集归档有着严格规定，包括：①学校建立干部人事档案材料收集归档机制，相关部门在材料形成之日起一个月内按要求送交干部人事档案管理部门归档并履行移交手续；凡符合归档要求的材料，必须在接收之日起一个月内放入本人档案，一年内整理归档。②人事档案管理部门建立联系制度，及时掌握信息，主动向干部人事档案材料形成部门、干部本人收集干部人事档案材料。③人事档案管理部门建立严格审核制度，重点审核归档材料是否办理完毕，是否对象明确、齐全完整、文字清楚、内容真实、填写规范、手续完备。④人事档案管理部门建立归档材料完善机制，要求成套材料必须头尾完整，缺少的档案材料应当进行登记并及时收集补充；归档材料填写不规范，手续不完备，材料上的姓名、出生时间、参加工作时间和入党时间等与档案记载不一致的，材料形成部门应当重新制作，补办手续，或者由具有干部管理权限的组织（人事）部门审改（或出具组织说明）并加盖公章；归档材料一般应当为原件。证书、证件等特殊情况需用复印件存档的，必须注明复制时间，并加盖材料制作单位公章或干部人事关系所在单位组织（人事）部门公章；等等。但在实际工作中，由于高校档案材料收集的过程中，涉及面宽，有些部门管理职责不到位，相关材料表格办理完毕后迟迟无法交到人事档案部门，有的即使交来也是手续不完备，该签字的没签字，该盖章的没盖章，没有注明年月日更是常有的事情。档案管理人员对于收集来的归档材料也没有认真审核把关，对关键的签字盖章、落款时间把控不严，这些都会影响到人事档案的完整性和利用价值。

其次，档案整理方法不规范，档案材料不完整。2018年中共中央办公厅《干部人事档案工作条例》第20—23条，明确了以下制度要求：①中央组织部会同有关部门统一明确归档材料的内容填写、格式规范等要求，各级党政机关、国有企事业单位和其他组织应当按照要求制发材料，干部本人和材料形成部门必须如实、规范填写材料。②干部人事档案日常管理主要包括档案建立、接收、保管、转递、信息化、统计和保密，档案材料的收集、鉴别、整理和归档等。③发现干部人事档案丢失或者损毁的，必须立即报告上级组织人事部门，并且全力查找或者补救。确实无法找到或者补救的，经报上级组织人事部门批准，由负责管理档案的干部人事档案工作机构协调有关单位重新建立档案或者补充必要证明材料。④人事数字档案应该按照国家相关技术标准，利用扫描等技术手段将干部人事纸质档案转化形成的数字图像和数字文本。组织人事部门及其干部人事档案工作机构在干部人事档案数字化过程中，应当严格规范档案目录建库、档案扫描、图像处理、数据存储、数据验收、数据交换、数据备份、安全管理等基本环节，保证数字档案的真实性、完整性、可用性、安全性，确保与纸质档案一致。由于高校分分合合，人才流动频繁，再加上许多高校材料收集、归档不规范，造成档案内容不一致、格式不统一，这就不可避免地造成了人事档案在递增和使用过程中被迫频繁拆装档案的行为，直接造成了对档案原本的人为损伤；在卷内材料整理过程中，不少学校档案材料还处于手工抄写阶段，如档案目录、页码等材料花费了大量人力和时间进行手工抄写。这些过时的整理方法不仅影响了档案的外观，更重要的是达不到档案的保管和利用的要求。另一方面，档案中大量的是履历表、学籍材料、职务变动和工资变动方面的材料，缺少对个人"德""能""勤""绩"的记载，不能为高校选拔、考核干部提供足够的依据。由于档案管理人员经常性变动，造成档案管理工作移交频繁，同时档案的形成有其历史性，频繁移交不利于档案责任落实，发生档案遗失也难以追究责任。随着人员分流和人员调动越来越频繁，个人档案要求及时跟随人员流动转递，加之档案转递和档案材料补充不及时，或转出不彻底，档案工作人员频繁易人，交接手续不严格，制度不完善，必然造成无头档案的增加和档案材料丢失现象并存。

  最后，权力大于制度，一些人事档案管理人员缺乏担当。2018年《干部人事档案工作条例》第十条规定"各级组织人事部门负责本地区本部门本单位干部人事档案工作，建立健全规章制度和工作机制，配齐配强工作力量，组织开展宣传、指导和监督检查。"第十六条、第二十九条指出"干部人事档案工作机构及其工作人员应当按照相关标准和要求，负责干部人事档案的建立、接收、保管、转递，档案材料的收集、鉴别、整理、归档，负责干部人事档案的查（借）阅、档案信息研究等利用工作，组织开展干部人事档案审核、档案信息化等日常管理工作。"这些规定条款表明两层含义：第一，高校人事档案管理的领导机构是人事处，其主要职责是健全制度、机制，配齐力量，宣传、指导、监督。第二，高校人事档案日常管理由具体档案管理者负责，管理依据是在国家所规定的标准和要求，除非在政策制度模糊，是非概念难以分清的情况下请领导决断，其间不应该受到任何权力的干扰。但在实际工作中，一些高校人事档案管理工作一遇到问题，不学文件，不调查实际；只为上，不为实；只服从领导指示，不执行国家法规；明知不可为之，也不做解释；唯唯诺诺，任由错误持续发展。由此造成的恶果是，档案的真实性、工作的规范性、使用的可行性、管理的高效性大大受到影响。这是对组织、对个人极端不负责任的表现，应该逐步纠正。

三、人事档案管理的信息化推进不够顺利

  进入21世纪，计算机网络技术的广泛应用使信息技术渗透到了社会生活的各个方面，也使档案信息管理进入了现代化管理的行列，传统的高校人事档案

管理方式面临着越来越严峻的挑战。充分发挥档案工作在信息社会中的重要作用，促进高校人事档案的信息化管理，已经刻不容缓。但在真正推进中遇到了种种问题。

1. 高校人事档案管理信息化意识亟待增强。人事档案的本质是原始性、真实性和价值性，其管理偏重于封闭型、稳重型。信息化最大特点是储存数字化、使用网络化、运行便捷化、展示直观化，其管理偏重开放型、创新型。人事档案管理和信息化，二者从理论上是互补的，是统一的，但实际操作中却表现为相互冲突、彼此博弈，其引发矛盾的关键是理念滞后。

首先，高校领导求稳心态制约了人事档案信息化管理的进程。一方面，目前社会重点考评高校的重要指标，主要表现在师资力量、科研成果、办学规模、毕业生成就、社会影响力等等方面。作为高校人事档案管理工作，是一项默默奉献的基础工作，很难进入上级领导和社会的法眼，这也是高校领导很难重视人事档案管理工作的主要原因。另一方面，人事档案又是一项政策性特别强、党建意义特别重要的工作内容，万一出问题，上级很生气，后果很严重，这就迫使校领导不得不在口头上对此有高调的表态。因此，人事档案管理"求稳"是高校领导真实的内心写照。高校人事档案的信息化推进不仅需要大量的资金投入和技术引进，而且会带来较大的风险，包括人事档案信息化对各种信息资料的保密级别要求较高，如何正确运用计算机的加密功能，处理好人事档案资料的保密与利用的关系，还没有成功的经验，万一泄密，造成恶果，难脱其咎。

其次，高校人事档案工作者传统理念一时难以打破。目前，很多高校人事档案管理工作还局限于纸质档案的建立和保管层面上，管理的重心还是实体管理，没有随着科学技术手段的不断更新而实现人事档案的电子化。人事档案管理人员的计算机仅局限于统计档案数目和打印档案目录，无法对人事档案内记录的重要信息进行录入、存储和检索，更无法实现对人事信息的筛选、排序、分类和统计，信息化管理水平较低。这也直接导致了在高校中，大量涉及教职工和学生的统计工作只能依靠手工完成，造成大量的重复劳动和人力资源的极大浪费。尽管信息技术为高校人事档案的管理提供了高效、快捷的手段和方法，但也给高校人事档案管理带来了安全隐患。对电子文件保存中存在的更新版本的不兼容性和不可识读性、存储材料及载体的易损毁等问题经常发生，往往会造成档案信息资源的丢失。以致，许多人事档案管理者认为传统的管理方式安全系数比较大，做起来比较顺手、放心，遇到问题解决起来也比较便捷。

最后，高校人事档案管理的相关部门、有关人员思想上一时难以接受。高校人事档案管理涉及很多部门和人员，包括二级学院、各职能部门党委及组织员。他们是高校人事档案管理机构和学校教职员工的联系人，也是相关人事档案资料收集、使用的协助者。他们对传统的人事档案管理方式比较适应，做起来得心应手，不需要再学习。学校推进人事档案信息化管理，对他们来讲，这是一个新的课题。一方面他们需要培训，需要适应，需要再学习；另一方面为此花大量时间学习，他们感觉太累，也觉得不值。同时，高校推进人事档案信息化管理的第一步一般为试行"双套制"。"双套制"是指将具有相同内容的纸质档案和电子档案一并保存。这样既可以保存反映历史真实面貌的纸质档案，又可以发挥电子文件在检索、利用、传输、存贮等方面的优越性。在对高校人事档案"双套制"保存的同时，必须建立起纸质档案与电子档案的有机联系，将电子档案和纸质档案以文本方式和影像方式共同存储在一张光盘上，然后利用软件和数据库检索将二者有机结合，实现高校人事档案的信息化管理和检索。为此人事档案工作者要付出很大，这在当前大部分高校人事档案管理者缺编并超负荷运转的情况下，再承受如此繁重的任务，感情上确实难以接受。

2. 高校人事档案信息化管理水平跟不上发展的需要。这里的管理水平主要从宏观、微观两个层面，以及政府、设备、人员三个角度去分析。

首先，从宏观层面、政府角度而言，高校领导对国家关于人事档案信息化管理政策、举措了解不多，再加上政出多门，使得信息化管理很难顺利推进。迄今为止，国家有关部门已经出台了多套系统管理文件。如1987年1月国务院批准在国家教委建立"国家教育管理信息中心"，1989年11月管理信息中心建议，国家教委正式颁发了"国家教育管理信息系统总体规划纲要"，1992年制定了信息交换标准《高等学校教职工管理基本信息集》。中央组织部又于1995年1月颁布了《中共中央组织部全国组织、干部、人事管理信息系统信息结构体系》（简称《体系》），该《体系》是为了加强全国组织、干部、人事管理信息系统的建设工作，实现管理信息系统规范化、科学化和信息资源共享而制定的。以此拓宽了各类人员管理信息的广度和深度，体现了人员管理和单位管理的整体视角，具有严谨规范的科学性，总揽全局的系统性及全方位的适应性，是全国组织、干部、人事管理信息系统的设计依据和统一标准。它的贯彻执行对推动全国组织、干部、人事管理信息系统的建设将起到重要作用。为此，国家教育主管部门先后推出的《高等学校教职工管理信息系统 TMIS》和《高等学校教职工管理信息系统 JGXT》，但可能由于制作系统的时间仓促或由于缺乏总体规划、统一领导和科学管理等原因，该信息系统软件在应用过程中出现部分问题，造成成果开发不利，并且应用低效。后来组织部门又根据《中共中央组织部全国组织、干部、人事管理信息系统信息结构体系》要求开发了"组织干部人事管理信息系统"软件，这套软件克服了以往一些软件的缺点，更加实用、方便和科学。然而首先是教育部门与组织部门开发的这两套软件之间的信息不能互相传递，给原来使用高校信息系统的档案人员增加了不少困难；其次组织干部人事管理信息系统软件和人事部门管理职称评定和调整工资的软件也彼此不相兼容。由于人事部门的这些工作之间是相互影响，密切合作，协调发展，有机统一的，但由于系统的通用性差，数据难以交换，难以共享，给人事部门各办事人员带来了很大的不便，也造成了极大的人力、物力和财力的浪费。

其次，从微观层面、设备角度而言，目前高校人事档案信息化设备落后，资源共享程度低，数据系统不能得到及时维护。当前很多高校人事档案办公室的硬件设备滞后，档案信息系统软件陈旧，原有的操作平台很难适应现代化的办公要求，与现代化管理工作及学校发展不相适应。一些高校虽然给档案部门配备了计算机，但档案部门对计算机的利用尚处于初级阶段，甚至只用于目录的存储与检索。手工操作导致干部档案系统的信息存储量很少，信息更新速度缓慢，甚至于一些人事基本信息的准确率都不能得到保证，从而大大影响了信息利用的效率，不能适应高校快速发展的需要。许多高校各部门之间缺少沟通，各自为政，在信息数据库建设方面各取所需，档案管理软件种类繁多，这些数据库的特点是既有各自部门所需的信息门类，又有相同的人事基本信息，这样势必导致信息的重复整合，费时费力，所达到的工作效率低。且各种档案信息系统之间兼容性差，难以实现数据共享，严重影响了档案信息资源的开发与利用，制约了干部人事信息化建设水平的整体提高。对于干部人事档案信息系统的开发，很多部门都很热衷系统建设，但是，对于系统的后期数据库的建立、维护，数据的准确性、全面性却往往被忽视。主要表现在以下四种情况：一是只图简单，完全按教职工自己所填写录入，不加核实，造成数据不准确；二是工作人手不够，造成数据库管理瘫痪；三是对已更新教职工数据没有及时修改补充，造成数据不能反映现实情况；四是应付检查，只录入一些基本数据，造成数据不完整等。由于这诸多因素，导致数据库质量低，也严重影响了数据库的查全率和查准率，降低了人事档案管理信息系统的使用率和可信度，利用干部人事档案信息为干部工作、人才工作、党的组织建设和经济社会发展服务几乎成为一句空谈。

最后，从微观层面、人员角度而言，高校人事档案管理工作人员专业素质的提高和电子环境下工作意识的培养是人事档案信息化的关键所在。目前高校人事档案管理人员的特点是坐得住、看的牢、把握准、原则强，且从事的是一种默默奉献的基础性工作。由于上升空间比较小，许多年轻人不愿意在此长期工作，以致人员年龄结构两极分化，且老人多于新人、女性多于男性。随着信息时代的到来，对每位档案工作者在业务素质上都提出了更高的要求。因此，现有管理人员年龄结构知识结构很难适应高速发展的信息化变革，硬件操作不熟练，软件处理难到位，直接影响了高校的人事档案信息化管理的推进。当然，高校档案管理人员要加强专业知识学习，不断拓宽自己的知识面，提高文字处理能力、综合分析能力；还要加强计算机知识及人事档案管理软件知识的学习，掌握现代信息管理技术，努力使自己成为既熟悉人事档案管理业务知识，又懂得计算机管理技术的具有双重知识结构的复合型人才。但是繁重的日常管理工作，被挫伤的积极性和创造性，使他们一时很难振奋精神、努力学习、攻克难关。

第三章

高校人事档案管理的理论创新

由于干部人事档案特有的组织性和规范性,目前中国人事档案管理基本上还在沿用计划经济时代形成的人事档案管理体制,这种体制在管理理念和管理方式上有许多方面与现代社会发展的组织需求、公共需求不相适应。例如,过度强调保密的传统模式下的人事档案管理理念与现代民主社会强调的信息收集使用"以人为本"思想之间的矛盾;缺乏个性的人事档案内容与多样化的社会需求之间的矛盾;人事档案的封闭式管理体制与公民基本权利获得的矛盾。人事档案管理服务水平受到多种因素的影响,除了政治体制、历史文化积淀、经济投入等诸多影响因素外,还有许多具体的原因,包括人事档案管理观念落后、理论指导的乏力等。因此,高校人事档案管理的理论探索和不断创新就相当重要。这里仅就笔者长期从事高校人事档案管理工作中遇到的困惑和启发,在以下几方面提出自己的理论研究,与大家分享。

第一节 收入多元化后的学校人事档案管理

随着社会主义市场经济不断完善,学校教师创造价值的形式并非单一,个人教学科研成果与生产实践的紧密结合,教师参加校外经济、社会活动的现象愈加普遍,个人收入日益多元化在学校已成为不争的事实。显然,由人事档案决定的工资水平和个人创造的实际收入开始出现不等。而在正常情况下,越是优秀的人才,工资水平和实际收入的差距就越明显。因此,笔者建议,个人的实际收入状况应该成为学校人事档案管理中的一项重要内容。

一、个人收入纳入人事档案管理必要性

首先，在社会主义初级阶段，人们追求物质利益无可非议，创造价值、获得收入成为人生历程必不可少的组成部分。马克思在《资本论》中强调，人们之间的关系最根本的是物质利益关系，并指出："人们奋斗所追求的一切，都与他们的物质利益有关。"① 毛泽东对此进一步阐述："马克思列宁主义的基本原则，就是要使群众认识自己的利益，并且团结起来，为自己利益而奋斗。"② 人事档案是记述个人社会实践活动，反映其德才表现、工作业绩、个人成长的原始记录。显然，人们追求物质利益、实现价值创造是自身社会实践活动中一项最重要的内容，这些内容理所应当在人事档案中得到真实显现。

其次，学校教职工的工作表现与其收入状况在一定意义上是等价的。一方面，学校教职工人事档案记载的工龄、学历、职称等常态信息，以及"德、能、勤、绩、廉"方面的动态信息，为其收入水平、工资晋升提供重要的证据和参考作用，即工作表现决定个人收入。这一点，在目前学校推行的绩效工资制中表现得相当明显。另一方面，知识分子正常情况下其收入是以按劳分配为主体的合法收入。同时，学校是高学历、高层次人群聚集的地方，其教职工文化知识、科学技术整体水平高，科学技术作为第一生产力理应为社会国民经济发展做出巨大的贡献。换言之，个人收入状况不是教职工人生轨迹的唯一指标，但应该看作其工作绩效、社会贡献的一个量化符号。

再次，个人收入证明在现代社会生活中发挥着愈来愈重要的作用。规范的个人收入证明资料包括学历、职务、职称、在本单位连续工作时间、身体状况、近一年内的平均税后月收入等。显然，具有权威性的个人收入证明开具主体是单位的人事部门，而不是单位的财务、后勤、办公室及其他内设部门，因此，资料全面的人事档案将成为此项工作有效完成的基础。目前，个人收入证明在生活中的用途日益广泛，已经成为各类贷款的信用凭证、事故索赔误工费时的有力证明、财产合法化的有效证据。在正常申请专项社会救助、个人出国旅游、子女出国留学时，相关机构也需要向个人索要家庭经济收入证明。社会主义市

---

① 马克思、恩格斯. 马克思恩格斯全集（第1卷）[M]. 北京：人民出版社，1956：82.
② 毛泽东. 毛泽东选集（第4卷）[M]. 北京：人民出版社，1991：1318.

场经济是社会主义法治经济，教师个人与家庭的工作、生活中的许多经济关系逐渐由法律关系来调整。在近几年的人事档案管理过程中已经发现，人民法院、公证事务所、律师事务所等单位来学校查阅教职工人事档案的频率越来越高，其中大部分涉及经济纠纷、个人遗产等内容，这些都和个人的收入状况密切联系。显然，依照人事档案出具的收入证明和教职工的日常生活息息相关。

最后，掌握个人收入信息是组织管理正规化建设、法治化建设的重要标志。1995年4月30日，中共中央办公厅、国务院办公厅《关于党政机关县（处）级以上领导干部收入申报的规定》指出，建立领导干部个人收入申报制度是为保持党政机关领导干部廉洁从政，密切党和政府同人民群众的关系，加强党风廉政建设的重要措施。规定的第三条列举了申报人必须申报的各项收入，包括：工资；各类奖金、津贴、补贴及福利费等；从事咨询、讲学、写作、审稿、书画等其他所得；事业单位的领导干部、企业单位的负责人承包经营、承租经营所得等。规定第五条明确指出：各单位组织人事部门负责接受本单位申报人的收入申报，并须按照干部管理权限将申报材料报送相应的上级组织人事部门备案。目前，普通学校具有高级职称的人员占教师总量的1/3以上，重点学校在1/2左右，他们的物质待遇和县（处）级以上领导干部享受的几乎差不多。况且，许多发达国家的个人收入申报制度，并非限于官员，也包括所有公民。这不仅是缴纳个人所得税的需要，也是倡廉洁反腐败的需要，更是个人的社会信用的需要。也就是说，个人收入状况纳入学校人事档案管理将成为社会发展的必然趋势。

二、个人收入状况在归档中遇到的问题

首先，人们对人事档案工作的误解。误解之一，人事档案工作在学校管理中只是一项辅助性工作，在目前聘任制盛行的时期，人事档案已没有太大的现实意义。一些人片面地认为人事档案工作只是"收收管管，装装订订，翻翻找找，查查看看"，没有实际内容，没有技术难度，谁都可以做，一般能应付就行了。误解之二，人事档案只是讲政治，是每个时代个人功过是非的记录，是历史的产物，外在、主观的内容比较多，对现实的参考、证明作用不是太明显。误解之三，在考评个人"德、能、勤、绩、廉"五个标准中，"德"是核心，

"能"是本领,"勤"是态度,"绩"是成果,"廉"是操守。其中,"绩"(个人的工作实绩)一般由工作指标、工作效率、工作效益、工作方法四方面构成。由此得出结论,个人的经济成果不能单独作为人事档案的一项内容。

其次,知识分子对待个人实际收入相关概念的误解。误解之一,"钱"作为个人实际收入的货币表现,只可纳之,不可晒之。在许多社交场合,一旦谈到金钱报酬,一些学校教职工还是难以用妥帖大度的方式去面对。误解之二,"富"作为个人实际收入的长期积累,和人格地位成反比。纵观历史,崇尚知识,视财物如草芥,视金钱如粪土,这种对金钱的态度奠定了中国知识分子在人们心中的人格地位。因此,富人在知识分子的字典中不是褒义词,也很少算作中性词,"为富不仁"在大多数知识分子的头脑中已经深深地扎下了根。由此可以看到,许多学校教师愿意用自己的科研成果、辛勤劳动换得丰厚的收入,但不愿意将自己纳入高收入的群体、富人的行列。

再次,学校人事档案管理中软硬件的缺失。一是人力的缺失。由于人们对人事档案工作的误解,以及领导对人事档案管理工作的不重视,以致在人员安排、专业学习、业务提升等方面学校管理相对滞后。例如,有的学校人事档案管理人员只有一人,还是兼职,对于数千份的教职工档案材料,能够收收、发发、查查已经不容易了,若再将教职工个人收入状况纳入学校的档案管理中,显然力不从心。二是信息网络的缺失。个人收入涉及的面比较广,它除了个人工资之外,还包括各类奖金、津贴、补贴及福利费,从事咨询、讲学、写作、审稿、书画、诊疗等其他所得,及承包经营、承租经营所得等。它涉及校内、校外多个单位,仅校内,它就和各院系及财务、教务等职能部门有关系。但到目前为止,人事档案机构和相关单位及部门沟通教职工个人收入的信息网络还没有真正建立,因此,信息采集就比较困难。三是制度的缺失。个人收入不仅属于教职工的个人隐私,而且成为个人信用体系中的一项重要内容,它的采集、储存、提供必须有一系列的规章制度做保证。目前不管是政府层面,还是学校等事业单位,都缺乏个人收入状况归入人事档案的相关规定,这就为此项工作的开展增加了难度。

最后,社会负面舆论容易引发学校教职工谈"钱"色变。改革开放后,国家对教育的投资逐年增加,学校教职工的工资待遇有了明显改善,有时增幅还很大。但奇怪的是，只要一谈到个人收入，高校教职工一般都是刻意回避。原因有三方面：一是从社会群体而言，2005年国家税务总局《个人所得税管理办法》（国税发〔2005〕120号）第二十九条明确：学校属于高收入行业，教师和民营经济投资者、影视明星、歌星、体育明星、模特等高收入个人一并纳入重点纳税人范围。由于部分人对这一官方分类的误读，再加上学校一年有两个多月的寒暑假，特别是近年来负面舆论对极少数师德失范事件的放大，社会对教师高收入略有微词，其他行业部分员工对此也略有反感。二是从提薪时间来看，2008年国务院办公厅《关于义务教育学校实施绩效工资指导意见》（国办发〔2008〕133号）下发后，实行九年义务教育的公办学校的教师实施了绩效工资，个人收入大幅提升。一段时间内，教师职业出现一个资历和收入的倒挂，即对于非义务教育学校中的高学历、高层次的高校教师工资收入低于中小学教师。直到2011年全国高校实行绩效工资制度，高校人均工资增幅超过30%，上述倒挂现象才得以改变。三是从隶属关系来说，经济发达的沿海城市，一些不享受地方津贴的教育部直属重点学校，教师收入水平略低于地方省属高校，甚至低于高职高专院校。如此收入之差带来的心理落差，同样成为高校教职工个人收入状况纳入学校人事档案管理的不利因素。

三、学校人事档案增加收入信息的建议

首先，统一思想，做好宣传引导工作。若将教职员工的个人收入状况纳入学校人事档案管理，至少在观念上应满足三个条件：一是主要领导认为有必要；二是档案管理工作者感到可行；三是大多数教职工能够接受。因此，转变传统观念，消除思想障碍，端正对个人收入、人事档案管理的认识，成为推动此项工作顺利开展的关键。在当前，应重点做好两项工作。第一，要解放思想、敢于创新，加强这方面的理论研究。任何人的行动都是由思想来支配的，没有正确的思想就不可能有正确的行动。恩格斯曾指出："一个民族要想站到科学的高峰，就一刻也不能没有理论思维。"[1] 列宁也说过："没有革命的理论，就没有

---

[1] 中国政府网．习近平在纪念马克思诞辰200周年大会上的讲话［EB/OL］．（2018-05-04）［2022-08-30］．https：//www.gov.cn/xinwen/2018-05-04/content_5288061.htm.

革命的行动。"① 因此，要认真研究国内外有关个人收入计算、统计、申报、证明的新态势，密切关注学校人事管理面临的新局面；要理论联系实际，拓展思路，积极探索，使学校人事档案管理工作跟上时代的步伐，促使档案的利用价值率在建设和谐社会的过程中达到最大化。第二，要将已有的理论成果、典型经验进行收集、整理，分门别类，有选择性地主动向有关领导汇报，向有关部门介绍，向广大教职工宣传。要让大家真正明白：个人收入状况纳入学校人事档案管理是社会发展的趋势，它不仅有利于学校对个人业绩的全面了解，而且有利于个人融入社会生活更便利、快捷，更有公信力。

其次，实施规范管理，完善人事档案制度建设。学校内部人事档案相关的规章制度是法律、法规的延伸和具体化，它的确立保证"两个一致"，显示"三个功能"。两个一致：一是必须和法律、法规的基本精神相一致；二是必须和广大教职工的根本利益相一致，即规章制度中的重大事项必须通过教代会审议、批准。三个功能：一是保障学校工作有序进行，最大限度地减少问题与纠纷，显示和谐功能；二是保障人事档案管理科学化、规范化操作，保证工作质量，降低管理成本，显示绩效功能；三是防止管理的随意性和片面性，如制度规定学校相关部门及个人有按照要求提供个人收入信息的义务，同时规定教职工有要求学校保护个人隐私、提供个人收入证明的权利，显示公平功能。2006年1月1日起施行的《中华人民共和国个人所得税法》，2008年2月18日温家宝总理批准的《中华人民共和国个人所得税法实施细则》，2010年7月11日中共中央办公厅、国务院办公厅印发的《关于领导干部报告个人有关事项的规定》等文件，为个人收入状况纳入学校人事档案管理提供了政策依据；国内部分企事业单位对个人收入实施档案式管理的成功尝试，也为此项工作的推进提供了参考范例。

再次，加强人员培训，构建信息网络体系。一方面，人事档案是个人参与社会方方面面活动的记载，是个人自然情况的真实反映，是组织人力资源管理中的一个重要凭证，它涉及的面比较广，政策性强，意义重大。而人事档案管理就是对人事档案进行收集、整理、保管、鉴定、统计和提供利用的活动，工

---

① 列宁. 列宁全集（第1卷）[M]. 北京：人民出版社，2012：109.

作环节比较多，技术含量比较高，对管理者的素质要求相对较高。尤其是学校人事档案中又要不断增加个人收入等信息，这对档案管理者的思想觉悟、业务能力提出了更高要求。另一方面，在传统的人事档案管理中，由于信息沟通的渠道不畅通，以致档案材料的转递不及时，再加上个人收入申报的滞后性，使相关档案内容和数据库信息存在一定的延时性，不能及时得到补充和更新。同时，数据库的信息大多由人工输入，尽管输入后还要进行多方面、多角度校对，但难免还会存在信息输入错误的情况。要利用学校的高科技资源，加快构建人事档案信息网络体系，扩大教职工信息采集的覆盖面，强化信息使用的权限管理和制度管理，使档案管理更多地体现自动化、实时化和网络化，大大提高档案管理人员的工作效率。

最后，注意工作方法，由易到难，不断推进。目前，教职工个人收入纳入学校人事档案管理，不管是人的思想认识，还是具体的可操作性，都存在着许多难以逾越的障碍。因此，此项工作最好是迂回推进，分步进行。第一步是弹性推进。主要内容及要求：深入理论研究，借鉴成功经验，鼓励部门试点，加大典型宣传，不做硬性要求。具体工作表现：学校人事档案管理部门只保存财务部门提供的教职工年度代扣的个人所得税完税凭证，组织部门提供的副处级以上干部个人收入、房产、投资等事项清单，教职工自愿提供的年度个人收入清单。第二步是全面推进。主要内容及要求：做好宣传引导，统一教职工思想，加强制度建设，完善信息网络体系，提高管理者素质，做好长效管理。具体工作表现：按照国家规定，结合学校的具体情况，严格界定教职工的个人收入；通过信息化平台准确采集相关信息；保存、使用好教职工的个人收入信息，让社会满意、管理者满意、教职工个人满意。

第二节 高校人事档案与学生评教

目前，学生对教师的教学活动进行评价（简称"学生评教"）已在许多高校盛行。有人对此大为推崇，有人认为不足为信。作为学校的各级领导普遍认为：教学质量是高校生存和发展的生命线，高校良好的教学质量必须以一套行之有效的教学质量监控体系来保障，而学生评教是高校教学质量监控与评价的必要环节和教学管理的重要手段。作为学校教育、教学的主体——教师，有很大一部分人并不这样认为。他们普遍对学生评教的举措表示不满，认为它是激化师生矛盾的诱因；对学生评教的效果表示怀疑，认为仅凭现有的评教体系与学生认知水准很难准确地评价教师的教育教学水平。尤其是一些高校开始将学生评教资料纳入高校教师的人事档案，教师的担心表现得更明显。如何正确地看待这一现象？首先应该在实践工作中厘清三个理论问题。

一、应该辩证地看待学生的评教活动

从理论上讲，大学生是成年人，有完全行为能力，是教育教学活动的接受者，对教师的教学态度、教学方法、教学组织安排、教学效果、语言表达、板书、教态、批改作业、辅导情况等工作状况最有发言权。美国学者卡申（Cashin）曾研究了1300多篇关于学生评价教学的文章和书中的专章论述，其基本结论之一就是学生评教的结果是可信的和稳定的。因此，在高等教育制度相对完善的美国，学生评价不但已成为大学教学评价的一个重要组成部分，而且评价的技术也越来越现代化。中国较规范的高校学生评教是从20世纪80年代兴起的，2003年教育部启动了高等学校本科教学工作水平评估，更是对学生评教活动的蓬勃发展推波助澜，几乎每所高校都把学生评教作为一项制度确定了下来。

在实践中，学生评教这种新的教学评价方式，给教育注入了新的活力，自然有许多值得提倡之处。首先，学生评教体现了"以人为本"观念，增强了教师的服务意识。让学生参与教师教学考核测评，是激励教师上好每一堂课、教育好每一名学生的方法，是调动教师积极性、增强教师责任心和使命感的有效途径。在教师评价学生的同时，让学生参与评价教师，体现了师生之间的地位平等，尊重了学生主体对教师主体的价值评判。其次，学生评教促进了教师的专业成长，能直接或间接地反映教师的世界观、人生观、价值观、爱岗敬业精神、职业道德、教学能力、心理素质、知识经验等各方面的情况。因此学生评教，能帮助教师正确地认识自己、提高自己；了解自己在教育教学上的成功之处和不足之处；通过学生评教，教师可以及时调整、改进自己的教学行为，优化教学过程，改变不符合学生特点的教育教学方式。最后，学生评教促进了学校的教学民主,实现了师生的平等和谐关系。学生评教有利于促进师生之间的交流沟通,更有利于建立起平等和谐的师生关系。而良好的师生关系是和谐发展的前提,有了和谐,我们的教育教学才能真正向健康的轨道发展,创新型的人才观才能真正成为现实,教学民主才能实现。

好事本应办好,但现实中的学校管理并非都能做到。许多高校把学生评教看作一项学生应尽的义务,甚至一些高校有着种种不成文的规定,如"学生若不参与学校规定的评教活动,学生每门课的考试成绩在系统中就不能及时显示"。事实上,这种认识是一个理论误区,其行为已经给高校的评教工作带来了阴影。首先,许多师生对这一要求的合法性质疑。一些法学专家认为,校方的这一规定是对学校管理职权的滥用。严格意义上讲,义务是公民或法人按法律、道德规定应尽的责任。在教学环节中,教师的责任是教,学生的责任是学,评教显然属于学校管理部门的职责。作为学校,可以动员学生积极参与教学管理活动,但不可强令学生必须参加。其次,学生评教既无法规依据,又有点强人所难。在大量的调研中发现,学生在课堂学习中主要精力关注的是学习内容,对教学环节、教学方法的合理性只有感性认识,缺乏理性分析。况且教育本身就是一门科学,专业性很强,如果强行让学生表态,许多人仍然会感到力不从心。最后,部分学生对评教责任的怀疑以及产生的抵触情绪,使得评教结果失真。对此笔者搞了一项问卷调查,其结果是:在填写学生评教表中,有28.3%的学生表示,会认真如实填写;有43.4%的学生表示,想认真填写,又有点拿不准,只能是跟着感觉走;有26.2%的学生表示,既然是任务,敷衍敷衍算了;还有2.1%的学生明确表示,"复仇"的时候到了。在这组数据中,学生真实意愿的表示没有超过总人数的2/3,由此产生的评教结果信度可想而知。

事实上,学生测评教师的结果不一定能够反映教师的真实教学水平和敬业心,这是因为学生在测评教师的时候,很难做到公正、公平,往往是加入了好多个人的情感因素。有些教师教学水平很高,对学生要求比较严格,甚至有时会和学生有些抵触,会使学生耿耿于怀,在测评时给教师打的分数比较低。这很容易造成教师的心理不平衡,进而对学生不满。有的教师会直接把这种不满情绪发泄出来,或者对学生训斥,或者在上课的时候情绪不高,影响了工作的积极性。由此,想通过测评激发教师教学积极性的目的没有达到,反而挫伤了教师的积极性，不能够不说是遗憾。

二、人事档案应该真正体现两个负责

人事档案是个人参与社会活动重要事件的记载，是个人自然情况的真实反映，是组织机构人力资源管理中的一个重要凭证。人事档案管理就是对人事档案进行收集、整理、保管、鉴定、统计和提供利用的活动，它涉及面比较广、管理环节比较多、政策性比较强，是一个复杂的系统工程。高校是一个知识精英、科技人才相对集中的组织机构，随着社会对高校科研成果需求的迅速增加，高校人才流动日趋频繁，高校人事档案管理肩负着两项最基本的责任。

一是高校人事档案管理应该对档案材料的当事人负责。在战争年代，我们这个队伍完全是为着解放人民的，是彻底地为人民的利益工作的。改革开放以来，邓小平同志明确地指出："人民满意不满意、人民高兴不高兴、人民赞成不赞成，应当成为检验我们一切工作的标准。"① 在我党的奋斗历程中，"为人民服务"成为党的宗旨，成为适应时代要求而产生的一种新的道德思想。因此，我们的一切管理工作都必须体现：对人民负责。大学的人事档案管理必须做到：对学校的教职员工负责。

二是高校人事档案管理应该对组织负责，对社会负责。人事档案是社会公共信息非常重要的一个组成部分，通过人事档案可以证实个人的经历、学历、技术职称、社会关系、奖惩等情况。从人力资源开发、管理的角度来看，人事档案可以为个人求职、组织提干、单位求才提供大量丰富、动态、真实有效的原始资料和数据。另外，档案还有一些衍生职能，如以档案为依托可以评定职称、办理社会保险和退休手续、提供出国政审与涉外公证材料等。直接对组织负责、为社会服务是人事档案区别于其他档案的一个重要标志。

正像毛泽东同志指出的那样："向人民负责和向党的领导机关负责的一致性，这些就是我们的出发点。"② 针对学生评教资料是否应该纳入高校人事档案的归档范围、如何处理好评教资料与人事档案的相互关系等一系列问题，可以

---

① 蒋萌. 细节决定成败需多积尺寸之功［EB/OL］.（2018-03-11）［2022-08-30］. http：//opinion.people.com.cn/n1/2018/0311/c1003-29861006.html.

② 毛泽东. 毛泽东选集（第3卷）［M］. 北京：人民出版社，1991：1094-1095.

结合人事档案管理的三个基本属性去认识。

一是人事档案具有完整性,人事档案收存个人的履历、自传、鉴定(考评)、政治历史、入党入团、奖励、处分、任免、工资等方面的有关文件材料,因此,它能记录个人成长、思想发展的历史,能展现个人家庭情况、专业情况、个人自然情况等各方面的内容,总之,人事档案是员工个人信息的储存库,它概括地反映个人全貌。显然,学生评教作为教师教育、教学评价体系中的一个重要组成部分,其资料纳入人事档案的归档材料,对档案的完整性有着积极作用。

二是人事档案具有真实性,这也是检验人事档案管理工作的一个重要标准。档案是历史的见证,它反映一定的历史事实,不允许随意增减或任意修正,所以维护档案的真实性,保持档案的原貌,也是档案管理工作必须遵循的一个原则。由于目前高校学生评教的体系建设尚未完善,学生和教师的责任意识还未真正确立,学生评教资料体现的内容还不能真实反映教师的教育、教学状况,因此草率地将评教资料纳入教师的人事档案中,明显是对教师的不负责任。

三是人事档案具有可用性,档案管理的前提是资料收集、整理和保存,档案管理的最终目的是档案利用,即资料保存是为档案利用服务的。作为档案利用,主要表现为通过档案利用工作系统查找、利用档案信息,满足其利用需求的行为过程,也是档案信息资源潜在的利用价值得以实现的过程。变"死档案"为"活信息",成为抓好档案管理工作的第一推动力。显然,学生评教活动通过体系的不断完善、资料的长期收集、信息的不断反馈,对学校的绩效管理、教师的自我完善都能起到很大作用。

三、评教资料归档需要人的观念转变

从高校人事档案管理的两项基本责任、三个基本属性中可以得到这样一个结论:学生评教资料纳入高校人事档案的归档范围,在理论上是站得住脚的,但在目前来看,时机仍不成熟,有一个循序渐进的过程,关键需要的是体系上的完善和人员素质的提高。当然,观念和方法上的转变也是一个不可缺少的因素。

在和师生的交流中,有一种观点开始被人们所接受,即评教是学生可以依法行使的一种权利。尽管"权利"的阐释目前仍是一个理论难题，但学术界普遍认为权利应该包含五个要素，正是这五个要素和学生评教的积极因素紧密联系在一起，学生评教的必要性、可行性才可以得到充分体现。权利的第一要素是利益，即权利人必须有受到保护的某种利益。事实上，科学的学生评教受益最大的就是学生。如果每一名学生都能认识到这一点，学生评教的结果会更有价值。权利的第二要素是主张，即提出对利益的主张或要求。合理的学生评教建立在学生自我主张、主动要求的基础上。实践中，"你要我评"和"我要求评"二者比较，后者的效果显然大大超过前者。权利的第三要素是资格，包括道德资格、法律资格。由于学生自身条件差异较大，学生评教的资格也不尽相同。例如，许多西方国家对学生评教的资格是有要求的，必须是该门课程成绩得 A 的学生才有资格参与评价教师的教学。那么是不是意味着成绩不好的学生对教师教学就没有话语权了，答案当然是否定的。几乎所有的学校都规定，任何学生都可以通过多条正规渠道向教师提出建议和意见，这也是学生特定层面的评教资格。权利的第四要素是力量，包括权威赋予和个人能力。学生评教必须具有的个人能力主要包括三方面。第一，对本门课知识的掌握。若自己根本没有掌握该课的基本内容，则无法准确判定教师传授知识的水平。第二，对教育教学规律的了解和认识。一般而言，没有科学的理论就很难做出科学的评价。第三，对相关事物的了解，教师教学过程中自身因素、外部环境的变数很大，如果孤立地看待，评价失误在所难免。权利的第五要素是自由，即权利主体可以按个人意志去行使或放弃该项权利。如果承认学生评教是权利，那么学生既可以依法行使权利，也可以根据自己的情况放弃该项权利。学生的自愿选择，对提高评教质量有很大的推动性。

学生评教是权利而不是义务，这一观念的确立，要求学校教学管理部门对学生评教的方式与方法进行重新调整。首先，学校要做好宣传动员工作，一方面让学生感到评教和自己的利益息息相关，真正调动学生参与教学管理的积极性；另一方面让学生了解如何正确进行评教，不断提高评教的质量。其次，针对学生具体情况，采用不同方式，合理赋予学生不同的评教权利。许多学校学生评教的方式不是一种，一般分三个层次。第一个层次是所有学生都有权参加的评教活动，如校长信箱、教学督导组举行的教学评议座谈会等；第二个层次是通过选拔培养才有资格参与的评价活动，参与学生为学生信息员等；第三个层次是具备某些特定条件的学生给教师打分，由于是无记名评价，学生素质要求相对高一些。最后，要尊重学生，多和学生沟通。最主要的是尊重学生的选择权，学校应该引导但不能误导，让学生用自己乐意接受的方式，自由、理性地表达自己的意愿。

第三节　教改项目中的人事档案管理

2008年12月《双向互动：构建〈饭店管理〉教学新框架》课程教改项目获得江苏省教育科学"十一五"规划重点课题立项，2010年12月通过了专家组的验收。这两年来项目主要取得三大收获：一是学生实践能力普遍提高，文字表达、语言表达、现代技术水平有明显提升，2010年毕业生就业率达到100%；二是学生参与、创新意识增强，项目组教师指导学生参加各种竞赛多次获奖，2010年获教育部高等学校本科教学质量与教学改革工程重点项目——全国高校大学生"创意创新创业"电子商务挑战赛江苏省赛区一等奖；三是教师业务水平有很大提升，产生一批教学、科研成果，如教学的多媒体课件获2010年教育部信息中心颁发的优秀课件奖，产生了一定的社会效应。在项目的实施过程中，笔者作为该项目的主持人之一，深深感到人事档案管理在教学改革中起到重要的作用。

一、档案资料为项目设计提供了有利条件

众所周知，研究项目得以立项的依据是立项书，其包括三部分内容，其中每一部分都需要已有的档案资料做支撑。可以这样讲，立项书能否获得专家的认可，使得最终中标，很大程度上取决于立项书的撰写者手中拥有的档案资料的多少以及如何有效利用这些档案资料。

立项书的第一部分是项目组成员。这一部分需要显示的是，项目组每个成员的姓名、性别、年龄、身份证号码、政治面貌、学历、学位、职称、职务、工作单位、工作经历、所任课程、学术专长、以往取得项目情况、研究成果等

个人自然状况，以及单位代码和法人代表等组织的相关信息。这些材料大家在平时的交往中多少都有所了解，但要准确地反映在文本中，仅靠相互了解肯定不行，必须查找、核对四种档案：一是个人的户籍档案，它可以提供个人的年龄、身份证号码、家庭住址等相关信息；二是个人的人事档案，它包括个人的政治面貌、学历、学位、职称、职务、工作单位、工作经历等有关资料；三是个人的业务档案，主要有工作部门、所任课程、学术专长、以往取得项目情况、研究成果等内容；四是法人的组织档案，包括单位代码、法人代表、财务账号和联系方式等组织的相关信息。由于我们事先对上述材料进行了广泛的收集、整理、分类归档，所以该立项书中团队组合的成员优势表现得就比较明显。

立项书的第二部分是项目研究方案及实施计划。这一部分是立项书的主体，是获得立项的关键，它包括项目研究背景、意义、内容、目标、方法、技术路线、具体实施计划、进度安排、重点、难点、主要特色与创新点等多项内容。完成这一部分内容的前提条件是，立项人必须有三个"充分的了解"。一是对已有的研究成果有充分了解。这里的成果一般包括目前的理论前沿、自己的前期成果和他人已完成的教改项目三方面成果，对于最后一方面成果，只有通过学校教育教学档案的查询，才能做到心中有数。二是对学生、学校或班级的现状有充分了解。学生是高校课程教学的主体，学生的来源、已学的课程、学习的程度、个人的偏好、班级的风气等成为教改项目中必须考虑的因素。这些因素真实信息的获得，除了深入调研之外，查阅学生的学习档案、班主任的业务档案不失为一个省时省力的好办法。三是对该领域未来的发展有充分了解。对未来的准确预测，取决于对以往相关档案资料的广泛收集、对现有状况的科学分析，这与一般意义上的档案管理（资料的收集、整理、分析、归档、反馈、保存、使用等一系列工作）有异曲同工之处。

立项书的第三部分是项目经费来源及预算。项目经费来源包括三块：一是项目资助，二是部门配套，三是自行筹措。其中，寻求项目资助必须注意两个细节：一是查询单位的财务档案，以便填写正确的单位财务账号；二是查询项目主管部门的相关网站，以便了解同类项目以往资金支持的额度，为本次申请项目资助提供数量依据。对于项目预算，除了认真分析本项目的人、财、物实际耗费之外，还要查询项目主管部门的财务管理档案，了解资金用途、审批报账等有关制度，避免预算中出现违规、不合理的内容。

二、档案资料成为教改成果重要组成部分

在现有条件下，项目的验收实际上就是项目档案资料的验收，相关档案资料成为教改成果的重要组成部分。"饭店管理"是高校旅游专业的骨干课程，其最大的特点是，教师的课堂教学必须和旅游饭店的实际情况相结合。但实际上这一结合在三方面受到了挑战：一是受到空间的挑战，普通高校饭店管理专业教学一般缺少应有的模拟实验室；二是受到时间的挑战，课堂教学一般为一周4节课，而饭店对学生实习要求是"半年以上，工作日天天上岗"，这就造成教学和实习难以同步；三是受到师资的挑战，高校任课教师普遍缺少实践经验。因此，作为"构建饭店管理教学新框架"的教改项目，其研究内容、方法、目标是：凸现教学过程六个"双向互动"，重点搞好两个"基础建设"，解决传统教学中理论和实践脱节、技能和管理对立等关键问题；最终实现四个"创新"。

六个"双向互动"的内容如下。①选用案例教学，实现师生认知互动。案例的选择必须符合两条：一是符合教学的要求，二是符合学生的接受能力。案例教学成功的关键是学生的参与。②采用电化教学，实现师生感性互动。师生要共同精心制作多媒体课件，并参与到整个教学中去，学生从丰富多彩的视频资料中看到国内外的各类饭店及先进的管理方式。结合其他教学手段，提倡师生在动态的感性中互动交流，真正发挥电化教学的作用。③开展模拟教学，实现师生情景互动。教师围绕教学内容，设计特定的仿真条件，使学生在课堂中大量感受和积极参与相关实践的教学过程。在这一过程中教师关键做好两件事：一是恰到好处的鼓励，二是不失时机地指导。④运用建构理论，实现理论互动升华。教师要发挥主导作用，引导学生通过分析归纳、举三归一，强化所学知识；通过创设新情境，引导学生由知识体验引申到知识拓展，举一反三，形成科学的思维方式。⑤建立教学网站，实现师生空中互动。在教学网站上，实现了从传统的单主体模式向双主体模式转变，使学生与教师更近了，与现代技术、前沿知识更近了。⑥建立激励机制，实现教学全程互动。为了注重学生的个性发展，挖掘每个学生的个人潜能，教师在"饭店管理"教学过程中，应有意识地让学生参与备课，参与资料收集，参与学习成绩评估，参与实践活动的联系

与安排，让学生在参与中增加自信、掌握方法、明确道理、提高技能，并将这一参与和学生的成绩考核联系在一起。

实现"饭店管理"教学中六个"双向互动"的关键是搞好两个"基础建设"：一是教学设施建设，包括教材建设（《编写案例库》《前沿理论集》《教学指导书》三本教学辅导资料）和现代教学媒体建设（完善教学课件和教学网站）；二是教师队伍建设，表现为通过传帮带构建合理的教学梯队，加强校企联系，请有经验的饭店管理人员参与教学。

最终实现四个"创新"。①营造互动气氛，采用激励措施，实现机制创新。如规定学生参与教学的成绩可以作为总评中30%的平时成绩，并细化，发言一次计2分，提供有用资料并展示计5分，实行分值激励。对积极参与的学生，进行及时表扬和成果展示，实行情感激励。②鼓励个性展示，提倡学生自治，实现管理创新。有的学生擅长讲，有的善于资料收集与编辑，有的课件制作比较好，有的喜欢对外交往。教师一方面鼓励学生个性发挥并给予机会，另一方面让学生自由组合，成立学习小组，自己组织教学活动，形成学生个性互补。③运用现代技术，提供互动平台，实现载体创新。由于是多媒体教学，可以让学生将自己的作业、成果用课件的形式向大家展现，其宗旨：自己提高，他人受益。通过教学网站，公布教学资料，提供相关信息，加强师生联系。④理论联系实际，注重归纳总结，实现理论创新。在理论教学、案例分析、学生成果展示、情景模拟中，教师先提问题、设悬念、营造参与气氛，让师生共同探讨。这样既巩固知识、提高能力，又可以使许多理论观点在碰撞中有新的提升。

"饭店管理"课程教改项目六个"双向互动"、两个"基础建设"和四个"创新"成果的最好展示形式，就是递交完整、真实的项目相关档案资料及其分析材料，主要有四大类。①课程的常规教学档案，包括旅游专业的教学计划和课程教学大纲、实习大纲等，主要介绍"饭店管理"课程地位、教学特点，以及对其他课程的影响。②学生的学籍档案，包括学生"饭店管理"课程学习的成绩、获奖情况及毕业之后的就业去向，重点说明课程教改对学生的健康成长起到积极的推动作用。③课程教学的原始资料，主要是指可以佐证六个"双向互动"、两个"基础建设"和四个"创新"成果的相关材料，包括前沿理论集、自编案例集、教学指导书、教师的课件、学生的发言记录、模拟教学的图片与视频、教师的教改论文、教学网站网址及网站主要截屏图像、学生课程学习平时表现的成绩单等。④学生、学校相关部门、社会对教改活动评价的原始资料，包括学生课程评教的成绩、学生和教师交流的电子邮件、网上留言、专家的评审意见、企业对实习的评价、媒体的相关报道等。

三、教改项目中相关档案管理的注意事项

档案管理是对相关档案资料进行收集、整理、保管、鉴定、统计和提供利用的活动，它涉及面比较广、管理环节比较多、规范性比较强，尤其是针对课程教改项目这样一个复杂客体，管理的难度可想而知。在这里，仅根据笔者的工作体会，结合档案的三个基本属性，介绍一下教改项目中相关档案管理的注意事项。

首先，档案具有真实性，这是检验档案管理工作的一个重要标准。档案是原始资料的真实显现，是历史的见证，它反映了一定事实的本来面目，是事物过程及情景的还原，不允许随意增减或任意修正，所以维护档案的真实性，保持档案的原貌，成为档案管理工作必须遵循的一个原则。教改项目的研究是一个动态的过程，由于教学对象、教学环境本身就有许多不确定性，成果有时存在于一瞬间，又大多不可复制，也不会出现重复或雷同，因此，原始的文字记录、图片摄影、音像资料的广泛收集、科学整理、及时归档就显得相当重要。确保档案真实性的关键是两条：一是鉴别，要去伪存真；二是保护，要高度重视，并用科学的方法将相关原始资料保存好。

其次，档案具有可用性，档案管理的前提是资料收集、整理和保存，档案管理的最终目的是档案利用，即资料保存是为档案利用服务的。作为档案利用，主要表现为通过档案利用系统查找档案信息，满足其利用需求的行为过程，也是档案信息资源潜在的利用价值得以实现的过程。变"死档案"为"活信息"，成为抓好档案管理工作的第一推动力。作为教改项目的档案有用性主要表现在两方面：一是档案材料能够佐证教改项目的丰硕成果；二是档案材料有利于对教改项目的后续研究或相关项目的研究提供一些基础性的资料。可见，原始资料的完整无缺是档案可用性的一项重要内容。

最后，档案具有规范性，这是档案活动能够上升为档案管理的一个重要因

素。为此，应该强化四个注意。一是注意项目组人员的选拔与组合，使得档案管理对项目研究成功起到了明显的支撑作用，因此，熟悉相关档案资料的管理人员应该优先考虑进入项目研究的团队之中。二是注意档案管理中所需硬件和软件的增加、维护与升级。作为项目研究的资金预算与使用，项目组要充分考虑到这方面的管理成本，保证必要的投入，尤其要关注现代电子技术对档案管理的促进作用。三是注意工作细节和操作规范，如项目资料应字迹清楚、图样清晰、图表整洁，不得用易褪色的书写材料（包括红墨水、纯蓝墨水、圆珠笔、铅笔等）书写、绘制和签字，所有计算机印制的纸质材料必须采用激光打印，需要个人签字、单位盖章的必须齐备，资料的时间、地点、人物、事件等要素应该齐全。四是注意教学项目研究档案的管理创新。档案管理是规范的，但不是一成不变的。档案管理就应该因事而异、与时俱进，更好地为教学项目研究服务。

四、完善教师档案能够促进教改深入开展

为了建立一支长期稳定的教学改革师资队伍，促进教改活动有利、有序开展，建立教师成长档案很有必要。作为教师的个人绩效，是指个人经过评估的工作行为、工作方式及其工作结果，是对组织的目标达成具有效益和贡献的部分。在教改活动中，学生的学习成绩、能力表现可以通过多个渠道、多种形式显现出来，这些资料不仅是教改项目取得成果的支撑材料，而且是教师成长档案的重要内容。

目前，许多学校在强化师资队伍建设的过程中纷纷建立了教师成长档案制度，并在制定和执行的过程中有着许许多多成功的经验与失败的教训。为了使教师成长档案更好地为教学改革服务，广泛收集、认真梳理教师成长档案相关信息就显得更加重要。一般条件下，教师成长档案内容设置应该包括三大系列：①个人基本信息系列，主要有本人所学专业、最高学历、教师资格类型、专业技术资格级别及相应聘书、教育教学岗位或管理岗位、从教年限、工作经历等；②个人成长系列，主要有学科专业成长、教育专业成长、教育教学技能成长、个性化发展等内容；③阶段性评价系列，主要有自我评价、教育对象评价、家长评价、同行评价、教育组织评价等相关记录。

教师成长档案内容设置还可以根据教学改革的要求，分为8个板块：①规划板块，主要有教师的基本信息、教师的自我发展规划等；②教学板块，主要有自我推荐的教案、教学设计、课件等；③学习板块，主要有进修或培训活动、读书心得、经验随笔、外出学习等；④研究板块，主要有集体备课、课题研究、论文发表、经验总结等；⑤反思板块，主要有教学笔记、自我成长分析、对照名师分析等；⑥评价板块，主要有阶段性的自我评价、领导评价、同行评价、学生评价、上交工会的提案等；⑦指导板块，主要有指导学生、指导教师等；⑧管理板块，主要有班级管理、校务管理等。实践证明，类似上述大量的相关信息是科学设置教师成长档案内容的基础，只有通过收集和梳理相关资料，才可以在教学改革中，对照本体、吸取经验、发现问题。

第四节　帕累托定律与教师人事档案

为了提高教师整体素质，促进教师专业化发展，增强教师自我反思、主动发展的意识和能力，科学记录教师专业成长历程，许多学校建立了教师业务档案制度。于是在具体操作中，如何科学、高效地确定教师业务档案内容设置，成为教育管理工作者十分关注的问题。

一、教师业务资料归档必须坚持两个原则

教师业务档案主要是通过收集教师平时教育教学业绩、专业学习、进修培训等相关材料，真实反映教师专业成长历程，是教师教书育人、实验科研、继续教育等全方位的记录和展示，是教师在职业生涯中不断学习研究、实践反思、探索积累的鲜活历史见证。建立教师业务档案制度，不仅有助于教师更好地规划自己的职业生涯，有助于教师进行正确的评价自我和反思自我，有助于教师形成爱岗敬业、积极进取的职业素养；而且能为学校制定学校发展策略提供重要的基本依据，有利于学校的内涵发展，逐步形成有利于师生全面发展的办学特色。为此，教师业务档案的内容设置必须坚持以下两大原则。

一是多元性原则。从横向而言，教师业务档案的内容设置应重点反映教师

在一段时期内课堂教学、课程开发、师生关系、师德修养、业务学习、教学资源整合、团队合作、学生个案研究、考试评价等多方面发生的变化和取得的成绩;从纵向而言,教师业务档案应凸显发展性和动态性,着力于促进人的长期而有个性的发展,激发教师的内在情感、意志、态度,并随着教育价值观、社会人才观等的不断发展而逐步完善。

二是绩效性原则。绩效是指完成工作的绩与效的组合。绩就是业绩,包括工作目标和职责要求两部分;效就是效率、效果、态度、方法、方式,效又包括纪律和品行。从管理学的角度来看,绩效可分为个人绩效和组织绩效两方面。个人绩效是指个人经过评估的工作行为、工作方式及其工作结果,是对组织的目标达成具有效益和贡献的部分。显然,个人绩效强调的是个人对组织的贡献。组织绩效是指特定的组织在某一时期内组织的实际投入以及任务完成的数量、质量、效率等情况。显然,组织绩效强调的是组织投入与产出的比较。作为教师业务档案,涉及教师个人绩效的方方面面,因此,它的档案内容设置必须突出教师对学校目标的实际及潜在的贡献。同时,教师业务资料的归档是一个长期的工作过程,需要学校、教师投入大量的财力、物力与人力,学校投入与产出的比较必然成为教师业务档案制度中组织绩效必须关注的重要内容。

一方面,根据多元性原则,教师业务档案内容设置必须是全面的。这种全面性包括静态要素的综合、动态要素的联系、主体要素的互动等多方面。依据这一原则,教师业务档案内容设置应该是多多益善。另一方面,根据绩效性原则,教师业务档案制度不仅要体现学校组织目标的实现,还要考虑到学校和教师的实际付出,其中教育管理者与教师的精力付出是难以估量的。结合上述两方面可以发现,教师业务档案内容设置要全,否则难以体现多元性原则;教师业务档案内容设置又不能太多,否则绩效性原则就无法实现。据了解,许多学校在建立教师业务档案制度时都面临着这种两难的窘境,同时是这一制度难以持续的关键所在。为此,下面介绍的帕累托定律或许能给我们一些启示。

二、帕累托定律已经在许多领域得到推广

帕累托定律是19世纪末20世纪初意大利统计学家、社会学家、经济学家维尔弗雷多·帕累托(Vilfredo. Pareto, 1848—1923)首先发现的。他认为,在任何一组东西中，最重要的只占其中一小部分，约20%，其余80%的尽管是多数，却是次要的，因此又称"二八法则"。

帕累托有着浓郁的工科背景，在经济学的教学和研究中，他喜欢用数据证明，用事实说话。1897年，帕累托在大量的实证研究与统计调研中偶然注意到19世纪英国人的财富和收益模式。在调查取样中，他发现大部分的财富流向了少数人手里。同时，他还发现了一件非常重要的现象，即某一个族群占总人口数的百分比和他们享有的总收入之间有一种微妙的关系。他在不同时期、不同国度都见过这种现象。不论是早期的英国，还是其他国家，甚至从早期的资料中，他都发现这种微妙关系一再出现，而且在数学上呈现出一种稳定的关系。于是，帕累托从大量具体的事实中发现：社会上20%的人占有80%的财富。因此，"二八定律"成了这种不平等关系的简称。

后人对于帕累托的这项发现给予了不同的命名，例如，巴莱多定律、二八定律、最省力的法则、不平衡原则、犹太法则等。人们在实践中发现，帕累托定律已经成为人类社会普遍存在的一个典型模式。例如，80%的产出源自20%的投入，80%的结论源自20%的起因，80%的收获源自20%的努力，工程的80%的价值源自20%的行为。同时可以看到，只要弥补了最关键的20%的质量缺口，就可以获得80%的利益；只要纠正了20%的起因，就可排除80%的客户投诉；协商各方只要坚持到最后20%的有效时间内，就可以争取到80%的相互让步。

帕累托定律的发现和推广给我们两个重要的启示。一是理论研究的成果应该来自大量的实证调研和统计数据证明。也就是说，理论只有通过实践的检验才能称为"真理"，科学的研究方法不仅包括逻辑严谨的定性分析，而且包括大量实证支撑的定量分析。二是唯物辩证法认为，在事物发展的任何阶段上，必有而且只有一种矛盾居于支配的地位，起着规定或影响其他矛盾的作用。这种矛盾就是主要矛盾。由此，人们在观察和处理任何事物或过程的诸种矛盾时，必须善于以主要精力从多种矛盾中找出和抓住主要矛盾，提出主要的任务，从而掌握工作的关键因素。中国古代有一句名言，叫作"纲举目张"，说的也就是这个意思。

三、帕累托定律在教师人事档案中的运用

要坚持多元性和绩效性两大原则,运用帕累托定律,科学、高效地设置教师业务档案内容,就必须做好以下四方面的工作。

一是广泛收集、认真梳理各个学校教师业务档案内容设置的相关信息。当初,帕累托面对大量的社会现象、统计数据,通过梳理、分析发现了二八定律。

二是确定学校的长期发展目标,关心和引导教师的个人发展规划。一方面,提高教学质量是学校长期发展目标的龙头,集中体现了学校发展的方向和水平,也是一所学校社会地位提升的主要标志。提高教学质量就必须坚持"统筹规划,分类指导;优化结构,内涵发展;突出特色,注重创新;提高质量,服务学生"的原则,切切实实做好师资队伍的建设。另一方面,学校关心和引导教师个人职业发展,不仅有利于促进教师的成长和发展以及增加他们的满意感,而且有利于把教师个人需要与学校组织需要统一起来。帕累托定律的核心是,抓住事物主要矛盾,确定解决问题的关键因素。因此,教师业务档案内容的设置一定要突出提高教学质量和有利于教师个人发展两大主题。和这两个主题密切相关的要素就必须成为教师业务档案的主要内容。

三是用科学的方法、务实创新的态度深入开展工作。昔日帕累托是在从事22年工程技术和企业管理工作的基础上接触到经济学知识,正是这个基础使他在经济学的研究中如鱼得水;帕累托定律的发现源于他勇于探索、一切从实际出发的工作态度,正是这一工作态度使该定律得到社会的认可和推广。因此,在教师业务档案内容设置中,运用帕累托定律也必须坚持科学、求实、创新的原则。首先,教师业务档案设置的具体内容应该来自实践。也就是说,大量的信息要在实际调研中产生,准备设置的具体档案内容必须经过教师和教育管理实践者的认可。其次,帕累托定律的核心是运用科学方法确定事物内在的主要矛盾。这里常用的科学方法主要是调查统计法,主要包括两方面。一是调查的对象,主要有教师、教育管理者、专家和学者等。其中教师的比例要加大,因为业务档案内容设置和教师的利益最直接;而专家和学者意见尤其要予以关注,因为他们一般都是以总体、超前、理性的思维去看待问题。二是统计分析方法,主要有定性变量的统计分析、回归分析、均值分析、频率分析、描述分析、相关分析、方差分析、多样本检验、聚类分析、因子分析等。如采用方差分析，可以发现哪些因素最重要、单个因素中哪种水平对指标来说最好、各因素以什么样的水平搭配起来对指标最有利等，这些可以对教师业务档案内容设置提供科学的依据。

四是做好教师业务档案制度的宣传、落实和信息反馈工作。对于教师业务档案工作而言，内容的确定、制度的建立只是万里长征走完了第一步，后续的工作更艰巨、更漫长。许多学校忽视了这一点，以致形成建档之初全力以赴、后续归档无人问津的巨大反差。为此，学校的管理者应认真做好相关配套工作。首先，要做好宣传、沟通工作。要调动学校各种宣传工具让教师充分了解教师业务档案制度的内容、意义及具体实施的方法，使教师愿建档、会归档。要采用多种形式加强与教师的沟通，让每个教师知道，建立教师业务档案对自身发展，如职称评定、工资晋级等，都有十分明显的促进作用。其次，要逐项落实制度，一些措施要和教师的利益相挂钩。要树立教师业务档案的权威性，学校的一些奖罚尺度要以教师业务档案内容为依据。同时要加强教师业务档案的组织管理，该档案不一定要专职管理，但必须专人管理。最后，要定期检查、及时反馈、与时俱进。要及时地发现问题，认真地研究教师们反馈的意见，不断地调整档案内容和管理制度，使得教师业务档案更好地为实现学校目标服务、为实现教师个人发展规划服务。

第五节　高校体制创新中的人事档案管理

一、人事档案理论与管理体制创新

人事档案是人事管理活动中形成的，以备考察的文件材料。它记述和反映了一个人自身的经历与德才表现。人事档案管理是人事档案的收集、整理、保管、鉴定、统计和提供利用的活动，其基本内容大致包括三部分：人事档案的收集鉴别与归档、人事档案的分类与管理、人事档案的利用与传递。为此，建立完善的材料归档制度、检查核对制度、转递制度、保卫保密制度、统计制度，对提升高校人事档案管理水平，有积极作用。

创新是以新思维、新发明和新描述为特征的一种概念化过程，它有三层含义：一是更新，二是创造，三是改变。创新是主观能动性的高级表现形式。创新主要包括理论创新、科学技术创新、体制机制创新等。

人事档案管理是高校教育行政管理中的一项重要内容，是一个政策性很强、改革潜力较大的领域。因此，高校教育行政管理的体制创新必须坚持三个基本原则：一是实践性和可行性的原则；二是价值性和必要性的原则；三是多元性和包容性的原则。

19世纪初，"档案学"概念首先在德国出现，目前国内外对人事档案管理研究主要包括以下几方面。

一是档案的双重价值理论。美国档案学家谢伦伯格认为档案文件一般具有两种价值：一是原始价值，即对档案所有人自身的价值；二是从属价值，即对其他利用者产生的价值，包括证据价值、情报价值等。

二是档案管理的效益理论。20世纪70年代，美国档案学家梅纳德·J.布里奇福特提出：档案价值发挥作用带来的效益，只有超过因保管和保护其安全所需费用或代价时，才具有保存价值和必要性。

三是档案管理的公开原则。18世纪末，欧洲一些国家在颁布的档案馆条例中明确提出档案"公开原则"，要求档案向公众开放。1945年，美国新闻编辑库柏首次提出"知情权"概念，随后美国联邦最高法院通过判例确认了此项权利，在许多国际法中"知情权"成为公民的一项基本人权。

四是人事档案管理的人本原则。许多欧美国家规定，人事档案提供必须以尊重档案主体的隐私权为前提，如美国《1974年隐私权法案》规定，未经法院或人事档案主体授权查看他人档案是违法的，对执法部门也不例外。为了利于人的发展，美国《公平信用报告法》规定，个人档案的正面信息可永远保存，而负面信息超过了一定年限必须删除。

二、人事档案管理体制创新的目标

高校是一个知识精英、科技人才相对集中的组织机构，随着社会对高校科研成果需求的迅速增加，高校人才队伍流动日趋频繁，传统的高校人事档案管理模式已经难以适应目前改革、开放、和谐、共赢的大环境。人事档案管理体制创新的理论意义突出表现为：从两个背景（发达国家、中国国情）、两个阶段（社会主义革命、社会主义建设）、三个角度（法、理、情）立体型系统分析人事管理的本质含义，并将这一领域的理论研究提升到一个新高度。

高校体制创新中的人事档案管理将新的理念、新的手段、新的内容、新的机制引入高校人事档案管理中，构建新的管理模式，使之成为提升高校人事管理水平、促进高校为社会服务的新动力。这一研究成果不仅可以对高校人事档案管理提出新的思路，还可以对当前国内机关事业单位的人事档案管理创新提供借鉴作用。

高校人事档案管理体制创新的目标是适应高校体制创新的需要，构建高校人事档案管理创新模式，使之：既要符合国家的政策法规，又要有利于人的个性化发展；既要满足高校快速发展的人才需要，又要适应社会市场化、国际化的环境变化；既要营造一个以人为本的和谐环境，又要具备一个能者上、庸者下的评价体系；既要考虑到高校优势学科的形成和发展，又要兼顾学校、教师综合水平的整体提升。

人事档案管理是一个涉及面广、管理环节多、政策性强、复杂的系统工程，其科学研究的内容主要包括以下几方面。

（1）对国内外人事档案管理的最新理论成果和高校相应改革创新的成功经验，进行梳理、分析、归纳，从中总结出有价值的内容。

（2）重点对人事档案纳入高校档案综合管理的模式进行比较与分析，对《中华人民共和国档案法》、中央组织部《干部人事档案工作条例》进行研究，真正把握管理模式的创新性与政策法规的严肃性、各自的边界及彼此的相容性。

（3）结合江苏省高校的特点，在原有前沿理论的基础上进行理论提升，构建有实践指导意义的高校人事档案管理新模式。

（4）选择样本单位进行实证研究，主要解决两个问题：一是管理新模式的可行性验证；二是高校人事档案管理绩效的指标确定。

三、人事档案管理体制创新的问题

高校体制创新中的人事档案管理研究主要涉及四方面的问题。

（1）高校人事档案管理是一个复杂的系统工程，政策的严肃性和市场的灵活性有机结合，是构建高校人事档案管理创新模式的关键。

（2）档案的双重价值理论要求档案人员应该重点注意文件的第二价值，即对社会及他人产生的价值，而不是仅仅关注文件的来源。也就是说，人事档案保护是手段，合法、科学利用才是最终目的。

（3）在市场经济条件下，人由组织的人变为社会的人，因此人事档案管理创新模式，必须适应这一变化，将其融入"开放"的理念、"信用"的理念和"社会"的理念。

（4）高校人事档案管理要特别关注教职工的成果状况、团队状况及培训挂职状况，使其更好地为领导决策服务、为教师工作服务、为社会发展服务。

人事档案管理体制创新的研究标志成果如下。

（1）实现理论创新。通过对高校人事档案管理的理论研究，争取在三方面有所突破。一是融入"开放"的理念，将人事档案的"单一功能"转变为"多元效能"；二是融入"信用"的理念，将人事档案原来特有的"政治色彩"逐步转变为"信用色彩"；三是融入"社会"的理念，将人事档案管理主体由"学校"逐渐转变为"社会"。

（2）实现机制创新。结合理论研究成果借鉴国内外档案管理成功经验，根据高校自身科技人才多、软件开发能力强的特点，试着在人事档案管理中采用新的手段，建立起三个模拟管理系统：一是建立自动化的办公系统；二是建立数字储存系统；三是建立信息化的网络系统。并在此基础上构建可推广的理论体系。

（3）实现管理创新。首先，在人事档案管理的内容中，要特别关注三类归档材料：一是教职工教学、科研成果状况；二是教职工教学、科研团队状况；三是教职工培训与挂职的状况。其次，确立评价指标，强化绩效管理，使得高校人事档案管理更好地为领导决策服务、为教师工作服务、为社会发展服务。

（4）实验模式比较。选择实证研究的试点单位，分析经验教训，推广理论成果，建立相应的绩效评价指标与数据库。

第六节　高校人事档案"三新"管理模式

人事档案是个人参与社会活动重要事件的记载，是个人自然情况的真实反映，是组织机构人力资源管理中的一个重要凭证。人事档案管理是对人事档案进行收集、整理、保管、鉴定、统计和提供利用的活动，它涉及面比较广、管理环节比较多、政策性比较强，是一个复杂的系统工程。高校是一个知识精英、科技人才相对集中的组织机构，随着社会对高校科研成果需求的迅速增加，高校人才队伍流动日趋频繁，传统的高校人事档案管理模式已经难以适应目前改革、开放、和谐、共赢的大环境。将新理念、新手段、新内容引入高校人事档案管理中，构建"三新"管理模式，将成为提升高校人事管理水平的新动力。

一、融入新的理念，实现三个思想转变

一是融入"开放"的理念，将人事档案的"单一功能"转变为"多元效能"。传统的人事档案管理是上级硬性要求，群众无条件提供，管理神秘莫测，只有少数人可以看，仅供领导管理下属时使用，组织保密是最大特点，普通群众不可能涉足。一般的高校人事档案内容可以分十大类，分别是履历、自传、考核、专业、证明、党团、错误、奖励、工资和其他类。细细分析，其中有大部分内容是可以公开的，可以作为一种资源供社会共享，没有保密的必要。例如，档案中个人专业的内容是可以公开的，提供个人为社会服务的机会；个人的年度考核、党团、奖励等也可以公开，接受群众和舆论的监督；人事档案中除了一些与国家利益、他人隐私、组织考察干部、群众座谈等有关需保密的材料外，一般的材料应该向本人开放，让教职工享有基本的知情权。

二是融入"信用"的理念，将人事档案原来特有的"政治色彩"逐步转变为"信用色彩"。所谓"信用"，首先，储存与提供的资料要真实，人事档案管理的所有环节要规范，要能体现组织的公信力。因此，高校人事档案管理工作者，要坚持原则，认真审核，严格把关，做到"六不归档"，即与法规不符的不归档、国家不承认的不归档、手续不全的不归档、不经审查的不归档、内容不

实的不归档、不符合规定的不归档。其次，个人的归档资料应该和社会信用的要求相一致。要建立包括个人基本履历、社会责任意识、履约能力、履约诚信状况、不良记录等方面信息的信用档案。应该加大联合征信力度，与公安、银行、工商、税务、民政、法院、企业及相关单位联合，收集相关信用记录，为相关部门提供资信证明材料。

三是融入"社会"的理念，将人事档案的管理主体由"学校"逐渐转变为"社会"。所谓"社会"，首先，人事管理的主体和客体应该是平等的，二者的行为都应该遵守社会的契约规则。例如，人事管理者可以要求教职工必须尽到服从命令义务、保守秘密义务、限制兼职义务和其他相应的法律义务，但与此同时，要确保教职工获得报酬权利、磋商谈判权利、申请辞职权利、要求培训权利、司法救济权利等。其次，人事档案管理的社会化。目前聘用制在高校正逐步实施，高校人事管理部门可以将单位组织与单位成员签订具有法律效力的劳动合同、聘用合同等契约型的人事档案交给社会中介（如人才市场）去管理，完善人事代理制度。

二、采用新的手段，建立三个管理系统

目前，高校人事档案的资料收集、审查、整理、加工、保管、利用等环节仍然以传统的手工操作为主，工作进度慢，利用效率低，出错率高。尽管近几年来高校人事部门配置了大量的计算机等现代化的办公设备，但人事档案的开发利用水平和信息化程度与高校人事制度改革的要求仍相去甚远。在人事档案管理中仍然存在着原始信息多，加工整理少；手工操作方式多，电子方式少；部门自我服务的多，可向社会提供的少；独立分散的多，可以共享的少等弊端。因此，高校根据自身科技人才多、软件开发能力强的特点，采用现代化的电子技术手段管理教职工的人事档案，已经刻不容缓。

一是建立自动化的办公系统。当前，人事档案部门大多数材料还是靠手工填写、拆装，劳动强度大，基本的管理设备只有缝纫机、打孔机和温湿计等，而计算机只是用来打字，缺乏与之相配套的人事档案管理系统软件。随着高校招生规模的扩大，教职工的人数在迅速增加，以致人事档案管理工作日趋繁重。办公自动化系统可以对教职员工的人事档案资料进行设计、整合，同时注入大

量的知识管理。在可视化环境下，可以随意通过拖拽的方式，定义并行、串行、串并交互的复杂公文流程。同时可以可视化查看公文审批过程，并进行待办事项挂起、恢复、委托等系统控制。对于办公过程中产生的待办事宜，也可以通过领导审批，将某一个时间段的所有待办事宜（如出差在外地）委托给其他人进行处理。在档案资料审查、领导审批的过程中也可以运用批注软件，将手写批注与键盘批注紧密结合，实现办公自动化过程中的真迹保留。电子计算机具有高效率的信息处理功能，能以极快的速度输入、存储和输出数据，计算机还能提高信息处理能力，实现人事档案统计、编目、检索等方面的现代化，使档案管理人员从烦琐的工作中解脱出来。

二是建立数字复制储存系统。现阶段高校人事档案的保存、利用大都以实体档案为主。实体档案虽然利用范围广，适应性强，具有原始凭证的作用；但它利用效率低，占用空间多，工作量大，储存成本高。要尽可能发挥计算机数字化的复制储存功能，在学校管理信息化建设的过程中，建立高校人事档案信息通用数据库，实现人事档案数字化，把人事档案原始材料通过电子设备转换成数字模式存储到磁盘等存储设备上，由纸质型档案向电子化档案转变，通过相应管理软件或网络对其进行管理、使用，提高档案管理效率，实现人事档案信息价值，为高校决策层提供有力的信息支持。例如，通过纸质档案电子化，建立两个数据库：一是档案资料的图片库，包括身份证件、成果图片等；二是将每份档案中的80多项重要信息一一输入，建立文字库。这样，在办理相关事宜及转换身份时，办事机构只要申请档案权限，即可看到档案内容。同时，通过更改数字信息来完成，而不需要动用纸质档案，这样也不必担心在来回转移的过程中发生档案丢失或失真。

三是建立信息化的网络系统。在美国和加拿大，个人档案网络化建设已非常完备。在任何一所学校、组织、机构学习或工作之后，个人基本信息都会保存到这份网络档案中。美国通过类似于身份证号码的"社会保险号码"来建构公民档案，这个小小的"号码"包含着个人的"信用记录""驾驶记录""司法记录"等方面内容。建立高校人事档案信息化网络系统，首先，建立人事档案信息数据库，对人事档案进行信息化、集约化、动态化管理，把档案中的人员按照年龄、学历、专业、职称、职务等进行分门别类，编制成不同的检索工具，将每个人的基础信息制成电子文件，加强技术处理（如每个人的档案设置一个个人密码），达到保密目的，通过全国联网使人事档案的利用、查阅、档案信息的添加更加方便快捷，在全国范围内实现资源共享。其次，人事档案的信息化网络系统可以实行 IC 卡形式，IC 卡储存个人的基本数据，由个人持有，转换单位的时候立刻就可以输进计算机。用人单位要查询应聘人员的数据，只要通过网络便可了解到此人的相关记录。最后，建设高校人事档案信息网站，以人事档案信息通用数据库为核心，以人事档案数据库管理系统为服务手段的高校人事档案信息网站，通过网站将档案信息服务直接面向用户，形成用户与人事档案信息管理者之间良好的互动。

三、构建新的内容，关注三类归档材料

中央组织部 2009 年 7 月 16 日下发《干部人事档案材料收集归档规定》（中组发〔2009〕12 号）文件，明确指出：事业单位的干部人事档案材料收集归档工作参照本规定执行。文件中"归档范围"一章共有 25 条，和已被废止的中央组织部（组通字〔1996〕14 号）同类文件相比较，归档材料增加了 5 条，许多提法也发生了变化。根据中央组织部文件精神，针对高校教职工的特点，在人事档案管理过程中，有三类归档材料要特别关注。

一是教职工的个人收入状况。以往高校人事档案中一般只有个人的工资级别，缺少对个人实际收入状况的记载。随着社会主义市场经济不断完善，高校教师创造价值的形式并非单一，个人参加校外经济活动的现象愈加普遍，由档案决定的工资水平和个人创造的实际收入出现不等。而在正常情况下，越是优秀的人才，工资水平和实际收入的差距就越明显。由于人们创造价值、获得收入成为人生历程中必不可少的组成部分，因此，个人收入证明在现代社会生活中发挥着愈来愈重要的作用，掌握个人收入信息是组织管理正规化建设、法治化建设的重要标志。中组发〔2009〕12 号文件中第七条为"报告个人有关事项的材料：领导干部个人有关事项发生变化的报告表等材料"，这里的"个人有关事项"在 2010 年 7 月 11 日中共中央办公厅、国务院办公厅印发的《关于领导干部报告个人有关事项的规定》文件中专门有说明，它包括两条，其中一条就是个人收入事项。目前许多发达国家的个人收入申报制度，并非限于官员，也

包括所有公民。这不仅是缴纳个人所得税的需要，也是廉洁反腐败的需要，更是个人社会信用的需要。也就是说，个人收入状况纳入高校人事档案管理将成为社会发展的必然趋势。

二是教职工的科研成果状况。目前，高校人事档案材料仍然侧重于政治思想表现和工作表现材料的收集，反映教职工的科研成果、人才类型、心理素质、团队构成等方面的材料则相对较少。今后要注重将高校教职工的教学成果、创造发明、科研成果、著作或译著以及有重大影响的论文等归入人事档案之中。这样才能真实、具体、全面地反映出一个高校教师的情况，为选拔和任用人才提供准确可靠的依据，真正达到"观其卷，知其人，用其长"的目的。为此，中组发〔2009〕12号文件中第十四条有了新的提法：一是将这些材料统称为"反映科研学术水平的材料"；二是对照中组发〔1996〕14号文件，该条在内容的描述上有成倍地增加。

三是教职工培训与挂职的状况。一方面，社会发展、知识更新，迫切需要高校教职工在教育理念、实践技能、教学方法等方面不断提升，其中，人员培训就是实现这一目的的重要途径，而专业培训已经成为高校职称评定标准之一；另一方面，高校教师大多是从学校到学校，缺少生产、建设、管理、服务第一线的鲜活知识体验。开展挂职锻炼工作，是实施人才强校战略，与地方联合培养实用型师资的新举措，是发挥高校社会服务功能、更好地服务地方经济社会发展的好途径，也是对教师进行体验式培训的主渠道。对照组通字〔1996〕14号文件，中组发〔2009〕12号文件增加了挂职归档的内容，并将培训材料单列为第四大类中的第四小类，做了详细说明，培训与挂职的状况在人事档案中的重要性显而易见。

第四章

高校人事档案管理体制优化

　　人事档案是组织人事等有关部门在党的组织建设、干部人事管理、人才服务等工作中形成的，是反映干部及其他人员个人政治品质、道德品行、思想认识、学习工作经历、专业素养、工作作风、工作实绩、廉洁自律、遵纪守法，以及家庭状况、社会关系等情况的历史记录材料。人事档案是教育培养、选拔任用、管理监督干部，评鉴人才和组织管理的重要基础，是维护个人合法权益的重要依据，是社会信用体系的重要组成部分，为社会发展提供了有力的保障。干部人事档案属于党和国家所有，其他个人档案属于组织所有。党和国家对干部人事档案管理工作相当重视，对其制度建设不断完善。2018年中共中央办公厅颁发《干部人事档案工作条例》（以下简称"2018年《条例》"），进一步规范了干部人事档案的管理，其他人员档案管理参照执行。2018年《条例》总结吸收党历年从严管理干部人事档案工作的新经验、新成果，对干部人事档案工作的体制机制、内容建设、日常管理、利用审核、纪律监督等加以规范完善，是今后一个时期全国各级各类干部人事档案工作的基本遵循。2018年《条例》要求各级党委（党组）及其组织人事部门要牢固树立政治意识、大局意识、核心意识、看齐意识，提高政治站位，切实把干部人事档案作为新时代党的重要执政资源。要着力完善管理体制、健全工作制度、细化工作标准、创新工作方式，全面提升干部人事档案工作质量，持续推进干部人事档案工作科学化、制度化、规范化，服务广大干部人才，服务党的建设新的伟大工程，服务新时代中国特色社会主义伟大事业。因此，高校人事档案管理实践操作优化的制度保证就是以2018年《条例》为主体的党和国家相关的政策法规。

第一节　高校人事档案管理的基础条件

人事档案管理是高校人力资源管理最基础的工作，它不仅给管理者提供基本信息，为各级领导制订招聘方案、制订培训计划、人员梯队结构分析、合理使用人员等工作提供相关人事信息数据支持；而且为学校教职员工的个人社会生活提供真实、原始、有价值、有法律效果的必要证明。人事档案是组织上使用人，社会上认可人的重要依据。做好人事档案管理这项重要工作，最基本的条件包括三个层面。

一、高校人事档案管理的人员条件

马克思认为，人是生产力中最活跃、最革命的因素。① 毛泽东曾指出："正确路线确定之后，干部就是决定的因素。"② 习近平多次强调："在战争制胜问题上，人是决定因素。无论时代条件如何发展，战争形态如何演变，这一条永远不会变。"③ 可见，高校人事档案管理人员的选配关系到工作的优劣，十分重要。

1991年《干部档案工作条例》（以下简称"1991年《条例》"）第三十八条规定："各级组织、人事部门，要注意加强干部档案工作队伍的建设，选调政治上可靠、作风正派、责任心强、具有中专（或高中）以上学历的共产党员从事干部档案管理工作，并注意对他们的教育和培养，关心他们的工作和生活，充分发挥他们的积极性与创造性。要妥善地解决他们职级待遇，按国家统一规定评定专业职务，保持队伍相对稳定。对那些为档案工作做出贡献的同志，应给予表扬和奖励；对失职者，应视情节轻重，给予批评教育直至纪律处分。"

---

① 马宏伟. 人的变化是最根本的［EB/OL］. (2013-07-29)［2022-08-30］. http：//theory.people. com. cn/n/2013/0729/c367175-22367026. html.

② 中国组织人事报. 六届六中全会：政治路线确定之后，干部就是决定的因素［EB/OL］. (2021-03-03)［2022-08-30］. https：//www. 12371. cn/2021/03/03/ARTI1614737891641507. shtml? from=groupmessage.

③ 马栋兵. 人是决定因素，这一条永远不会变［N］. 解放军报，2022-06-28 (06).

2018年《干部人事档案工作条例》第十七条规定："组织人事部门应当选配政治素质好、专业能力强、作风正派的党员干部从事干部人事档案工作。强化党性教育和业务培训，从严管理，加强激励保障。干部人事档案工作人员应当政治坚定、坚持原则、忠于职守、甘于奉献、严守纪律。对于表现优秀的干部人事档案工作人员，应当注重培养使用。"从先后两个条例中可以看出，国家对干部人事档案管理人员有着明确要求，除了"政治坚定、坚持原则、忠于职守等"主观标准外，还有六条客观的基本要求，完全可以量化评定，其标准并有不断提高的趋势。

（一）政治、身份要求

1991年《干部人事档案工作条例》第三十八条规定，干部人事档案管理人员必须是"共产党员"。党员是干部人事档案管理人员的必要政治条件，至于管理人员的身份，文件没有明确要求，可以是干部，也可以是工人或其他。而2018年《干部人事档案工作条例》第十七条规定：从事干部人事档案工作人员应当是"党员干部"。不仅表明了管理人员应该是党员，还应是干部身份。自己不是干部就无法管理干部人事档案，这既符合常理，也是干部人事档案管理的一大进步。

（二）学历水平要求

1991年《干部人事档案工作条例》第三十八条表明，要选调"具有中专（或高中）以上学历的共产党员从事干部档案管理工作"，即"中专（或高中）以上"是干部人事档案管理人员的学历条件。而2018年《条例》对此没有明确规定，但反观"干部"身份，就可以推想到其中暗藏着学历要求。根据有关规定，具有干部身份人员主要有以下五种情况：全日制普通大中专院校毕业生由人事或教育有关部门办理接收并转正定级人员，军转干人员，经人事部门接收的留学人员，由地级以上人事部门审批办理录干手续人员（已于2001年3月取消），经公考招录的公务员及事业单位职员。据查，目前干部身份人员的学历要求均在大专以上。因此，可推断2018年《条例》已明确，干部人事档案管理人员的学历要求是大专以上，这也是社会发展的需要。

（三）专业资格要求

1991年《条例》，对干部人事档案管理人员的专业条件没有要求，这是历史的局限性。而 2018 年《条例》明确规定，应当选配"专业能力强"的人员从事干部人事档案管理工作。为此，相关职能部门已经制定了很多具体政策标准，为客观反映"专业能力强"做出铺垫。如江苏省人事厅、江苏省档案局于 2001 年 12 月 12 日联合印发《江苏省档案人员上岗资格管理办法》，其中，第二条，本省行政区域内机关、团体、企业事业单位以及其他组织从事档案工作的专兼职档案人员必须持有省档案局和省人事厅统一制发的档案人员上岗资格证书；第三条，档案人员上岗资格证书是档案人员上岗的凭证；第四条，持有档案人员上岗资格证书的人员，应当具有中专（含高中）以上学历，具有相应的档案专业基本知识，掌握档案管理的基本方法和技能，有独立从事档案管理的基本能力，必须接受档案专业资格培训，并经考试（考核）合格后，方可获得档案人员上岗资格证书。显然，持有省厅颁发的上岗证是干部人事档案管理人员"专业能力强"一个客观的证明，且必不可少。

（四）培训学习要求

1991 年《条例》规定：对于干部人事档案管理人员，"注意对他们的教育和培养，充分发挥他们的积极性与创造性"。其中重点强调了"教育和培养"。2018 年《条例》规定：对干部人事档案管理人员应"强化党性教育和业务培训，注重培养使用"。可见，除两个条例都强调对管理人员政治上的"教育、培养、使用"之外，后者又特别强化对人事档案管理人员的"业务培训"。《江苏省档案人员上岗资格管理办法》第九条规定："档案人员取得上岗资格证书后，必须依照国家和省有关规定，每年参加档案专业继续教育，接受档案及相关专业新理论、新技术、新方法、新知识的学习。"为此，多个文件反复强调，人事档案管理人员参加培训、教育的质量、数量是单位评级、个人评职称的重要依据。

（五）人员数量要求

2018 年《条例》第十六条规定："组织人事部门应当明确负责干部人事档案工作的机构（以下简称干部人事档案工作机构），每管理 1000 卷档案一般应当配备 1 名专职工作人员。有业务指导任务的干部人事档案工作机构，还应当配备相应的业务指导人员。管理档案数量较少且未设立工作机构的单位，应当明确岗位，专人负责。"按照中央组织部《干部人事档案工作目标管理考评标准》规定要求：必须配齐档案管理人员，档案管理专职干部相对稳定（3年以上）；做到先培训后上岗；档案管理干部参加县以上组织干部人事部门举办的业务培训班；档案管理部门每2年在地级以上报刊发表一篇有关干部人事档案工作方面的报道或理论文章。

（六）人员待遇要求

《中华人民共和国档案法》第七条规定："对在档案收集、整理、保护、利用等方面做出突出贡献的单位和个人，按照国家有关规定给予表彰、奖励。"第十一条规定："国家加强档案工作人才培养和队伍建设，提高档案工作人员业务素质。档案工作人员应当忠于职守，遵纪守法，具备相应的专业知识与技能，其中档案专业人员可以按照国家有关规定评定专业技术职称。"该法强调了对档案管理人员，有贡献要表扬奖励，要加强培养，并享有按照国家规定评定技术职称的权利。

2018年《条例》第十七条规定："组织人事部门应当选配政治素质好、专业能力强、作风正派的党员干部从事干部人事档案工作。强化党性教育和业务培训，从严管理，加强激励保障。干部人事档案工作人员应当政治坚定、坚持原则、忠于职守、甘于奉献、严守纪律。对于表现优秀的干部人事档案工作人员，应当注重培养使用。"该条例强调，对人事档案管理人员，要加强激励保障，应当注意培养使用。

2008年教育部《高等学校档案管理办法》第十条规定："高等学校应当为高校档案机构配备专职档案工作人员。高校专职档案工作人员列入学校事业编制。"第十二条规定："高校档案机构中的专职档案工作人员，实行专业技术职务聘任制或者职员职级制，享受学校教学、科研和管理人员同等待遇。"第十三条规定："高等学校对长期接触有毒有害物质的档案工作人员，应当按照法律法规的有关规定采取有效的防护措施防止职业中毒事故的发生，保障其依法享有工伤社会保险待遇以及其他有关待遇，并可以按照有关规定予以补助。"该办法强调，对于专职档案管理人员，应当列入事业编制，其职级、职称享有同教学、科研和管理人员同等待遇，其长期接触有毒物品人员应享有劳动保护相应的待遇。

二、高校人事档案管理的物质条件

高校人事档案管理是一项长期性、基础性的工作，良好的物质条件是做好人事档案管理工作、推动高校长远发展的必然要求。完善高校人事档案管理物质条件的有效方法，包括以下几方面。

（一）人事档案建设应该纳入高校的发展规划，并设立专门经费，列入学校经费预算

2020年修订后的《中华人民共和国档案法》第三条规定："各级人民政府应当加强档案工作，把档案事业纳入国民经济和社会发展规划，将档案事业发展经费列入政府预算，确保档案事业发展与国民经济和社会发展水平相适应。"1991年《条例》第二十九条规定："干部档案管理工作所需必要的设备和业务经费，应单独立项，列入本地区本部门预算统筹解决。各级党委、政府有关职能部门，要给予支持。"2018年《条例》第九条规定："各级党委（党组）领导本地区本部门本单位干部人事档案工作，贯彻落实党中央相关部署要求，研究解决工作机构、经费和条件保障等问题，将干部人事档案工作列为党建工作目标考核内容。"显然，前者强调的是"纳入规划，单独立项，统筹解决"，切实保障人事档案管理的资金投入；而后者不仅要求"研究解决人事档案管理的经费和条件保障问题"，而且明确规定，将此项工作列为"党建工作目标考核内容"，成为组织评定优劣的一项重要依据。同样，《高等学校档案管理办法》第三十八条规定："高等学校应当设立专项经费，为档案机构配置档案管理现代化、档案信息化所需的设备设施，加快数字档案馆（室）建设，保障档案信息化建设与学校数字化校园建设同步进行。"

显然，要实现人事档案管理的规范化、标准化、科学化、现代化，必须有资金和设备的投入，这是进行人事档案资源开发、利用的前提和保障。只有投入资金和高科技装备，才能保证档案管理必需的硬件条件，保证档案信息资源的开发和利用，适应人事档案管理现代化的发展需要。但许多高校人事档案管理部门在资金和设备上都很欠缺，人事档案管理所需的大量设备设施等硬件一时很难配齐。这样不仅直接降低了人事档案管理的工作效率，也是许多高校没有参加省、部《干部人事档案工作达标升级考评》的一个主要原因。根据中央组织部组通字〔1998〕13号《关于印发〈干部人事档案工作目标管理检查验收细则〉的通知》（以下简称"1998年《检验细则》"）精神，其中考核评分表序号8的检查指标就是"干部人事档案工作所需经费列入财政（财务）计划，并保证落实"。

（二）高校人事档案管理中所需的办公用房及相关设备设置，必须得到满足

《中华人民共和国档案法》第十九条规定："档案馆以及机关、团体、企业事业单位和其他组织的档案机构应当建立科学的管理制度，便于对档案的利用；按照国家有关规定配置适宜档案保存的库房和必要的设施、设备，确保档案的安全；采用先进技术，实现档案管理的现代化。档案馆和机关、团体、企业事业单位以及其他组织应当建立健全档案安全工作机制，加强档案安全风险管理，提高档案安全应急处置能力。"

1991年《条例》第二十七条中规定："干部档案管理部门，要建立坚固的、防火、防潮的专用档案库房，配置铁质的档案柜。库房面积每千卷需20至25平方米。库房内应设置空调、除湿、灭火等设备；干部档案管理部门，要设置专门的档案查阅室和档案管理人员办公室；档案库房、阅档室和档案人员办公室应三室分开；等等。"2018年《条例》第二十四条规定："组织人事部门及其干部人事档案工作机构应当按照预防为主、防治结合的要求，建立和维护科学合理的档案存放秩序，按照有关标准要求建设干部人事档案库房，加强库房安全管理和技术防护。档案数量较少的单位，也应当设置专用房间保管档案。阅档场所、整理场所、办公场所应当分开。"可见两个条例都对高校人事档案管理中所需的办公用房及相关设备设置条件有着明确要求，只是前者较为清晰，后者较为概括，但基本精神没有变，就是对人事档案管理基本的物质条件必须予以满足，其中，2018年《条例》提到的"按照有关标准"主要是指1998年《检验细则》及其他文件的相关规定。

1998年《检验细则》第五项保管和保护中有8条明确规定。①管理1000卷档案，库房面积不少于20平方米，档案库房、阅档室、办公室分开，即"三室"分开；管理1000卷以内档案，设专用库房、阅档室和办公室合一，即"二室"分开。②配置铁质档案柜保管干部人事档案（使用木质档案柜保管干部人事档案不能申报等级）。③干部人事档案库房"六防"措施基本得到落实，配有

防盗门窗、灭火器、温湿度表、电风扇或排气扇、防腐防虫物品。④配置了切纸打孔机等设备。⑤配置了空调机、去湿机或加湿器。⑥使用条例规定的档案卷夹。⑦省、自治区、直辖市党委组织部，做到"四室"分开（库房、阅档室、办公室、微机室）；其他管档单位做到"三室"分开（库房、阅档室、办公室）。⑧配置了复印机以及灭菌杀虫等设备。这8条标准是干部人事档案工作目标管理的三级标准，是关于该管理物质条件的最基本标准，人事档案工作部门必须认真执行，予以完成。

尤其是人事档案库房建筑一样应遵循"适用""经济""美观"的原则。人事档案库房是一种特殊性建筑，有别于民用建筑和办公用房。它是保存档案的主要场所，人事档案的长期有效性和其价值的原始性，对库房建筑提出了比较严格的要求。防热、防潮、防光、防尘等均有比较具体的要求。因此，新建库房要按照《档案馆建筑设计规范》进行设计。

首先，适用。新建库房要符合维护档案的安全，延长档案的寿命，便于档案的管理等要求。最大限度地排除和减少各种不利因素对档案的破坏作用。

其次，经济。要讲究经济效益，注意使用价值，精心设计，精心施工，力求节省开支，在基本适用的前提下，兼顾学校的经济能力和技术发展水平，不要不切实际地追求高标准。

最后，美观。就是外观造型要新颖、别致，体现民族风格和学校的总体规划，协调一致，有利于校园的美化。但是必须以适用和经济为前提，否则，库房外表再美也不能取得好的效果。

选址时要注意：①远离存放易燃、易爆等危险品存放地点，不设在有污染，有污染气体发源地的下风方向，要避开高压输电线路；②地势较高、场地干燥，排水畅通，空气流通，环境安全；③馆区与生活区等建筑应分别布置，避免相互干扰；④馆区内道路应便于档案搬运，并符合消防要求；⑤总平面布置应有适当绿化用地。

许多高等学校新建人事档案库房都有一定困难，可将普通的建筑改造为人事档案库房。但须注意以下几点：一是改善环境，调整出入路线；二是改造地面，防止潮湿；三是整修房顶，防止漏雨；四是检查电线，防止火灾；五是修理门窗，严密入口；六是分清主次，合理安排，将重要、珍贵的档案存放在条件较好的房间。

（三）高校人事档案管理在信息化推进中，必须有较大投入

《中华人民共和国档案法》第五章档案信息化建设中共有7条要求，包括以下方面。①政府应当将档案信息化纳入信息化发展规划，保障电子档案、传统载体档案数字化成果等档案数字资源的安全保存和有效利用。档案管理单位应当加强档案信息化建设，并采取措施保障档案信息安全。②档案管理单位应当积极推进电子档案管理信息系统建设，与办公自动化系统、业务系统等相互衔接。③电子档案应当来源可靠、程序规范、要素合规；电子档案与传统载体档案具有同等效力，可以以电子形式作为凭证使用。④国家鼓励和支持推进传统载体档案数字化。已经实现数字化的，应当对档案原件妥善保管。⑤电子档案应当通过符合安全管理要求的网络或者存储介质向档案馆移交，档案馆可以对重要电子档案进行异地备份保管。⑥档案机构负责档案数字资源的收集、保存和提供利用。有条件的档案机构应当建设数字档案馆。⑦国家推进档案信息资源共享服务平台建设，推动档案数字资源跨区域、跨部门共享利用。

2018年《条例》第二十六条规定："组织人事部门及其干部人事档案工作机构应当按照国家相关标准和要求，加强档案信息资源的规划、建设、开发和管理，提升档案信息采集、处理、传输、利用能力，建立健全安全、便捷、共享、高效的干部人事档案信息化管理体系。"从国家法律，到部门政策法规，都强调了人事档案信息化管理的重要性及必然趋势。并且要求各级政府、职能部门、高校顺应社会的发展，重视这项工作，切实加大人事档案信息化管理的设备设置、技术、资金投入，大幅度提升人事档案管理的工作效率和安全性能。随着现代化进程的加快，信息化的大量投入在高校人事档案管理物质条件中的地位更加明显。

先进的技术装备是做好人事档案管理工作必需的物质条件，高校要加大资金投入，引进现代化的技术和设备。要购置必要、先进、适用的计算机管理软件，建立文书、科研等档案的机读检索目录，扫描原文存储入计算机系统，方便利用者查找阅读。计算机方便快捷高效的检索系统，既能够节约大量人力和物力资源，又能够大大降低人工检索出现的失误率。

三、高校人事档案管理的组织条件

胡锦涛同志曾指出："档案是人类活动的真实记录，是人们认识和把握客观规律的重要依据。借助档案，我们能够更好地了解过去、把握现在、预见未来。档案事业是党和国家事业发展的一个不可缺少的方面，是一项崇高的事业。"[①]2018年《条例》第四条中规定，干部人事档案工作"必须坚持和加强党的全面领导，坚持党要管党、全面从严治党，坚持德才兼备、以德为先、任人唯贤，坚持科学管理、改革创新，服务广大干部人才，服务党的建设新的伟大工程，服务新时代中国特色社会主义伟大事业"。

2014年中共中央办公厅印发《关于坚持和完善普通高等学校党委领导下的校长负责制的实施意见》（中办发〔2014〕55号）指出："党委全面贯彻执行党的路线方针政策；讨论决定事关学校改革发展稳定及教学、科研、行政管理中的重大事项和基本管理制度；坚持党管干部原则，按照干部管理权限负责干部的选拔、教育、培养、考核和监督，讨论决定学校内部组织机构的设置及其负责人的人选。校长是学校的法定代表人，在学校党委领导下，全面负责教学、科研、行政管理工作；组织拟订和实施学校发展规划、基本管理制度、重要行政规章制度、重大教学科研改革措施、重要办学资源配置方案。组织制定和实施具体规章制度、年度工作计划；组织拟订和实施学校内部组织机构的设置方案；组织拟订和实施学校重大基本建设、年度经费预算等方案。加强财务管理和审计监督，管理和保护学校资产；做好学校安全稳定和后勤保障工作；等等。"

教育部《高等学校档案管理办法》第五条规定："高校档案工作由高等学校校长领导，其主要职责是：（一）贯彻执行国家关于档案管理的法律法规和方针政策，批准学校档案工作规章制度；（二）将档案工作纳入学校整体发展规划，促进档案信息化建设与学校其他工作同步发展；（三）建立健全与办学规模相适应的高校档案机构，落实人员编制、档案库房、发展档案事业所需设备以及经费；（四）研究决定高校档案工作中的重要奖惩和其他重大问题。分管档案工作

---

① 郑宏范，秦杰. 档案事业是崇高的事业［EB/OL］.（1999-12-08）［2022-08-30］. https://www.gmw.cn/01gmrb/1999-12/08/GB/GM%5E18264%5E1%5EGM1-0811.HTM.

的校领导协助校长负责档案工作。"

2018年《条例》第九条规定："各级党委（党组）领导本地区本部门本单位干部人事档案工作，贯彻落实党中央相关部署要求，研究解决工作机构、经费和条件保障等问题，将干部人事档案工作列为党建工作目标考核内容。"且第十条规定："各级组织人事部门负责本地区本部门本单位干部人事档案工作，建立健全规章制度和工作机制，配齐配强工作力量，组织开展宣传、指导和监督检查。"由此，高校人事档案管理组织条件主要包括以下三方面内容。

（一）加强组织领导

1998年《检验细则》序号1—8规定。①干部人事档案工作列入组织干部人事部门议事日程，对干部人事档案工作的业务建设、机关设置、人员配置、库房建设等问题给予解决。②本单位有一名领导分管干部人事档案工作，了解有关干部人事档案工作文件精神，定期听取工作汇报，提出任务和要求。③关心档案管理干部工作、学习、生活，按规定评定专业技术职务（资格），切实解决职级待遇，对成绩突出者给予奖励。④干部人事档案管理部门认真履行十项职责；建立健全八项制度；查（借）阅制度、收集制度、鉴别归档制度、转递制度、检查核对制度、保管保密制度、管理人员职责、送交档案材料归档工作制度。⑤组织干部人事部门定期研究、部署干部人事档案工作，做到有计划、有部署、有检查、有落实。⑥分管领导档案意识强，认真履行职责，切实解决干部人事档案工作中的实际问题。⑦组织干部人事部门制订了干部人事档案工作近期或远期规划和实施方案，并认真组织实施。⑧干部人事档案工作所需经费列入财政（财务）计划，保证落实。

高校要完善规章制度，确保人事档案完整规范。建立健全人事档案收集登记、管理归档、保管保密、调档查阅、人事档案人员管理等制度，要求人事档案管理人员严格按照人事档案归档要求，认真检查归档材料是否收集齐全、目录填写是否规范等，不符合要求的均要求重新整理，确保人事档案材料齐全规范。

（二）完善管理体制

1998年《检验细则》序号9—13规定。①干部人事档案工作隶属于组织干部人事部门领导，接受上级有关部门监督、检查和指导。②县以下机关、单位的干部人事档案由县级党委组织部和人事、教育、卫生等部门相对集中管理；不具备保管条件的单位，其档案由上一级主管部门代管。③干部人事档案正本由干部主管部门保管，副本由干部协管部门保管。④档案管理干部及其在本级管理范围内的直系亲属的档案，指定有关部门专人保管。⑤建立了干部人事档案工作专门机构。

高校党组织与行政应层层压实责任，确保人事档案长效管理。校领导应高度重视档案管理工作，建立档案管理网络，明确分管领导，设置有专业知识的人事档案管理员，负责日常档案管理工作，形成一级抓一级、层层负责、层层把关的人事档案管理体系，确保高校人事档案管理工作制度化、常态化。高校领导要强化基础建设，确保人事档案妥善保管。要设有档案专用库房和档案专用查阅室，配备档案柜、档案盒、档案袋、空调机等设备，保持库房整洁，保障人事档案存放安全。为了促进人事档案工作的规范化、标准化，要加强与上级业务指导部门的联系和沟通，请他们现场指导，传授工作经验，不断改进工作。将人事档案工作纳入单位日常工作计划和考核，实行目标责任制，做到统一领导、统一管理、统一机构、统一制度，将各部门材料归档情况、及时上交存档材料情况、人事档案工作完成情况列入学校目标考核项目，一个月一检查兑标，出现问题扣部门得分，年底对各部门目标完成情况进行考核、通报、奖励。在经费保障上，单位领导给予大力支持，由办公室提供一切各部门整理人事档案所需的各种备品及设备，各部门都设专人负责整理本部门的目标档案和业务档案，严格的管理使学校人事档案工作程序良好有序，更加规范合理。

（三）做好宏观指导

1998年《检验细则》序号46—60规定。①按干部人事档案工作目标管理考评标准规定配齐档案管理人员。②档案管理专职干部相对稳定（3年以上），做到先培训后上岗。③档案管理干部参加县以上组织干部人事部门举办的业务培训班，1991年以来，累计时间2周以上。④档案管理干部能积极主动地研究探讨干部人事档案工作中的新情况、新问题，并定期向上级主管部门请示报告工作。⑤档案管理干部掌握计算机基本知识，并能熟练操作。档案管理部门每2年在地级以上报刊发表一篇有关干部人事档案工作方面的报道或理论文章。⑥本地区、本部门的干部人事档案管理体制符合规定，认真履行业务指导、监督和检查职责，适时布置任务，提出要求，并解决实际问题。⑦根据本地区、本系统的实际情况，定期或不定期举办干部人事档案业务培训班。（省、自治区、直辖市党委组织部，有业务指导任务的中央国家机关有关部委，每2年举办一次培训班。）⑧制订本地区、本系统干部人事档案工作年度计划及5年发展规划，目标明确，切实可行，并认真组织实施。⑨本地区、本系统参加目标管理单位的干部人事档案工作达到三级以上标准的占50%左右，其中二级标准占10%左右。本地区、本系统干部人事档案工作人员培训率达80%左右。⑩本地区、本系统参加目标管理单位的干部人事档案工作达到三级以上标准的占60%左右，其中二级标准占20%左右，一级标准占10%左右。

高校人事档案承载着记录每一位员工历史的功能，高校领导要充分发挥单位人事档案的信息功能和文化功能，进一步开发和利用好人事档案材料，积极主动为现实工作提供参考、借鉴、凭证，为本单位的发展服务。同时，积极对人事档案信息资源加以开发，使之为领导决策提供依据。通过不断完善和摸索建立更完善的管理系统，加强收集和保管工作，实行计算机管理和人事档案检索，按不同门类、载体和保管期限，检索工具更加系统、科学、准确。要创造条件，完善电子人事档案，方便查找与利用。人事档案员业务熟练，既掌握人事档案管理相关业务，又能主动向机关领导和科室提供人事档案资料信息。建立查借阅登记制度，人事档案工作人员能迅速、准确调出所需档案，查全率、查准率达到100%。人事档案管理工作的规范有序，为领导和各部门前来进行查询与借阅提供了便利条件，提高了人事档案的利用率，也充分发挥了人事档案的"软实力"作用，为高校工作的发展提供更多更好的服务，做出应有的贡献。

第二节　高校人事档案管理机构三模式

管理体制是组织活动的管理机制、管理机构、管理制度的总称，其要素包括组织内部的领导制度、机构设置、隶属关系、职权划分、利益分配等。其中，管理机构是管理体制的一项重要内容。为此，高校根据自身实际情况，进行人事档案管理机构的优化、创新和选择十分重要。

高校人事档案主要包括干部档案、工人档案、学生档案三个基本类别，现阶段，许多高校人事档案管理主要是干部（工人）档案归属组织、人事部门管理，学生档案归属学生管理部门，各高等学校人事档案的管理归属还没有一个统一标准。2008年9月开始施行的《高等学校档案管理办法》，虽然要求具备条件的高等学校应当设立档案馆，但未明确提及高校人事档案是否应该划归到学校档案馆管理，这样，高校人事档案管理机构就出现了多种模式。

河南师范大学薛万新调研了河南省33所本科院校，专门了解有关人事档案的归属管理情况。调查结果显示，高校人事档案管理形式多种多样。有的隶属于人事部门，有的隶属于组织部门，有的隶属于办公室。其中，有70%高校的人事档案统一在本校人事处管理；有18%高校的人事档案统一在本校组织部管理；有6%高校的人事档案在本校档案馆管理；有3%高校的人事档案分为两部分保存，工人档案归口人事处，干部档案归口组织部；还有3%高校的人事档案也分为两部分保管，副科级以下在人事处保管，其他在组织部保管。还有一些高校的人事档案分散存放，不够完整。如反映教学情况、教学奖惩的材料，是作为教师业务档案存放在教务处或师资科，而反映教师科研情况、科研奖励的材料存放在科技处。通过对调研结果的进一步分析，88%的高校学生档案归口到学生处，9%的高校学生档案归口到招生就业处，3%的高校学生档案归口到档案馆管理。相比之下，学生档案归属部门相对比较统一，高校教职员工人事档案的归属部门相对较多。

山西师范大学霍红梅关于高校人事档案归属现状的调研结果曾表明，国内高校人事档案归属存在以下几种归属关系：①除教职员工档案、学生个人档案之外的所有档案都集中统一保管在档案馆，如北京大学、南京大学、内蒙古大学、上海交通大学、吉林大学等；②除学生个人档案之外的所有档案都集中统一保管在档案馆，如山西财经大学；③除教职员工档案之外的所有档案都集中统一保管在档案馆，如内蒙古大学；④含教职员工档案、学生个人档案在内的所有档案都集中统一保管在档案馆，如清华大学、武汉大学、西南交通大学、中国人民大学、上海师范大学、北京师范大学、陕西师范大学等。

2018年《条例》第五条，干部人事档案工作应当遵循的五项原则中和管理体制有关的是前三项："（一）党管干部、党管人才；（二）依规依法、全面从严；（三）分级负责、集中管理。"其中，第一项意指，干部和人才是党的宝贵财富，属于国家所有；其人事档案管理的决策权应该属于组织人事部门所有。第二项意指，干部人事档案管理体制的确立必须有法规依据，且严格执行。第三项意指，干部人事档案管理的机构设置要根据干部管理权限分级负责，且集中管理。根据这三项原则，目前，高校人事档案（不包括学生档案）管理机构主要有人事部门型、组织人事型、大档案馆型三个典型模式（见表4-1）。通过后面的分析研判，可以发现，高校目前各自选用的人事档案管理机构三种典型模式中的任何一种，都符合2018年《条例》三项原则的要求，只是各自关注的侧重点不同，各有特点，如若他人借用学习，一定要具体情况、具体分析。

表4-1 高校人事档案管理机构三种典型模式

管理模式	主管部门	管理内容	指导部门	典型高校
人事部门型	校人事部门	校教职员工档案	教育部人事司、省委组织部	江南大学
组织人事型	校组织部门	校中层以上人事档案	教育部人事司、省委组织部	四川大学
	校人事部门	其他校教职员工档案		
大档案馆型	校档案馆	校教职员工档案	校组织人事部门、上级组织部门	东南大学

资料来源：上述三所高校官网的相关资料整理（资料下载时间2022年8月30日）

一、人事部门型

人事部门型，即全校人事档案由人事部门管理。根据1991年《条例》和2018年《条例》，干部人事档案管理实行集中统一和分级负责的管理体制，县以上（含县）机关、单位的干部档案业务工作要接受本单位组织人事部门的领导和上级有关业务部门的检查指导。由于高校人才引进力度比较大，人员流动比较频繁，自身考核也比较严格，人事档案处于动态之中，并非静态不变，随时都会有很多新的人员、新形成的归档材料需要补充归档。补充归档材料包括每年的各类工资表、年度考核登记表、专业技术职务评审表、职务任免呈报表及考察材料、学历（学位）材料、奖惩及鉴定等材料。同时，由于人事部门在评聘职称、晋升工资、人员退休时均需要随时查阅当事人的年龄、学历、参加工作时间、职务任职时间、现专业技术职务、工资晋升情况、业务能力等材料，人事档案作为人事工作的工具，集中由人事部门统一管理，比较便于利用。此外，由于人事档案具有服务性、政治性、专业性，更具有很强的保密性，一般要求接触人少，避免反复借阅、查阅。由人事部门管理既有利于档案资料的补充、归档，又有利于档案的利用和保密，能够比较有效地避免无关人员接触人事档案，因而，高校人事档案实行人事部门管理有其存在的合理性。许多省委组织部门对此种模式特别推崇，例如，2006年2月14日江苏省委组织部和省教育厅党组联合发文《关于规范省属高校干部人事档案管理机构设置问题的通知》（苏组通〔2006〕14号）。该文件要求江苏省属高校"尽快明确干部人事档案管理机构、人员归口组织人事部门统一管理"。常熟理工学院任红燕对"人事部门型"进行认真调研，总结其两方面的工作优势。①

第一，有利于人事档案材料的收集归档。人事档案是人事信息的载体，一卷齐全完整的人事档案，可以准确反映教职员工个人经历和德能勤绩等各方面情况。人事档案作用的发挥有赖于档案材料收集的齐全完整。由于众多原因，人事档案材料不完备，出现材料短缺现象普遍存在。目前，在非人事部门管理人事档案的高校中，这种现象尤其严重。人事档案管理是动态性的管理工作，要不断充实新内容，增加新材料。人事部门的职能决定了大部分材料均由其直接产生或由其经手。具体包括干部履历材料、各类考核材料、工资变动审批表、专业技术职务评审材料和教职员工进修材料、各种反映个人学术水平等的荣誉材料等。在这些档案材料中，除年度考核材料、工资变动审批表属常规性材料，其余档案材料人事部门接收或产生的时间相对不固定，涉及的相关人员信息，人事部门外的其他部门也比较难全面掌握。所以，干部人事档案扎口档案馆（室）管理的高校，这些非常规性材料往往收集不全，导致人事档案难以客观、全面、历史地反映教职员工的真实情况。这也是苏组通〔2006〕14号文件出台的原因之一。相反，干部人事档案扎口人事部门负责管理，则利于档案管理人员掌握各类相关信息，及时催收相关应归档材料。

第二，有利于发挥人事档案的作用，激发人事档案工作生命力。人事部门

---

① 任红燕. 新建本科高校档案利用工作的思考［J］. 常熟理工学院学报，2011（11）：114-116.

是干部人事档案最主要的利用单位,以常熟理工学院为例,近几年,人事部门利用人事档案的数量占总利用数量的80%以上。干部人事档案由人事部门负责管理,可以减少工作流程,提高档案利用率。目前,为提高工作效率,适应信息时代发展要求,高校人事部门普遍建立、使用人事信息管理系统。如果要确保人事信息管理系统内数据的准确性,势必根据人事档案记载内容进行信息核对。人事档案材料的收集、鉴定、整理和归档工作是一个持续不断的工作,这意味着人事部门会反复利用到人事档案。高校人事档案若由高校档案馆统一管理,尤其是档案库房与人事部门不在同一办公地的,查档人员必须来回跑动,浪费时间,客观上降低了工作效率。若档案馆将档案实体外借给人事部门,则不利于档案的日常管理和安全保管。有的高校人事部门在新建人事信息系统时,很多信息由教职员工个人自行填报,而正是由于上述原因,人事部门根本没有与档案实体记载进行核对,致使人事档案失去了其应有的作用。相反,人事档案扎口人事部门管理的高校,人事档案的作用就得到了充分发挥。如苏州大学人事处下设人事信息与档案管理科,学校明确维护人事信息管理系统和干部电子档案管理系统,确保信息安全与准确;提供人事档案的查阅、借阅,出具公证材料及相关证明等工作是该科室的主要职责。人事信息系统中的信息以人事档案记载为准,保证了信息的准确性。

不过,高校人事档案管理机构"人事部门型"仍有局限性。比如,人事档案属于校人事部门管理,其保管条件往往不符合库房建设要求。如果纳入档案馆统一管理后,可统筹安排档案办公及库房用地的分配,能保障档案保管条件,可整合档案资源,更全面地对档案工作进行统一规划和协调。另外,随着"大档案"概念的提出,所有档案归属校档案馆,从理论上而言,可以加速档案管理工作的现代化、标准化、科学化,真正实现高校档案网络化,大力进行网络资源建设,全面实现档案资源共享,为学校及社会提供丰富的档案信息资源和高效、快速、准确的服务,最大限度地满足学校和社会的需求。显然,"人事部门型"对此是不太适应的。

江南大学是"人事部门型"模式的典型代表,该校管理人事档案的职能部门是"江南大学人力资源处人事档案科",负责学校校级领导人事档案的副本,及校级领导之外全校教职员工和退休人员的人事档案正本的管理。

二、组织人事型

组织人事型，即处级以上领导的人事档案由党委组织部管理，其他人员由人事职能部门管理。显然，这一人事档案管理机构模式和"人事部门型"有着同样的优势，既体现了"党管干部"原则，又符合"分级负责、集中管理"原则。根据现有管理体制，全国共有中管高校31所，如北京大学、清华大学等，其中，高校党委书记、校长由中央组织部任命，属于副部级；其他公办普通高校均为正厅级、高职高专为副厅级，其校级领导均由省、部党委组织部门任命。2018年《条例》第二章管理体制和职责中第十一条、第十二条、第十三条对人事档案的"分级负责、集中管理"有着明确规定：①中央组织部负责集中管理中央管理干部的人事档案，如北京大学、清华大学的书记和校长的档案由中央组织部负责；②省、部、委组织部门负责集中管理中央管理干部的人事档案，包括所有高校的校级领导；③市（地）级党委组织部门负责集中管理本级党委管理干部的人事档案，即高校党组织负责管理校内中层干部人事档案；④根据需要，经批准，组织人事部门可以集中管理下级单位的干部人事档案，即人事部门可以管理中层干部以下的所有教职员工的人事档案（见表4-2）。

表4-2　高校人事档案分级管理状况

政策条款	管理部门	管理对象	具体人员
第十一条	中央组织部	中管的高校领导	北京大学等31所高校的书记、校长
第十二条	省部党委组织人事部门	省部管的高校领导	公办普通高校和高职高专的校级领导
第十三条	高校党委组织部门	校管的中层干部	学校任命的二级学院、各职能部门的领导
第十四条	高校人事部门	其他全体教职员工	除校级、中层领导之外的所有教职员工

资料来源：政策条款主要取自2018年《条例》

当然，组织人事型在实践中仍存在瑕疵。如随着干部任用体制的改革，逐渐建立起了干部能上能下的体制，今天的处级干部明天或许就是一名普通教师，反之，今天的普通教师明天可能提拔为处级干部是常有的事。在这种背景下，干部人事档案工作实行分级管理会增加人力消耗，不利于提高工作效率。从人员安排来看，高校处级干部数量不会超过安排专职人员的标准，所以处级干部人事档案由组织部门管理的单位，都是安排工作人员兼职完成，当工作人员手头有其他工作时，档案工作往往让位于其他工作，这样反而不利于处级干部人事档案的日常管理。从保管条件方面考虑，由于处级干部档案数量有限，往往不会被安排专门库房，无法做到查、借阅分开，不利于档案的安全保管。从材料收集方面来看，党员材料、干部任免材料等由党委组织部工作中产生的应归档材料，大多是常规性材料，归档工作一般比较顺利。处级干部人事档案不由组织部门管理的单位，由于干部人事档案管理人员非常容易获取相关信息，因此，即便组织部门不主动移交，也能及时与党委组织部门沟通，将材料接收归档。所以，高校处级干部档案由党委组织部管理的规定，显然不大符合现实发展要求。

四川大学是"组织人事型"模式的典型代表。该校处级领导人事档案正本和校级领导人事档案副本的管理部门是"中共四川大学党委组织部干部监督科"；负责除上述人员之外全校教职员工和退休人员的人事档案正本的管理部门是"四川大学人事处人事档案科"。

三、大档案馆型

大档案馆型，即全校的档案包括人事档案应该由校档案馆统一负责，实现学校的"大档案"。教育部《高等学校档案管理办法》第八条高校档案机构的管理职责中，指出："负责接收（征集）、整理、鉴定、统计、保管学校的各类档案及有关资料。"同时，第十五条规定，高等学校应当对纸质档案材料和电子档案材料同步归档。其中，文件材料的归档范围包括："行政类：主要包括高等学校行政工作的各种会议文件、会议记录及纪要；上级机关与学校关于人事管理、行政管理的材料。"其中提到了"人事管理材料"，这些都为"大档案馆型"人事档案管理机构模式提供了法规佐证。部分高校实施"大档案馆型"人事档案管理机构模式，主要基于它的三大优点。

第一便于发挥档案管理的共同优势。21世纪是一个高度信息化的社会,将人事档案纳入高校档案综合管理机制,对提高人事档案的现代化管理水平和人才信息的利用率将有极大的必要性与可行性。这样能够避免投资力量分散、信息不畅、低水平重复建设的局面,有利于节约经费、人员及库房和设备,学校可以集中人力、财力、物力来面对信息技术的挑战,加速档案管理工作的现代化、标准化、科学化,真正实现高校档案馆网络化,大力进行网络资源建设,全面实现档案资源共享,为学校及社会提供丰富的档案信息资源和高效、快速、准确的服务,使档案馆的服务走向全方位现代化,最大限度地满足学校和社会的需求。

第二有利于档案管理的资源整合。独立保管的人事档案一般是随着人事部门放置于行政办公楼,其条件往往不符合库房建设的要求。档案馆把各门类档案集中统一管理,在人、财、物等方面学校可以通盘考虑,统筹安排,合理使用。高校档案馆是保存和提供利用学校档案的专门机构,人事档案纳入统一管理后,一则可统筹安排档案办公及库房用地的分配,二则能保障档案保管条件,三则可整合档案资源,更全面地对档案工作进行统一规划和协调。从事人事档案的干部其专业知识更新往往是缓慢甚至是停滞不前的。档案统一管理后专业人员的培训可纳入高校档案培训的统一安排,继续教育机会明显增多。"大档案"尽可能避免了部门分设过细、职能交叉、多头管理等现象。"合并同类项"是"大档案"的成效。它昭示着精简和高效,由此推及在档案管理中,各类档案的统一管理可基本实现"一站式"管理、执法和服务,它更强化了工作合力,使部门分工更综合、清晰,问责更容易,也方便服务基层,因此,各类档案的统一管理将成为一种趋向。

第三有利于高校档案管理的统一性。教育部《高等学校档案管理办法》(以下简称"27号令")最大特点是提出"大档案"的理念,要求按照高校档案形成的领域范畴将形成于同一活动领域的档案作为一个门类归入高校统一的档案体系,统一策划,统一建设。"27号令"规定高等学校档案必须实行集中统一管理,确保完整、准确、系统和安全,便于开发和利用。"27号令"第三十七条规定:"高等学校应当为档案机构提供专用、符合档案管理要求的档案库房,对不适应档案事业发展需要或者不符合档案保管要求的馆库,按照《档案馆建设标准》（建标103-2008）的要求及时进行改扩建或者新建。存放涉密档案应当设有专门库房。"人事档案也是档案，除了考虑它的涉密性外，其馆室建设必须按照国家统一标准进行建设或改建。"27号令"第十五条规定，高等学校文件材料的归档范围有10大类，基本涵盖学校内的所有档案材料。尽管种类繁多，但都有档案的特性，对档案进行整理、分类、鉴定和编号的要求大同小异，这为高校"大档案"的统一要求提供了条件。"27号令"第三十二条规定："高校档案机构是学校出具档案证明的唯一机构。"而目前的状况：许多高校的人事档案存放在人事部门，人事档案中的相关档案证明是由人事部门出具的，如果按照"27号令"的精神，人事档案就有理由纳入高校档案统一管理，从而使档案部门成为真正出具档案证明的唯一机构。

显然，"大档案"的形成已有政策和理论的支撑，档案的大融合必将是一种趋势。但在具体操作中仍然遇到许多问题，主要会出现三个不利因素。

第一，不利于人事档案的利用。档案的最大意义在于使用，而高校人事部门所有的工作几乎都和人事档案有关，占人事档案使用率的80%以上。人事部门，每年产生大量常规性材料，这些材料在人事部门内部收集、归档较方便，尤其在档案提供利用方面，放在人事部门会更方便。另外，人事部门的数据信息要和人事档案内容保持一致，必然要经常对照档案实体进行信息补充、修改和完善。在此过程中，往往须查档案实体信息作为统计的补充形式，有时不乏大量的查档。如果人事档案在校档案馆，特别是这些馆室与人事部门不在同一办公地的，查档人员动辄来回跑动确实显得被动。

第二，不利于人事档案信息管理的专业化提升。目前，高校的档案管理信息系统发展还比较成熟，功能较强，通过不断升级来完善，可与OA系统进行无缝对接，实现更广泛的资源共享。但人事档案管理系统一般由组织部门推荐的干部档案目录管理系统，可查人员基本信息和人事档案目录，可配套打印目录存放在档案上，系统功能较单一。人事部门关于干部详细信息的查询和统计，一般使用主管部门推荐的"通用人事信息管理系统GPMS""人事数字系统"等，这些系统与校内关于人员信息管理如组织部门、劳资部门的系统并不兼容，具有自身特殊性。故此时硬性把人事档案纳入高校档案统一管理，仅就信息统一管理的条件来看，还未普遍成熟。

第三，不利于人才的快速引进。目前高校人才之战愈演愈烈，其中除了待遇、事业、情感三大要素之外，抢占先机成为获胜的法宝。若人事档案由学校档案馆统一管理，档案馆是否能及时接收、审核、补充拟引进人才的人事档案材料，往往取决于自身的主动性和人事部门的积极性。通常来讲，由于时间和空间的限制，档案馆和人事部门的及时有效沟通多多少少会出现一些问题。以致人才引进的许多事情往往会耽搁在人事档案校内的反复折腾中，很可惜。

四川大学原先采用的是"大档案馆型"人事档案管理机构模式，且2008年中央组织部授予四川大学档案馆干部人事档案工作目标管理一级单位。此后一段时间经过综合考量，决定改为"组织人事型"模式，同样取得较好成绩。

东南大学是"大档案馆型"模式的典型代表。1999年，学校就将教职员工人事档案和学生档案工作分别由人事处与学生处转归档案馆负责，对人事档案管理有着丰富的经验。目前，东南大学档案馆数字化率已达到80%，多次荣获"江苏省高校档案工作先进集体"等荣誉称号，多项成果荣获全省以及全国高校档案工作研究优秀成果奖。2015年，档案馆被省档案局和教育厅评为五星级档案管理工作单位。

纵观目前高校人事档案管理机构的人事部门型、组织人事型、大档案馆型三个典型模式，从严格意义上讲，"组织人事型"最符合中央精神，尤其是"分级负责，集中管理"原则落实最彻底，但由于操作起来比较烦琐，以致在高校中选用得最少。总体而言，"人事部门型"模式采用的高校最多，主要是它的实用性，并能较好体现"从严治党，党管干部"的原则，且大多数高校人事部门的第一责任人兼任校党委组织部副部长，更能体现这一模式的优势。从长远来看，"大档案馆型"是将来高校人事档案管理机构模式的努力方向，尽管目前困难重重，但很有理论探讨的价值和不断尝试的必要性与可能性。因此，在后面的讨论中，如果没有特殊说明，为了方便阐述，一般都是针对"人事部门型"，敬请理解。

第三节　高校人事档案规范化日常管理

2018年《条例》第四章日常管理中第二十一条规定：干部人事档案日常管

理主要包括档案建立、接收、保管、转递、信息化、统计和保密,档案材料的收集、鉴别、整理和归档等。在日常管理工作中,组织人事部门及其干部人事档案工作机构应当执行国家档案管理的有关法律法规,接受同级档案行政管理部门的业务监督和指导。

一、档案材料归档立卷

人事档案材料归档立卷是人事档案日常管理工作的基础,政策性强,任务重,涉及面广,其工作必须贯彻执行党和国家有关档案保密的法规与制度严格管理,确保教职员工人事档案的准确、完整和安全,有利于教职员工人事档案的规范和有效利用。为此,应做好以下几方面的工作。

(一)明确人事档案材料归档立卷的主体责任

高校人事档案管理部门(一般为人事档案科)是在校组织部、人事管理部门直接领导下,专门负责学校人事档案的管理工作;是教职员工人事档案的立卷部门,负责全校各单位教职员工人事档案信息的确认、鉴别和材料形成工作;是学校教职员工人事档案集中管理和利用服务部门,负责对全校教职员工人事档案业务工作进行组织、协调、监督、检查和业务指导,负责教职员工人事档案分类集中管理和查询利用服务。

首先,高校的人事档案科要在全校做好人事档案归档立卷重要性的宣传工作,要让每位领导、教职员工都知道,高校人事档案工作是高校组织、人事工作的重要内容,是干部、教师队伍建设的重要基石。它不仅在招聘、录用、任免、入党、职称评定等工作中起到了无可替代的凭证和依据作用,也对教职员工个人工作生活中的合理诉求起到积极有效的法律支撑作用。所以,不管是催交人事档案相关材料,还是要求补交相关的若干材料,除了宣传政策法规、制度责任之外,都事先讲明,此项工作对单位有好处,能够使个人受益。例如,某个教师的科研成果本已获得了较高等级优秀奖,在社会上影响很大,可是在收集材料时,基层单位没有储备、上交这项材料,教师本人对此也不在意。结果,在人事部门向上推荐某项优秀人物时,因为缺少这一项目,条件不够,很是可惜。

其次,人事档案科要制定和完善教职员工人事档案管理规章制度,要明确教职员工人事档案及材料的接收、鉴别、整理和保管工作的工作流程及具体要求。以致各职能部门、二级学院、每位教职员工在上交个人档案材料和收集人事档案补充材料的过程中，都清楚知道自己应该收什么、补什么、如何鉴别、如何整理、如何上交。免得无的放矢，浪费时间，做无效功。人事档案科的工作人员要认真学文件，掌握政策要求，并经常对各单位负责人事档案收集归档的人员（一般为党委组织人事秘书或组织员）进行培训，并在网站上公开发布人事档案管理的相关政策法规和制度流程，让需要上交人事档案材料的人事秘书或普通教职员工，能做到心中有数，提高办事效率。

再次，人事档案科要严格按照2018年《条例》要求，认真收集中央组织部规定的十大类教职员工人事档案归档材料，主要包括履历材料、自传材料、鉴定考核考察材料、学历和评聘专业技术职务材料、政治历史情况的审批材料、参加党团及民主党派的材料、奖励材料、处分材料、录用任免和退（离）休等材料、其他可供组织参考的材料。归档材料必须是办理完毕的正式材料，材料应真实、完整、齐全、文字清楚、对象明确，同时应具有承办单位或个人署名，有形成材料的日期，经组织审查盖章后归档。教职员工人事档案材料的纸质载体统一使用A4规格的办公用纸，左边留足25毫米，不能用圆珠笔、铅笔或红色及纯蓝墨水书写和使用复写纸复写。人事档案管理人员要认真鉴别收集的材料，对不符合归档要求的其他材料，要予以退回；对不符要求或缺失的档案，应及时通知材料归档部门修正或补办。

最后，人事档案科的管理人员要发挥能动性，采取三种方式主动出击。第一，重点关注法。可根据高校学期制的特点，重点关注，集中收集，做到"疏而不漏"。例如，每年度都有各时期的表彰先进活动：教师节要表彰一批"三育人"标兵、优秀教师、先进工作者、劳动模范，每年评一次的教学优质奖，五四青年节要表彰一批优秀团员、优秀团干部，七一建党节要表彰一批优秀党员、积极分子等。对此人事档案科一定要抓紧，收集工作一定要跟上。否则，时过境迁，有些材料就可能散失，考核个人情况等实际工作就要受到严重影响。第二，信息捕捉法。人事档案科工作人员要关注校内外媒体的报道，随时收集相关信息，对某人有了突出贡献，或某人受到了校级以上处分等重大个人信息，应及时取得材料，认真收集归档。第三，常规收集法。对于定期必收的归档材料，相关各部门应按照有关规定储备起来，以便按时上交，防止遗漏。

（二）合理分工，明确责任，齐心合力做好人事档案材料归档成卷

高校人事档案材料归档立卷工作不仅是人事档案科管理人员的事，还涉及学校党政领导、二级学院、各业务部门的承办人员，只有领导重视、各业务部门支持、档案人员共同努力，才能把这项工作做好。人事档案管理人员要认真学好政策法规，严格按照2018年《条例》要求，放宽视野，主动扩大联系范围，熟悉和掌握档案的形成规律、工作程序，才能真正做好人事档案材料的归档立卷工作。学校各单位是教职员工人事档案材料的基本形成部门，负责按组织部、人事处要求确认、鉴别和提供教职员工人事档案信息。各单位应确定一名现职处级领导干部为本单位教职员工人事档案工作分管领导，并确定与之相适应的专职或兼职管理人员负责本单位教职员工人事档案材料的收集、整理和归档工作。在此基础上，人事档案科应实现目标管理，将十大类归档材料分解到各相关部门，明确职责，认真做好阶段性统计，为领导考核提供依据。高校人事档案材料归档收集工作分解如下。

党委组织部负责的归档材料包括：干部任免审批表、提拔职务的相关考察材料；党组织建设中形成的材料（入党志愿书、入党申请书和转正申请、自传、政审材料、党员登记表、不予登记的决定）、民主评议党员中形成的组织意见、民主评议党员登记表，优秀党员事迹及组织审批材料、认定为不合格党员补劝退或除名的主要事实依据材料和组织审批材料、退党材料、取消预备党员资格的组织意见。

人事处负责的归档材料包括录用和聘用审批表、聘用教职员工合同书、续聘审批表、解聘辞退材料，退（离）休审批表和军队转业干部审批表，工资变动情况表、审批和解决待遇问题的批复材料、各种代表登记表等材料，国民教育、成人教育和培训工作中形成的学生登记表、学习成绩表、毕业生登记表、授予学位决定、学历证明书、培训结业成绩登记表、学习鉴定材料、评聘专业技术职务（职称）的相关材料，专业技术职务任职资格申报表、专业技术职务考绩材料、聘任专业职务的审批表、工资套改和晋升专业职务（职称）审批表，干部履历表和职工登记表，教职员工年度考核表、表彰奖励活动中形成的各种先进人物登记表、先进模范事迹、嘉奖通报材料。

纪委（监察处）负责的归档材料包括纪律检查、监察和行政管理等工作中形成的处分决定（免予处分的意见）、记过材料、查证核实报告、上级批复、本人对处分决定的意见和检查、交代材料、通报批评材料，复查甄别报告、决定、上级批复材料。

审计处负责的归档材料包括教职员工经济责任审计结果报告、经济责任审计结果登记表及相关考察材料，及其审计意见材料、离任审计材料等。

保卫处负责的归档材料包括公安部门、法院、检察院转来的有关人员的判决书、治安处理意见书、处置决定等材料。

统战部负责的归档材料包括教职员工参加民主党派的材料、民主党派代表会代表登记表等有关材料，表彰奖励活动中形成的有关材料，及在其他工作中形成的表彰材料。

教务处、研究生院、学生处等负责的归档材料包括国民教育、成人教育工作中形成的材料，考生登记表、推荐表、政审表、学习成绩表、毕业生登记表、鉴定表，授予学位的材料、学历证明书，参加硕士研究生单独考试和博士研究生入学考试的专家推荐书，申请同等学力硕士、博士学位的要有课程进修成绩单、国家统考科目统考成绩单，学生在校期间形成的校级以上奖励和处分材料，博士后研究人员申请表、工作期满登记表等材料。奖励活动中形成的有关材料包括优秀学生奖、教学质量奖、优秀教材奖等先进事迹材料，先进事迹登记表等表彰材料。

国际合作与交流处负责的归档材料包括教职员工因公出国（境）审批表，在国（境）外表现情况或鉴定等材料，外国永久居留证、港澳居民身份证等的复印件。

群众性组织（工会、团委）负责的归档材料包括学校级以上的职代会、教代会、妇代会、共青团代表会等代表登记表；各类先进事迹表彰材料及登记表；中国共产主义青年团入团志愿书、申请书，团员登记表；退团和超龄离团材料。奖励活动中形成的有关材料包括优秀团员、优秀团干部、社会实践先进个人等审批（呈报）表、先进事迹材料、先进事迹登记表等表彰材料。

科研管理部门负责的归档材料包括专业成果材料，创造发明、科研成果鉴定材料，各种著作、译著和在重要刊物上发表的获奖论文或有重大影响的论文等目录，反映学历才识、专业技术方面的登记表及其他材料，表彰奖励材料、国家科技奖（含国家发明奖、自然科学奖、科技进步奖）、中国青年科技奖等呈报表、审批表等表彰材料。

在归档工作中，各单位还要负责做好以下工作：负责本部门管理工作中形成的全校教职员工人事档案信息的确认、鉴别和形成材料；负责协助相关部门收集有关人员的人事资料；负责办理教职员工丧事活动中形成的讣告等，非正常死亡的调查报告及有关情况材料。

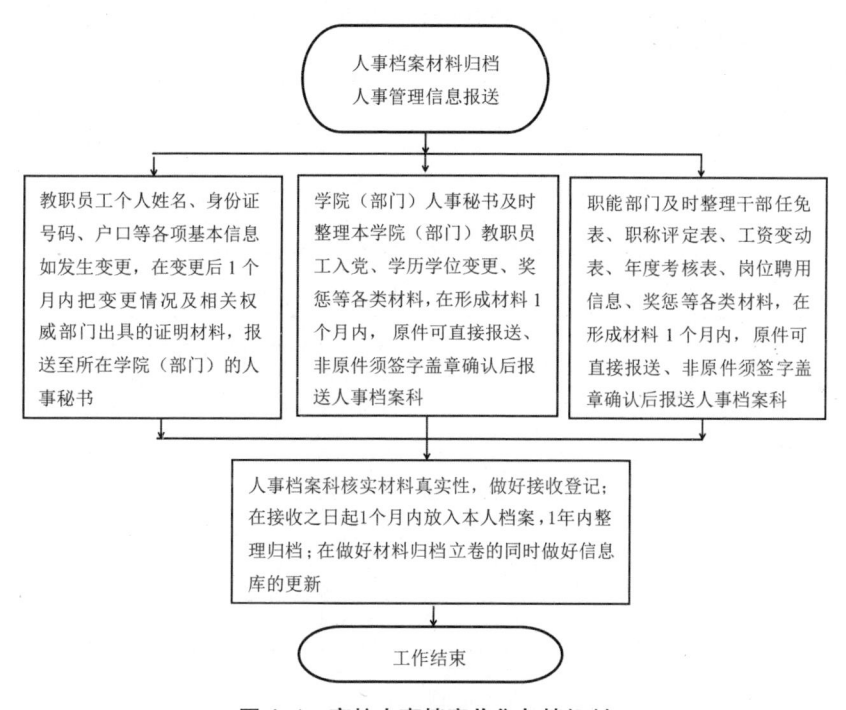

图 4-1　高校人事档案收集归档机制

教职员工本人是教职员工人事档案信息形成的重要来源，必须按组织部、人事处要求提供真实、正确、完整的个人档案信息，主动做好配合、沟通工作。

（三）规范工作机制，做好分类，提高管理效率

中央组织部《干部人事档案材料收集归档规定》中提出，人事档案材料形成部门，必须按照有关规定制作人事档案材料，建立人事档案材料收集归档机

制（见图4-1），在材料形成之日起1个月内按要求送交人事档案科归档并履行移交手续。人事档案科应当建立联系制度，及时掌握形成人事档案材料的信息，主动向人事档案材料形成部门、教职员工本人和其他有关方面收集人事档案材料。按照2018年《条例》第二十九条规定："干部人事档案工作机构及其工作人员应当按照相关标准和要求，及时收集材料，鉴别材料内容是否真实，检查材料填写是否规范、手续是否完备等；对于应当归档的材料准确分类，逐份编写材料目录，整理合格后，一般应当在2个月内归档。"高校人事档案材料收集、鉴别、归档、整理、复核的具体流程应按照图4-2操作。

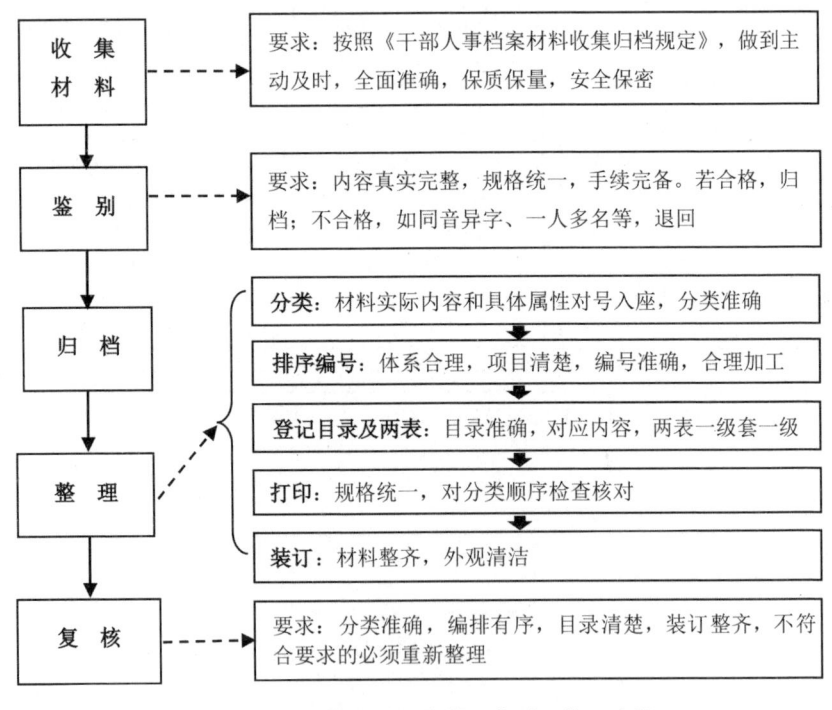

```
收集材料 ----→ 要求：按照《干部人事档案材料收集归档规定》，做到主动及时，全面准确，保质保量，安全保密
   ↓
 鉴别  ----→ 要求：内容真实完整，规格统一，手续完备。若合格，归档；不合格，如同音异字、一人多名等，退回
   ↓
 归档
   ↓      ┌→ 分类：材料实际内容和具体属性对号入座，分类准确
 整理 ----┤  排序编号：体系合理，项目清楚，编号准确，合理加工
   ↓      │  登记目录及两表：目录准确，对应内容，两表一级套一级
          │  打印：规格统一，对分类顺序检查核对
          └→ 装订：材料整齐，外观清洁
   ↓
 复核  ----→ 要求：分类准确，编排有序，目录清楚，装订整齐，不符合要求的必须重新整理
```

图4-2 人事档案材料收集、鉴别、整理流程

人事档案科必须严格审核归档材料，重点审核归档材料是否办理完毕，是否对象明确、齐全完整、文字清楚、内容真实、填写规范、手续完备。成套材料必须头尾完整，缺少的档案材料应当进行登记并及时收集补充。归档材料填写不规范，手续不完备，或材料上的姓名、出生时间、参加工作时间和入党时

间等与档案记载不一致的，材料形成部门应当重新制作，补办手续，或者由具有干部管理权限的组织（人事）部门审改（或出具组织说明）并加盖公章。归档材料一般应当为原件。证书、证件等特殊情况需用复印件存档的，必须注明复制时间，并加盖材料制作单位公章或人事关系所在单位组织（人事）部门公章。人事档案材料的载体使用国际标准A4纸型，材料左边应当留有25毫米装订边，字迹材料应当符合档案保护要求。符合归档要求的材料，必须在接收之日起1个月内放入本人档案，1年内整理归档。

学校组织（人事）部门应当加强对人事档案材料收集归档工作的监督和检查，严肃纪律、严格管理，确保人事档案材料收集归档工作有序进行。在人事档案材料收集归档工作中，人事档案材料形成部门、人事档案工作人员和教职员工本人必须严格执行《干部人事档案材料收集归档规定》，并遵守五项纪律：不准以任何借口涂改、伪造档案材料，不准将应归档材料据为己有或者拒绝、拖延归档，不准将本规定所列归档范围之外的材料擅自归档，不准将虚假材料和不符合归档要求的材料归入档案，不准私自、指使或者允许他人抽取、撤换或销毁档案材料。对违反人事档案材料收集归档工作纪律的，视其性质、情节轻重和造成的后果，对负有主要责任的领导人员和直接责任人员进行批评教育，或给予党纪、政纪处分。其中，档案工作人员参与涂改、伪造档案材料的，要从严从重处理，并不得继续从事人事档案工作。

（四）人事档案材料的排序与编目必须规范、整齐

高校每类人事档案材料，都要根据材料内容的内在联系和材料之间的衔接或材料的形成时间排列顺序，并在每份材料的右上角编上类号，在其右下角编写页数。人事档案材料排序的基本方式必须严格按照中央组织部规定的格式要求，认真执行。每卷干部档案必须有详细的档案材料目录。目录是查阅档案内容的索引，要认真进行编写。具体要求如下。①按照类别排列顺序及档案材料目录格式，逐份逐项地进行填写。②根据材料题目填写"材料名称"。无题目的材料，应拟定题目。材料的题目过长，可适当简化。拟定或简化题目，必须确切反映材料的主要内容或性质特点。凡原材料题目不符合实际内容的，须另行拟定题目或在目录上加以注明。③"材料形成时间"，一般采用材料落款标明的最后时间。复制的档案材料，采用原材料形成时间。④填写"材料份数"，以每

份完整的材料为一份（包括附件）；材料页数的计算，采用图书编页法，每面为一页。⑤目录要工整，正确清楚、美观、编写完成后要检查核对，做到准确无误。⑥编写目录时，每类目录之后，须留出适量的空格，供补充档案材料时使用。

人事档案材料归档立卷后的档案号编目主要有"数字编目法""部门编目法""拼音编目法"等多种编目方式。正确选择一个适当的编目方式，就必须坚持三个原则：一是清晰化，内容简短，利于区别，一一对应；二是便捷化，便于放，便于取，方便管理；三是信息化，能为计算机检索程序的编制打下基础，提供方便。经过上述几种人事档案档号编制的比较，结合高校的具体情况，采用姓名的"汉语拼音首字母编号法"较简单、易学、易查，归档也快速、方便。不可否认，此法最大的问题是不够清晰，如同名的档案，区别起来比较困难。如王雷，一般采用附上性别来区别，即WL（男）、WL（女）；如若均为男性，可附上部门来区别，即WL（商学院）、WL（文学院）；如若性别、部门都一样，可附上籍贯来区别，即WL（济南）、WL（武汉）；如果以上三种情况都一样，可附上出生年份的后两位数字，即WL（75）、WL（83）。同样，同音不同名、同字母不同名的也比较多，比如，李娃娃、刘文文、林薇雯，三个人的姓名首写字母全是LWW，为了便于区别，可以依照上述四种办法之一，确定档案编号。在此基础上，建议人事档案目录编号最好使用"汉语拼音首字母补充编号法"，即拟设编号与个人档案一一对应，则编号就是档案号；若拟设编号与档案不能一一对应，出现LWW对应多个人的档案（如李娃娃、刘文文、林薇雯等），则可在拼音首写字母后，用01、02……99数字按照需要依次补充，以便其编号能分别对应确定的个人。如李娃娃、刘文文、林薇雯的档案号可以依照计算机姓名降序排列顺序分别为LWW01、LWW02、LWW03。这种新式编档号法的优点如下。第一，清晰，唯一，大大避免了重号。由于高校扩招，人才流动频繁，相同首写字母的概率必然会增加，改进后的档案编号方法，可以容纳无数多个档案号，这样大大避免了重号带来的不便，保证了档案编号的准确性。第二，查找方便。每位中国人都熟悉汉语拼音的排列顺序，在工作需要查找某份档案时，不用看档号编排目录，任何人都可以从排列有序的卷框中准确快速地找到所需档案，提高了档案编号的工作效率。第三，采用计算机编目，为将来对全院教职工人事档案进行编目和运用采用计算机开发干部人事档案信息资源打下了基础。

(五) 不断完善人事档案归档入卷中相关工作

在人事档案材料做到收集齐、鉴别准、分类合理、排序编号准确的基础上，归档入卷的收尾工作，也应引起高度重视。

首先，做好人事档案材料的复制与技术加工。对于人事档案材料载体变质或字迹褪色不清时，须进行抢救。抢救材料一般可采用修复、复印等方法。必须认真细致、核对无误，注明复制单位和日期。在建立档案副本的材料不够时，可选择正本中的材料进行复制，将复制件存副本，其原件必须存入正本。为便于装订、保管和利用，延长档案材料的寿命，对一些纸张不规则、破损、卷角、折皱的材料，应进行技术加工。具体包括以下几点。①对不符合A4规格的档案材料，在不影响材料的完整和不损伤字迹的条件下，可酌情进行剪裁；对不能剪裁的材料，须进行折叠。折叠时，要根据材料的具体情况，采用横折叠、竖折叠、横竖交叉或梯形折叠等办法。折叠后的档案材料，要保持整个案卷的平整，文字、照片不得损坏，便于展开阅读。②对破损、卷角、折皱和小于A4规格的档案材料，必须用A4规格白纸做衬纸。③对过窄或破损未空出装订线的档案材料，须进行加边，打眼装订，不得压字和损伤材料内容。④拆除档案材料上的大头针、曲别针、订书钉等金属品，以防止氧化锈毁材料。

其次，做好人事档案材料装订与验收入库等工作。在人事档案材料收集、鉴别、归档、整理、复核之后，每个人员的档案材料，必须装订成卷。装订后的档案，目录在卷首，材料排列顺序与目录相符；卷面整洁，全卷整齐、平坦，装订牢固实用，具体做法如下。①将目录与材料核对无误。②把全卷材料理齐。材料条件好的应做到四边整齐，条件较差的，以装订线一边和对边、下边为齐。③在材料左侧竖直打上统一的装订孔。孔距规格应符合组通字〔2012〕28号文件附件一的规定。人事档案整理装订成卷后，必须进行认真细致的检查，经验收合格后，方能入库。

最后，在人事档案整理工作中要注意材料的安全保密。人事档案整理工作人员必须认真贯彻执行《中华人民共和国档案法》《中华人民共和国保守国家秘密法》和干部档案工作的有关规定，严格遵守安全保密制度，保守党和国家的

149

秘密，包括：①在整理档案时，严禁吸烟，以确保档案的安全；②不得私自涂改、抽取或伪造档案材料；③不得擅自处理或销毁档案材料；④整理中按规定剔出的档案材料，须进行登记，经主管领导审查批准后分别情况予以处理；⑤在整理档案过程中，要加强对档案材料的管理，防止丢失档案材料和泄露人事档案。

二、人事档案科学保管

人事档案是一种重要的文献，在现代社会生活中具有一般文献资料不可比拟的查考和凭证价值。因此，人事档案不仅有用，而且需要长期有效地发挥作用。保管是利用的基础，其政策性相当强，关键要从人员素质、物质条件、制度健全三方面去认真落实。

（一）选好人，用好人，用优秀、合适的人员保管人事档案

2018年《条例》第十七条规定："组织人事部门应当选配政治素质好、专业能力强、作风正派的党员干部从事干部人事档案工作。强化党性教育和业务培训，从严管理，加强激励保障。干部人事档案工作人员应当政治坚定、坚持原则、忠于职守、甘于奉献、严守纪律。"

人事档案与一般档案最大区别是它的政治性和保密性。2018年《条例》第二十八条规定："各级党政机关、国有企事业单位和其他组织及个人，对于属于国家秘密、工作秘密的干部人事档案材料和信息，应当严格保密；对于涉及商业秘密、个人隐私的材料和信息，应当按照国家有关法律规定进行管理。"同时，国家制定了亲属回避政策。2018年《条例》第十五条规定："干部人事档案工作人员和与其档案管理同在一个部门且有夫妻、直系血亲、三代以内旁系血亲、近姻亲关系人员的档案，由干部人事档案工作人员所在单位组织人事部门另行指定专人管理。"

人事档案保管人员的基本素质包括政治觉悟高、业务水平高、安全保密意识强，对人事档案的物理性质、化学性质有充分了解，能预防和处理人事档案管理存在的各种安全隐患。但部分高校对人事档案管理工作重视不够，导致人事档案管理人员变动频繁，对人事档案工作人员教育培训不够，导致档案管理业务不熟，无法严格履职，就此埋下人事档案管理安全隐患。部分高校尚未建

立必要的档案安全管理制度，缺乏有效的制度保障。有些高校虽然制定了档案管理基本制度，但是由于执行不力，在日常管理中留下隐患。比如，有的高校档案人员在库房吃东西，留下食物残渣，埋下鼠情和虫灾的隐患；有的档案库房随意存放易燃易爆物品，电源插座漏电年久失察失修等火灾的隐患都是档案管理隐患。部分高校虽然制订了人事档案管理应急预案，但是从未开展应急演练，一旦真正灾难来临，人事档案管理人员往往手忙脚乱，无法正确应对。要提高人事档案管理人员的信息化水平，以完成高校人事档案信息化管理系统应具备的五项基本功能：①档案整理、实物档案文件扫描、影像档案缩微输出、对数据记录编辑、添加、修改、更新、删除等功能；②具有建立相关的规范、制度、标准化流程功能；③具有建立安全保密体系功能，正确应对黑客攻击、病毒入侵等，实行分级用户管理权限设置，确保档案信息安全，即档案的权限控制、数字签名、电子印章、数据加密技术；④提供信息服务，对档案进行开发利用，方便多种条件下对人员情况进行查询和统计，如全文检索、各类查询，档案信息的编研和发布，用户的身份认证；⑤现其他系统的接口和数据转换，接收标准数据，电子文件的自动归档，形成永久保管的档案资源。由于高校人事档案管理系统涉及信息范围广内容多，结构层庞大复杂，对系统功能要求高，并且随时会根据发展需要进行系统升级。因此，高校人事档案管理人员仍需要不断学习，不断提高。

（二）完善人事档案保管的物质条件

由于各种原因，构成档案的物质材料可保存的时间是有限的。人事档案保护技术工作者要根据档案制成材料的损坏规律，寻找科学的保管人事档案的技术和方法，求得最大限度地延长人事档案"寿命"的效果。影响人事档案耐久性的外在因素也很多，如保管环境不适当的温湿度、火灾、虫害、污染等，都是有损人事档案耐久性的重要因素。

人事档案库房与装具是保护档案、延长档案"寿命"的基本物质条件。搞好人事档案库房的建设，才能保证其他技术管理措施得以发挥效益。人事档案库房是一种特殊性建筑，在建筑设计中必须具备四个特点：①温湿度的要求，温度为14~24摄氏度；相对湿度为45%~60%；②地面防潮、防水要求；③防日光照射；④防有害气体和防尘。

151

同时，档案装具是人事档案室必需的基本设备。档案装具种类很多，用途各有所长，应根据库房特点和档案价值及规定的不同，合理选用，灵活配置。目前，中国使用的档案装具主要有档案架、档案箱、档案柜，它们各有特点。①档案架一般采用金属制品，其优点是能充分利用库房的面积和空间，成本低，存取方便，并能提供较妥善的保管条件。档案架的装置和排放要能最大限度地利用档案库房的面积与空间，并保证档案完好和利用方便。②档案箱多为金属制品，5个档案箱为一套，平时以箱代柜，叠放使用，它与档案架、档案柜比较，便于挪动，可以平时、战时两用，同时能防火、防光、防尘、防盗，目前采用较多。但是，档案箱单体逐一加工，造价高。③档案柜一套5节与档案箱高度大体相同，高2米左右，宽1.5米，4层格板，相当于5节档案箱。它多为金属结构，优点是坚固、防火、防潮、防光、防盗性能好。但是，档案柜移动不便，造价稍高。档案装具有金属和木制两种，人事档案装具必须是金属的，防火又耐久，使用方便灵巧，便于机械加工，可做成组合构件，有可调性，利于运输、安装。

（三）要注意人事档案装订的安全性和规范性

人事档案的包装非常重要，它既可防止光线、灰尘及有害气体对档案的直接危害，又可减少机械磨损。目前，人事档案装订的相关物资材料一般有档案纸质材料、卷盒和档案袋等。为了保护人事档案材料，便于保管和利用，2012年中央组织部组通字〔2012〕28号文件做出新的要求，具体规定如下。

1. 纸质材料：干部人事档案材料和目录均采用国际标准A4纸型（297毫米×210毫米）。材料左边应留有25毫米的装订边。

A4纸型的干部人事档案材料和目录按照靠左下对齐的方式打3孔装订，中间孔距上、下孔（从孔中心算起）83毫米，下孔距材料底边54毫米，孔中心距左边沿12毫米，孔直径为5毫米。档案中原有小于A4纸型且已按照要求装订的档案材料，不需要重新打孔和裱糊。

干部人事档案材料转递单统一采用国际标准A4纸型。

2. 干部人事档案卷盒和档案袋：干部人事档案卷盒规格按照A4纸型相应调整，分为310毫米×225毫米×25毫米、310毫米×225毫米×35毫米和310毫米×225毫米×45毫米三种。卷盒设3个装订立柱，装订立柱中心距左边内沿15

毫米，下装订立柱距卷盒底边 54 毫米，中间装订立柱距上、下装订立柱（从装订立柱中心算起）83 毫米，装订立柱直径为 4 毫米。卷盒背脊标签规格相应调整为 310 毫米×22 毫米、310 毫米×32 毫米和 310 毫米×42 毫米三种。

干部人事档案袋规格按照 A4 纸型相应调整为 320 毫米×235 毫米×30 毫米、320 毫米×235 毫米×40 毫米和 320 毫米×235 毫米×50 毫米三种。

三、人事档案规范利用

人事档案是国家所有、部门管理、三方利用，提高人事档案的服务效能，建立规范的人事档案利用制度，完善档案利用环节，充分实现档案的价值，就显得十分重要。高校人事档案的三方利用主要是指：①服务校内各单位，这是人事档案利用工作的最主要形式，几乎所有组织人事工作都需要通过查阅人事档案，了解其真实全面的情况；②服务社会，为公安、司法、民政等部门提供个人档案资料，为社会公平、公正提供了可靠的依据；③服务个人，即让人事档案为相对人升学报考、出国、公证等需要提供帮助。

为了严格遵守保密制度，保障人事档案相对人的合法权益，人事档案的利用就必须做到有章可依，规范操作。2018 年《条例》第三十条规定："干部人事档案利用工作应当强化服务理念，严格利用程序，创新利用方式，提高利用效能，充分发挥档案资政作用、体现凭证价值。干部人事档案利用方式主要包括查（借）阅、复制和摘录等。"其中，查阅是利用的基础性工作，借阅、复制和摘录等是其延伸，因此，2018 年《条例》从查什么、谁来查、如何查三方面给出了明确的规定。

（一）查什么

在人事档案中可以查些什么相关的内容？由于人事档案中有许多涉及个人隐私，因此只有和工作相关，由组织出面，才可以在规定的范围内查阅人事档案，任何人不能跨越这一界限。2018 年《条例》第三十一条规定："因工作需要，符合下列情形之一的，可以查阅干部人事档案：（1）政治审查、发展党员、党员教育、党员管理等；（2）干部录用、聘用、考核、考察、任免、调配、职级晋升、教育培养、职称评聘、表彰奖励、工资待遇、公务员登记备案、退（离）休、社会保险、治丧等；（3）人才引进、培养、评选、推送等；（4）巡视、巡察、选人用人检查、违规选人用人问题查核、组织处理、党纪政务处分、涉嫌违法犯罪的调查取证、案件查办等；（5）经具有干部管理权限的党委（党组）、组织人事部门批准的编史修志、撰写大事记、人物传记、举办展览、纪念活动等；（6）干部日常管理中，熟悉了解干部、研究、发现和解决有关问题等；（7）其他因工作需要利用的事项，包括政法机关为了案件，依法查阅人事档案。另外，干部本人及其亲属办理公证、诉讼取证等有关干部个人合法权益保障的事项，可以按照有关规定提请相应的组织人事等部门查阅档案。复制、摘录的档案材料，应当按照有关要求管理和使用。"

（二）谁来查

谁有资格参阅人事档案？2018年《条例》第三十二条规定："查阅干部人事档案按照以下程序和要求进行：（1）查阅单位如实填写干部人事档案查阅审批材料，按照程序报单位负责同志审批签字并加盖公章；（2）查阅档案应当2人以上，一般均为党员；（3）干部人事档案工作机构应当按照程序审批；（4）在规定时限内查阅。"该条规定包含了两层含义：一是查阅人事档案要按照程序进行；二是查阅人事档案的人一般为党员，且必须两人以上。显然，后者解决了"谁来查"的问题，同时结合中央组织部《关于进一步规范中管干部档案查借阅工作的通知》（组通字〔2007〕34号）文件精神，必须明确三个不能：一是不能随意查阅他人的人事档案；二是不能查阅自己及其直系亲属的人事档案，若有关个人合法权益保障的事项，也只能通过组织查阅；三是组织查借阅人事档案，原则不能查借阅外单位人员的人事档案，特殊情况需跨部门、跨地区查借阅人事档案，须事先函告人事档案管理部门，经审批后方可查借阅。"三个不能"是人事档案查阅的最基本要求。

（三）如何查

查阅干部人事档案的程序和要求是什么？除2018年《条例》第三十二条之外，第三十四条规定："组织人事部门及其干部人事档案工作机构应当按照统一要求，结合实际制定查（借）阅干部人事档案的具体规定。"结合高校实际，须制定具体的流程与要求，见图4-3。

按照2018年《条例》的要求，高校查阅人事档案必须满足两个基本条件。一是查阅内容必须符合规定范围，即组织查阅应在规定的7种情景之内，且和

<<< 第四章 高校人事档案管理体制优化

```
                    人事档案查阅
    必须符合两个条件：查阅内容必须符合规定范围，查阅凭证必须是阅档审批表
```

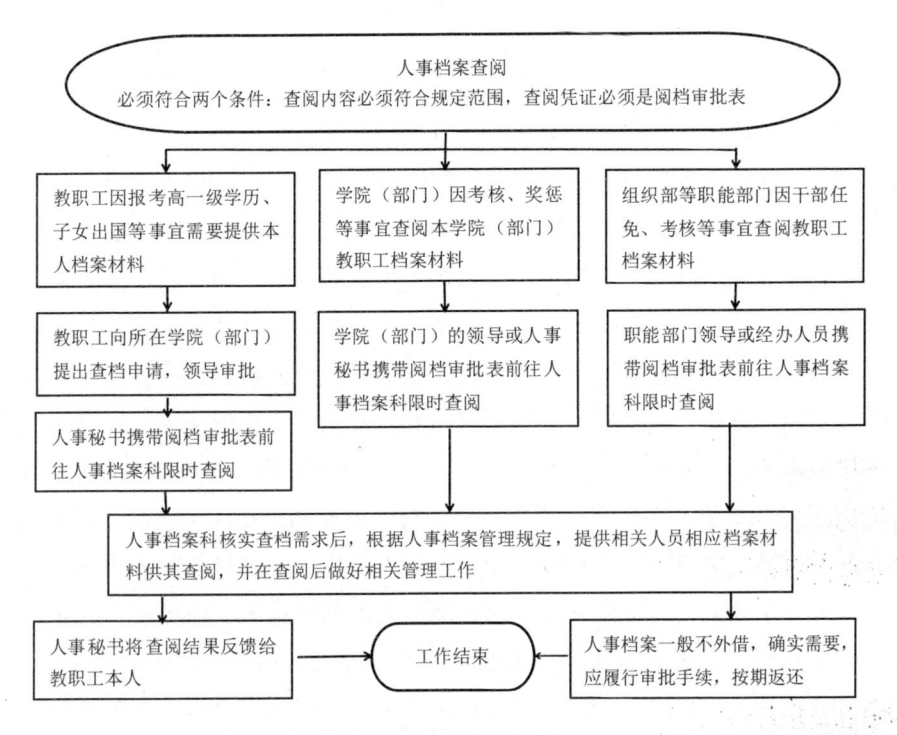

教职工因报考高一级学历、子女出国等事宜需要提供本人档案材料	学院（部门）因考核、奖惩等事宜查阅本学院（部门）教职工档案材料	组织部等职能部门因干部任免、考核等事宜查阅教职工档案材料
教职工向所在学院（部门）提出查档申请，领导审批	学院（部门）的领导或人事秘书携带阅档审批表前往人事档案科限时查阅	职能部门领导或经办人员携带阅档审批表前往人事档案科限时查阅
人事秘书携带阅档审批表前往人事档案科限时查阅		

人事档案科核实查档需求后，根据人事档案管理规定，提供相关人员相应档案材料供其查阅，并在查阅后做好相关管理工作

| 人事秘书将查阅结果反馈给教职工本人 | 工作结束 | 人事档案一般不外借，确实需要，应履行审批手续，按期返还 |

图 4-3　高校人事档案查阅流程

工作有关；而个人查阅人事档案的内容应是有关个人合法权益保障的事项，其他不予查阅。二是查阅的凭证应是已经审批的"人事档案查借阅审批表"，以及可以证明查阅人身份的有效工作证件。审批表样式应参照组通字〔2007〕34号文件附件"中管干部档案查借阅审批表（式样）"，表内有7项内容，包括查档对象信息、查档人员信息、查档事由、查档内容（如需复制，需明确提出，并列出清单明细）、查档单位意见（包括领导签字、单位盖章、注明年月日）、人事档案主管部门意见（注明年月日）、人事档案主管部门领导批示（注明年月日），前5项必须按照要求认真填写，审批表应在查档单位领导签批起5个工作日内办理有效。2018年《条例》第三十三条规定："干部人事档案一般不予外借，确因工作需要借阅的，借阅单位应当履行审批手续，在规定时限内归还，归还时干部人事档案工作机构应当认真核对档案材料。"需要借阅的人事档案，须在查借阅审批表"查档事由""查档内容"内详细说明，并得到批准。校内单位须在5个工作日内归还，校外单位须在10个工作日内归还。

155

（四）查借阅人事档案注意事项共10条

①为便于人事档案利用、管理和保证档案安全及保护个人隐私，查阅人事档案一般须有2人同时在场，而且限在人事档案阅览室内。阅档人应严格遵守保密制度，保证人事档案的信息安全，所阅档案内容不得向他人泄露。②阅档时如需摘录档案内容，必须摘录到保密本上，并由党组织在适当时候予以销毁。③人事档案管理人员应根据规定，确定是否提供和提借什么材料，并对提供查阅的档案进行登记。④查阅人员必须严格遵守保密制度，严守纪律，只准查阅有关部分，不得翻阅全部档案，不得泄密或擅自向外公布档案内容。⑤阅档人必须具有高度责任感，对待人事档案材料要认真负责，积极保护。在查阅人事档案时，阅档人不得将档案拿出阅档室，阅档时不吸烟、不喝茶、不吃零食。⑥查阅人员要爱护人事档案，严禁在档案材料上圈画、批注、涂改、折叠，不得抽换、拆散档案材料。⑦阅档人要注意个人卫生，杜绝身上的污渍和锐器污染或毁坏人事档案。⑧阅档人要注意人事档案的原始状态，档案卷宗的编目顺序不要随意打乱；在查阅两份以上档案时，不要同时打开，以防装错或丢失。⑨如果发现档案中有问题，应及时向档案工作人员报告，由档案管理部门按有关规定处理，阅档人不得擅自进行处理。⑩管理人员应不断改进工作方法，如为了让取出档案能迅速准确归位，在取出档案时，将旁边的一卷同时抽出一半，以显示取出档案的准确位置（见图4-4）。这是笔者的一个小发明，实践中效果明显。

图4-4 抽取人事档案便捷归位法

四、高校学生档案管理

高校人事档案包括四部分：一是管理人员档案，有校领导及处级以下的行政人员的档案；二是专业技术人员档案，包括教师、科研人员、教辅人员的档案；三是工勤人员档案；四是学生档案。按照国家有关部门的规定，前两部分为干部人事档案，须严格按照2018年《条例》管理；高校工勤人员档案可参照干部人事档案管理方式进行管理，而学生档案是人事档案的基础，其管理具有一定的时间性和特殊性，为此在这里做一简单论述，力求高校人事档案管理的完整性。

（一）高校学生档案管理的基本思路

学生档案是反映学生个人经历和德、智、体等各方面表现的各种文件材料，是学生成长过程的历史记录，是用人单位了解高校学生学习、工作、生活、成长情况的真实依据。为加强学生档案管理工作，充分发挥学生档案在学生教育、管理与就业工作中的作用，实现学生档案管理的标准化、规范化、科学化，根据《中华人民共和国档案法》《高等学校档案管理办法》以及学校学生管理工作的相关规定，结合高校实际（以武汉大学为例），应制定相应办法。

学生档案管理是指学校对学生档案材料的收集、整理、归（建）档、保管、利用、转递等相关管理工作。学生档案管理要坚持真实性、完整性、安全性、规范性原则，实行学校归口管理、院系（培养单位）和相关职能部门密切配合的管理制度。一般情况下，学校档案馆（或校学生就业指导与服务中心）学生档案室归口管理国家计划招收的在籍全日制普通本科生和研究生的档案，负责落实国家和学校档案管理规定，建立学生档案管理规范，检查和指导全校学生档案的管理工作；各学院（培养单位）按照学校规定对在校学生档案进行审查、整理、补充、完善、移交和相关日常管理；学校相关部门和单位（本科生院系、研究生院、组织部、团委、学生工作部、研究生工作部、保密委员会办公室等）根据工作职责，协助做好学生档案材料的收集、整理、归档、转递等工作。学校设立专兼职档案管理员负责学生档案管理工作。学生档案管理人员应认真履行岗位工作职责，学习档案管理法律法规，熟悉档案管理业务，严格遵守档案工作纪律，努力提高档案管理和服务水平。

（二）学生档案材料的收集与整理

为适应国家人事工作需要，在校期间学生档案应及时收集、整理，不断充实完善。在毕业时学生档案一般应包含以下材料。

1. 入学必备材料：招收入学的本科生档案材料，一般应包括高中学籍卡、高中毕业生登记表、高考报名登记表、高考体检表、高考志愿表、入团（入党）申请书及志愿书等材料；招收入学的研究生除原个人档案应有材料外，还应包括报考攻读硕士学位研究生登记表（含录取为直接攻博生）、推荐免试攻读硕士学位研究生登记表、报考攻读博士学位研究生登记表、专家推荐书、推荐免试直接攻读博士学位登记表或在校硕士生提前攻读博士学位申请表等材料。

2. 学习学籍材料：各学习阶段主修、选修、辅修的各科类课程学习成绩登记表等材料；各学习阶段结业、肄业、退学、休学、转学、保留入学资格、复学等变更材料；各学习阶段学年鉴定表、军训鉴定表、品行鉴定等材料；各学习阶段实习鉴定表、实习报告等材料；高校毕业生（毕业研究生）登记表、毕业生（毕业研究生）就业通知书等材料；各学习阶段学位申请、授予等材料。

3. 奖励处分材料：在校期间获得各级表彰奖励的材料，包括获得三好学生（研究生）、优秀学生（研究生）干部、优秀团干部、优秀共产党员、优秀团员、优秀毕业生（毕业研究生）等荣誉称号的登记表，各类奖学金登记表及其他获奖评审证明材料；在校期间违反校纪校规、触犯国家法律等形成的各类处分材料。

4. 组织材料：入党、入团的申请书、志愿书，自传、入党积极分子考察表、政审材料、思想汇报、预备党员转正申请书及党团组织建设上形成的其他材料；参加民主党派的申请书、登记表等材料。

5. 体检材料：入学体检表、复查体检表、毕业生（毕业研究生）体检表等材料。

6. 出国（出境）材料：因公（私）出国（出境）审查表、备案表，在国（境）外学习、进修情况或鉴定等材料。

7. 工作材料：入学前参加工作期间的工资、考核、职务（职称）、劳动合

158

同等材料。

8. 其他具有保存价值、应予归档的学生个人材料。

（三）学生档案材料的归档和移交

学生档案材料在高校内流转、移交，须遵照以下规定。

1. 本科新生中学期间形成的档案材料由所在院系（培养单位）负责接收。招生录取过程中形成的档案材料由本科生招生部门负责分解移交至院系，由院系（培养单位）进行初步整理归档。

2. 院系（培养单位）在拟录取研究生政审过程中，应调阅拟录取学生档案，并对其真实性、完整性进行审查。录取类别为非定向就业和少数民族高层次骨干计划中非在职人员的档案必须按时转入拟录取院系（培养单位），其他类别新生的档案学校不予接收。

3. 新生入学后，院系（培养单位）应在规定期限内，依据新生档案和其他材料，对新生资格进行审查。发现弄虚作假的，应及时向招生部门报告；发现档案材料不齐全的，应及时向该生原所在学校或单位催调补齐。确因客观原因无法补齐的，应在该生档案目录上做出标注，并在档案移交时进行说明。

4. 新生资格审查完毕后，由院系（培养单位）对新生档案进行初步整理、归档，建立学生档案，待新生正式取得学籍后，院系（培养单位）将新生档案集中移交学生档案室，由学生档案室按学生学籍情况统一立卷归档、集中规范管理。

5. 学生档案室应及时整理学生档案信息，并将相关情况反馈给院系（培养单位）及学校学生管理部门。发现档案缺失或档案材料不全的，应及时催交补齐。

6. 各相关部门应支持院系（培养单位）随时收集、整理学生培养过程中形成的符合本办法第五条的学生档案材料，定期移交相关材料，并办理移交手续。

7. 院系（培养单位）应将学生在校期间形成的档案材料定期集中移交学生档案室立卷归档，由学生档案室及时整理、立卷、归档。

校内各部门和单位提供的各类归档材料必须是办理完毕、手续完备的正式有效文件。归档材料应当完整、真实，文字清晰，对象明确，有形成材料的主办部门（单位）及日期。凡规定由组织审查盖章的，应当加盖公章。规定要同本人见面的材料（如审查结论、复查结论、处分决定或意见、组织鉴定等），应当有本人的签字；在特殊情况下，本人见面后未签字的，可由组织注明。个人文字材料应当有本人签字。

归档材料应使用规范的办公用纸，文字须是铅印、胶印、油印或用蓝黑墨水、黑色墨水、墨汁书写，不得使用圆珠笔、铅笔、红色墨水、纯蓝墨水和复写纸书写。归档材料应当是原件，特殊情况存入复印件的，应当在复印件上注明原件保管单位，并加盖公章。学生档案移交时，应填写《档案材料移交单》，由交接双方经办人当面检查验收，经核对无误后履行签字手续。移交单填写一式两份，交接双方各执一份。如果移交材料不符合归档要求，接收方有权拒收，移交单位应当按档案管理规定重新整理并办理补交手续。

（四）学生档案的转递

学生毕业、结业、肄业、转学、退学、出国或死亡等学籍变动发生后，学生学籍管理部门应及时通知校档案馆（校学生就业指导与服务中心）、学生档案室办理档案转递手续。学生档案向校外转递必须使用统一印制的专用档案袋，经严格密封后通过邮局 EMS 寄送、转递，必要时可派专人送取。学生档案一般不得以普通函件邮寄或交由本人自带。学生转学（转入和转出）、校内转专业、留级、下编、延期毕业的，学籍管理部门应当及时将学生学籍变更通知书送达校档案馆（校学生就业指导与服务中心）、学生档案室，学生档案室应当及时按照规定做好学生档案的整理和转递等工作。

毕业生档案转递，由学生档案室具体负责，学院（培养单位）配合，按以下规定进行。

1. 已落实就业单位并签订就业协议书的毕业生，其档案按照当年的就业方案进行转递。

2. 考研、考博等继续深造的毕业生，其档案寄送至录取院校。

3. 毕业国防定向生，其档案转交学校大学生后备军官选拔培养办公室统一办理档案转递手续；定向西藏就业、委培定向招收的学生按签订的定向或委培培养合同进行档案转递。

4. 因故不参加就业或未落实就业单位的毕业生在规定期限内办理了档案托管手续的，由学生档案室将其档案转递至档案托管机构；未办理档案托管手续的，由学生档案室按规定将其档案寄送至生源所在地人才交流中心代管。

第五章

高校人事档案审核工作优化

干部人事档案审核是一项政策性和严肃性工作，是组织人事工作的重要内容。干部人事档案审核确认，不仅是干部人事档案管理工作质量的问题，关系到每个干部的直接利益，更是党组织选拔使用干部的重要依据。

高校须将人事档案审核工作作为一项常规工作，纳入目标管理和相关人员的职责范围。对每一卷档案都要认真审核，发现问题及时解决，在第一时间里保证档案材料的完整准确。实现"人档统一，档即其人"，以提高人事档案的效用。

第一节 优化高校人事档案审核工作

高校组织人事部门根据工作需要，对干部人事档案材料是否涂改造假、干部信息是否真实准确、重要原始依据材料是否完整规范等方面进行审核，发现和解决档案中存在的问题，为组织选人用人、个人权益保护提供服务保障。

一、掌握政策法规，解决关键问题

干部人事档案是历史地、全面地考察了解干部的重要依据，体现了干部的基本诚信，也反映了组织人事部门的管理水平。人事档案的真实、完整、安全、保密是人事档案管理水平的重要标志。党和国家对人事档案管理十分重视，多次出台文件，强调干部人事档案对加强党的全面领导、坚持党要管党、全面从严治党、从严管理干部的基础性作用，要求各级党委及其组织人事部门要提高政治站位，切实把干部人事档案作为党的重要执政资源，要着力完善管理体制、健全工作制度、细化工作标准、创新工作方式，全面提升干部人事档案工作质量。由于受时间和空间局限性的限制，一段时间、一些地区，少数干部为了个人目的在档案上弄虚作假，有的组织人事部门审核把关不严，致使涂改伪造年龄、学历、身份等问题偶尔出现，造成了不良影响。为此，中央组织部在1991年《条例》和2018年《条例》中明确要求组织人事部门，在人员入职材料形成、在职新增材料收集等人事档案材料归档过程中，档案审核是不可缺少的重要一环，必须严肃认真对待。此外，中央组织部还在特定时期，针对重点问题，对干部人事档案审核提出新的要求。

（一）1996年，中央组织部提出严格管理干部人事档案

中央组织部1990年12月召开第三次全国干部档案工作会议，修订《干部档案工作条例》（以下简称"1991年《条例》"）。各级组织人事部门和广大干部人事档案工作人员努力做好干部人事档案工作，为干部人事工作服务，取得了显著成绩。但是，在有些地方的干部人事档案工作中还存在着管理不严密、执行规章制度不严格的问题，有的地方甚至出现了伪造档案材料、涂改档案内容等情况。为了进一步加强干部人事档案管理工作，防止和杜绝上述问题的发生，中央组织部发布《关于严格管理干部人事档案的通知》（组通字〔1996〕22号），提出五条"从严管档"要求，其中三条直接涉及人事档案审核问题。

1. 上报拟提拔干部的材料，要认真按照《党政领导干部选拔任用工作暂行条例》的规定，将干部人事档案连同其他有关材料一并上报。上报的干部人事档案要严格按照《干部档案整理工作细则》的要求进行整理。有关部门要认真查阅审核干部人事档案。

2. 在干部交流、引进人才等工作中，有关部门要认真查阅干部人事档案。需要转递的档案，必须完整齐全地转出，不得扣留材料或分批转出。凡是干部人事档案材料不齐全或不清楚的，要待补齐或弄清楚后，再办理有关手续。

3. 对收集的档案材料，要按照《干部人事档案材料收集归档规定》的要求，认真鉴别、严格审查，防止不符合归档要求的材料进入档案。对伪造档案材料，涂改档案内容的，一经发现，要予以清除，并根据情节轻重，对当事人给予党纪政纪处分，构成犯罪的要依法追究刑事责任。

(二) 2014年6月，中央组织部提出进一步从严管理干部档案

党的十八大以来，反腐倡廉进入攻坚期。在"打老虎""拍苍蝇"的一系列案件中，不时爆出官员人事档案造假的丑闻，档案造假在一些政府机关和企事业单位中几乎成为公开的秘密。2013年4月，任山西省太原市质量检验协会秘书长的王红英，自1991年来3次涂改出生日期，从实际的1976年3月14日最后改为1978年12月15日；① 轰动一时的河北省石家庄市"骗官书记"王亚丽（原共青团石家庄团市委副书记），档案中除性别是真的外，姓名、年龄、履历均是假的，其档案的90多枚公章中，有1/3以上是假的。② 有些条件不够的干部为了"占位子""争帽子"，即便知道有风险，却依然将改档案当成火线上位的"临门一脚"。在中纪委公布的2014年中央巡视组两轮巡视整改情况中，巡视涉及的20个省份中，15个省份的整改通报提及整治干部档案造假，其中河北省处理了11名身份造假的干部。③ 在这种情况下，完善纠错机制、从严管档已成为党内的共识。2014年中央组织部发布《关于进一步从严管理干部档案的通知》（中组发〔2014〕9号），提出此次干部人事档案专项审核的重点是"三龄二历一身份"，并对专项审核提出六点要求。

1. 严禁干部档案弄虚作假。干部档案真实性是干部工作严肃性的基本保证，涂改伪造干部档案属于违法违纪行为。各地区、各部门要严格执行《党政领导干部选拔任用工作条例》《干部档案工作条例》等有关规定，严禁涂改干部档案，严禁在干部年龄、工龄、党龄、学历、经历和身份（"三龄二历一身份"）等方面弄虚作假。各级干部要自觉讲诚信、懂规矩、守纪律，严肃对待个人档案，如实填写有关材料，确保档案信息真实准确。

2. 严格实行干部档案任前审核制度。各级组织人事部门要按照干部管理权限和"谁管理、谁把关，谁考察、谁审核，谁签字、谁负责"原则，对拟选拔任用干部、交流任职干部、军队转业干部和新进干部队伍人员的档案进行严格审核，重点审核"三龄二历一身份"等内容。发现档案涂改、材料和信息涉嫌

---

① 中组部"12380"举报网站公布山西广东3起干部档案造假案件［EB/OL］. 人民网，2014-07-08.
② 石家庄团市委原副书记王亚丽骗官记［EB/OL］. 新京报，2010-03-04.
③ 中共河北省委关于巡视整改情况的通报［EB/OL］. 人民网，2015-01-30.

造假的，要立即查核，未核准前一律暂缓考察并停止任职、录用程序。特别要严格执行《关于认真做好干部出生日期管理工作的通知》（组通字〔2006〕41号），在办理干部录用、任免等事项时，要对干部的出生日期进行认真核对、确保无误，凡已经组织认定而干部本人又要求更改出生日期的，均不再办理。

3. 严格审核干部任前公示信息。按照《关于严格审核干部任前公示信息的通知》（组厅字〔2012〕36号）要求，干部选任部门要认真审核干部任前公示信息，发现有疑义的要立即查核，未核准前不得公示；经查核没有问题但有特殊情况可能引起公众质疑的，在公示时应做必要说明。

4. 严格干部档案日常管理。干部档案材料形成部门要认真核对有关信息，确保归档材料真实准确、规范完整，杜绝假材料。干部档案使用部门要严格遵守查借阅纪律，严禁在查借阅过程中涂改、抽取、撤换、添加档案材料；借阅的档案要妥善管理，严禁擅自转借。干部档案管理部门要坚持从严管档，逐份审核归档材料；严格查借阅审批手续，查借阅归还的档案要逐卷逐页审核；严格干部档案转递制度，严禁将档案交个人自带或转递。组织人事部门要加强与纪检监察、政法、人社、教育等相关部门和军队的协调联系，共同研究解决干部档案管理中的薄弱环节和突出问题，制定完善相关政策。要创新干部档案管理的方法和手段，积极推进干部档案数字化，不断提高管档工作水平。

5. 严格落实干部档案工作责任制。干部选任部门负有档案使用把关责任，发现干部档案涂改造假、重要信息记载不一致等问题，要立即报告、认真核实、及时处理。干部档案管理部门负有业务把关责任，在档案和材料接收、查借阅、转递、保管等环节，要严格制度、全程把关、不留死角。严格执行《党政领导干部选拔任用工作责任追究办法（试行）》《档案管理违法违纪行为处分规定》等规定，凡发现干部档案弄虚作假的都要全程倒查，存在隐情不报、把关不严等失职渎职行为的，不仅查处当事人，而且追究相关责任人的责任。

6. 从严加强干部档案队伍建设。各级组织人事部门要按照《干部档案工作条例》规定，坚持标准、严把入口，选配政治可靠、作风正派、责任心强、业务素质好的中共党员从事干部档案工作；根据工作需要，及时充实力量、优化结构，保持队伍相对稳定。要强化党性教育和纪律约束，着力引导干部档案工作人员坚持原则、公道正派、敢于担当，切实增强事业心和责任感，坚决抵制各种不正之风。要加强业务培训,提高干部档案工作人员业务水平和工作能力。要把从严管理与关心爱护结合起来,从思想、学习、工作、生活等方面关心干部档案工作人员,及时帮助解决实际困难,充分调动他们的积极性,努力建设一支爱岗敬业、默默奉献、富有"安、专、迷"精神的干部档案队伍。

(三)2014年8月,中央组织部部署全国干部人事档案专项审核工作

2014年6月中组发〔2014〕9号文件下发后,为深入贯彻落实中央从严管理干部精神,严格执行《党政干部选拔任用工作条例》和《关于加强干部选拔作用工作监督的意见》等有关规定,进一步从严管理干部人事档案,同年8月中央组织部印发《全国干部人事档案专项审核工作实施方案》(组通字〔2014〕32号),具体部署在全国集中开展干部人事档案专项审核工作。实施方案的总体要求是,按照全国组织部长会议、整治选人用人不正之风座谈会和全国干部监督工作会议要求,在全国集中开展干部人事档案专项审核工作。统一部署、分级负责、自上而下、分批实施,坚决整治干部人事档案造假问题,确保干部人事档案真实、准确、完整、规范,维护干部人事档案工作的严肃性和公信力,充分发挥干部人事档案在干部工作中的重要基础作用。在实施方案中,中央组织部提出了以下四点要求。

1. 加强组织领导。各级组织人事部门要增强做好干部人事档案专项审核工作的责任感和紧迫感,将其作为从严管理干部的重要举措和整治选人用人不正之风的重要内容,高度重视、精心组织,紧密结合党的群众路线教育实践活动整改落实工作,切实抓紧抓好,确保取得实效。要成立专项审核工作领导小组,组织人事部门负责同志任组长,抽调精干力量,落实保障措施;重要情况及时向党委(党组)和上级组织人事部门请示报告。要密切关注舆情反映,加强正面引导,为专项审核工作顺利开展营造良好氛围。

2. 搞好分工协作。各级组织人事部门要按照干部管理权限和"谁管理、谁把关,谁审核、谁负责"的原则开展工作,干部选任部门负责审核所联系干部的档案,干部监督部门负责核实处理有关造规违纪问题,干部人事档案部门负责业务把关和指导服务。要加强与纪检监察机关和政法、人社、教育、公务员管理等相关部门的沟通协调,完善有关政策,及时研究和解决在专项审核中遇到的问题。

3. 强化督导检查。上级组织人事部门要按照专项审核工作要求，通过现场指导、随机抽查，与巡视工作和选人用人工作检查相结合等方式，全程跟踪督查，对发现的问题要及时反馈、限期整改。对干部人事档案造假的典型案例，要认真剖析、严肃处理，并在一定范围内通报。中央组织部将组织专门督查组，适时进行检查并及时通报有关情况。

4. 严肃工作纪律。各级组织人事部门要严格按照政策规定和程序办事，坚持原则、从严把关，切实维护人事档案专项审核工作的严肃性。要强化保密意识，对审核工作情况和数据严格保密，未经批准严禁对外公布。对在审核工作中存在失职渎职行为或弄虚作假的，要追究相关责任人的责任。

（四）高校在主管部门的领导下，分批开展人事档案专项审核工作

目前公办普通高校依据隶属关系，主要分两种：一种是省属高校，对校内人事档案专项审核，主要遵照当地省委的统一要求，分阶段进行；另一种是部属高校，主要是根据国家各部委办的统一部署进行人事档案专项审核。在114所部属高校中有75所直属教育部，它们目前严格按照教育部人事司的文件要求，已经进行了两个阶段的人事档案专项审核。第一阶段，以2014年教育部《关于做好直属高校和直属单位中层干部人事档案专项审核工作的通知》（教人司〔2014〕326号）为标志，认真贯彻中央组织部组通字〔2014〕32号文件精神，历时两年，重点审核高校中层以上干部的人事档案，取得了阶段性成果，并积累了丰富的经验。第二阶段，以教育部《关于转发〈中央组织部关于深入开展干部人事档案专项审核工作的通知〉的通知》（教人司〔2020〕368号）为标志，要求所属高校遵照中央组织部组通字〔2014〕32号文件精神，对校内所有正式在职具有副高级及以上专业技术职称人员的人事档案进行专项审核。凡在审核范围的教职工均须完善《干部（职工）基本信息表》，均须协助提供人事档案中缺少的部分材料，要求各级党委、组织人事部门端正态度，认真执行。

二、明确五个理念，做好专项审核

根据中央组织部中组发〔2014〕9号、组通字〔2014〕32号两个文件的要求，各省市自治区党委统一部署、分级负责，从2014年10月开始，到2016年6月，经过了约两年的努力，取得较大成果。其间，全国有46万党员干部参与

专项审核工作，共审核1556万人的干部人事档案；对64.5万存疑人员的干部人事档案进行深入调查，全国共补充完善材料2549万份；坚持"以审促建"，把问题清理和制度建设结合在一起，在审核中全国共制定制度2.7万项，完善制度4.8万项，为干部人事档案工作提供了"指南针"，筑起了"防火墙"。运用制度从严把好干部人事档案关，坚持"凡提必审""凡转必审""凡进必审"，使人事档案审核深度嵌入组织人事工作链条，有效防止了因档案问题产生的"带病提拔""带病上岗"。总结第一轮人事档案专项审核的经验教训，高校审核工作必须明确以下五个理念。

（一）领导高度重视和有力指导，是做好专项审核工作的关键

2018年《条例》中显示，党中央把干部人事档案工作提升到一个新高度，提出一系列明确要求，为开展专项审核工作提供了基本遵循、指明了努力方向。党中央的高度重视，不仅为干部人事档案工作注入了强大动力，而且坚定了干部人事档案工作人员的信心和决心。鞭策和鼓舞我们迎难而上、勇往直前，较好地解决了一些过去"不敢碰、不想碰、不能碰"的干部人事档案历史难题。高校党委须高度重视此项工作，党政一把手要关心、支持、了解和指导学校的人事档案专项审核工作。学校须成立高效、权威的审核领导小组，做到统一部署、分级管理、责任到人。组织、人事等相关部门要增强做好专项审核工作的责任感和紧迫感，将其作为从严管理干部的重要举措和整治选人用人不正之风的重要内容，高度重视、精心组织，紧密结合党的群众路线教育实践活动整改落实工作，切实抓紧抓好，确保取得实效。

（二）全面从严治党，为顺利开展专项审核提供了历史性机遇

党的十八大以来，党中央全面从严治党、从严管理监督干部，铁腕反腐，从根本上净化了党风政风，有力凝聚了从严管档的共识。新修订的《中国共产党纪律处分条例》专门增加了对不如实填报及篡改、伪造个人档案材料行为的处分规定。自上而下全面从严治党的浓厚氛围，使各级档案工作人员有底气、有勇气、有锐气攻坚克难，确保专项审核工作顺利推进。对审核中出现的违纪、违规、违法问题要及时发现，深入调查，一抓到底，从严处理。让每个违规者清楚地认识到，档案造假要从严处理，干扰档案审核更要从重处理。绝不能让档案造假者通过违规操作从中获利，造假者、违规者应对自己的不端行为付出

代价，受到应有的处罚。

（三）坚持问题导向，是专项审核工作赢得群众满意的重要前提

中共中央组织部《关于全国干部人事档案专项审核工作情况的通报》（组通字〔2016〕56号）中指出："3岁上学的'天才'、12岁参加工作的'童工'、一天没出过国的'洋博士'等问题的曝光，引发了人们对干部人事档案真实性的质疑。"各级党委、组织人事部门应积极回应社会关切，及时部署开展专项审核工作，下大力气进行集中整治，查实核准干部的"三龄二历一身份"等重要信息，取得了满意的效果。事实证明，只有始终坚持问题导向，主动发现问题，认真研究问题，彻底解决问题，才能得到广大干部群众的认可。在组织认定环节，妥善把握从严和从实的关系。对情况明晰、政策规定明确的，严格按政策规定认定，特别是对因入党、入伍、招工等不够年龄而将年龄填大的，按照"不重复得利"原则，认定为填大的年龄，充分体现公平公正。对情况复杂的，根据调查核实情况，经党委（党组）会议或组织部部务会议集体研究，综合研判，做出认定结论。注意工作方式方法，坚持干部本人签字确认与组织审核认定相结合，做到依规依程、有理有据。

（四）敢于坚持原则，是专项审核工作顺利推进的基本保证

专项审核工作涉及干部切身利益，矛盾复杂、问题棘手、敏感性强，各级组织人事部门忠于职守、勇于担责、敢于亮剑，不掩盖、不回避、不推脱，找到了许多化解矛盾的办法和对策实践，只有旗帜鲜明、毫不含糊，严格把关、准确研判，才能践行公平公正，确保专项审核结果经得起实践和历史的检验。尤其在审核中，强调规则意识，本着实事求是的态度，严格按着政策法规去执行；不能按照长官意识去操作。要本着对人民负责，对当事人负责，对组织负责的公正态度，去处理每个审核中涉及的具体问题。尤其是在第一轮专项审核工作中也发现干部人事档案工作存在一些不足和短板。有的单位问题处理尺度把握不一，同类问题认定结果不同；有的单位主动服务意识不强，干部人事档案工作与干部工作不能有序衔接；有的单位档案管理手段比较落后，管档力量严重不足；档案管理制度有待健全完善等。

（五）坚持实事求是，是专项审核工作必须遵守的根本原则

各级组织人事部门按照"凡疑必查、凡疑必核"的要求，普遍组建了调查

组,对重要疑难问题深入调查。对出生日期存疑的,采取调取原始户籍底卡、倒查原始户口登记表、查阅亲属档案等方式进行查核;对学历学位存疑的,送教育部门进行权威认证;对内容涂改的,送公安、司法部门进行物证鉴定,做到情况核不准不放过、问题查不清不放过。福建为证明户籍材料上姓名与现使用姓名不一致的干部是同一人,请其配合做了DNA鉴定,确保调查结果可信可靠。江西注重加强与纪检监察、教育、公安等成员单位之间的沟通协调,定期召开联席会议,为调查核实工作提供有力支持和指导。中央纪委机关、最高法院以办理案件的要求进行调查核实,坚决杜绝"冤假错判"。在审核中,坚持做到严实相济、审慎研判认定。在需要时,须由组织人事部门与教育、公安、人力资源社会保障等单位联合签署认定意见。要做细做实,做好说服引导工作,消除干部"找麻烦、算老账"等思想顾虑。

三、掌握工作步骤,运用正确方法

"三龄二历一身份"是对干部人事档案专项审核内容的简称,实际上中央组织部部署要求的专项审核是对干部人事档案进行全面审核,重点审核干部的出生时间、参加工作时间、入党时间、学历学位、工作经历、干部身份、家庭主要成员及重要社会关系等重要信息,尤其要注意审核档案材料是否涂改造假,干部信息是否真实准确,重要原始依据材料是否完整规范等。为此,中央组织部制定了严谨的方法步骤,要求各级党委、组织人事部门遵照执行,主要是以下九方面。

(一)制订方案

各地区、各部门、各单位要结合实际,制订具体工作方案,细化审核范围、时间安排、方法步骤、保障措施等。时间安排一般分三个阶段:省管干部档案专项审核通常为第一阶段,时长约为6个月;市管干部和省直属部门干部档案专项审核为第二阶段,时长为6个月;县干部和市直、县直单位干部档案专项审核为第三阶段,时长为8个月。高校可根据实际情况,适当压茬进行。教学科技人才是我党的宝贵财富,其身份比较特殊,在高校不能简单地用行政级别来对应。因此,高校人事档案专项审核方案的制订,既要考虑主管部门的统一要求和部署,也要结合自身情况,分层实施,有条不紊,逐步推进。

（二）动员部署

召开专题会议，对专项审核工作进行动员部署。对参加审核工作的人员进行培训，熟悉政策、明确标准、规范操作。要切实做好两方面的工作：一是对参加评审工作的管理人员进行专业培训，通过学文件、讲案例，使每个人员政策清楚，理解深刻，解决问题准确；二是对被审核人员进行教育宣传，消除教职工抱有审核就是对员工不信任的不满情绪。要反复讲明，人事档案专项审核不仅是对组织的负责，也是对个人的负责，还是对社会的负责，以致彻底消除人事档案乱象引发干部腐败的恶果。人事档案审核实际上对组织、对个人、对社会都有好处，教育教职工应予以支持，积极配合。要抽调骨干人员力量，按照档案审核数量和时间整体要求完成工作；要选择专门独立的封闭场所，便于档案管理和安全防控；要组织审核人员专题培训，使审核人员做到熟悉政策、明确标准、规范操作、严守纪律；要健全管理制度，明确档案出入库管理、手机管理、保密管理等规定，制定严禁吸烟、拍照、水杯远离档案等方面的注意事项，还要同审核人员签订保密协议，加强管理，确保档案安全和信息安全。

（三）审核登记

按照审核内容和要求，逐卷逐页进行审核，发现问题及时纠正，如实登记。每卷档案必须经过初审和复审。每人必须填写干部人事档案审核工作专用《干部任免审批表》，若发现问题，要同时填写《干部人事档案专项审核认定表》，其中，"审核中发现的有关问题及审核意见"栏，由审核员认真审核后如实填写；其中档案涂改的，要对涂改材料逐份登记说明；干部人事档案专项审核已经发现问题并处理完毕的，可在汇总表中填"无"；初审人和复审人须签字并注明时间。"组织人事部门意见"栏，填写干部信息的组织审核认定意见，由分管领导签字、注明时间并加盖公章。"本人意见"栏，由干部本人阅读完审核表中组织意见后，签署"同意"或"不同意"，不同意可简述理由，由本人签字并注明时间。若有关栏目填写内容较多的，可另附页并加盖组织人事部门公章并注明时间。该表一式两份，一份归入本人档案第五类，另一份由组织人事部门集中保管形成文书档案。由于该表具有一定意义上的法律效应，因此在完成时一定要注意签名、公章、时间必须完善。

（四）汇总分析

对审核登记的问题及时汇总、认真分析，准确掌握各类问题的具体情况，研究提出初步处理意见。汇总分析的数据资料包括：需审核人数中已经进行专项审核的人数；组织对干部信息已经进行认定的人数，包括对原有信息重新认定和维持原有信息不变的人数；组织已进行认定，但本人意见与组织认定意见不一致、拒不签字的人数；记录在案是指档案涉嫌造假，经组织调查一时难以查清需记录在案的人数；档案材料存在涂改、伪造档案材料、信息记载不一致以及缺少材料等情况的合计；涂改出生时间、参加工作时间、入党时间等信息的人数；伪造入党、学历学位、干部身份和工作经历等材料的人数；出生时间、参加工作时间、入党时间、学历学位、工作经历和奖惩、家庭主要成员及重要社会关系等信息前后记载不一致的人数；根据审核结果，对组织目前掌握的干部信息做了更正并重新认定的情况；在领导班子民主生活会和领导干部个人对照检查材料中涉及个人档案问题进行整改的人数；通过这次专项审核认定后的出生时间与原填写出生时间有变动的人数；等等。

（五）调查核实

对干部重要信息真实性存疑的，干部本人要做出书面说明，由组织进行调查核实。对干部"三龄二历一身份"等重要信息有涂改，或前后记载矛盾，甚至有造假嫌疑的，一律启动调查核实程序。在调查审核中，要充分发挥利用相关部门的优势，通过函调、外调的形式，抓住关键问题一查到底，不留死角，不存疑惑。坚持遵照法规办事、实事求是的原则。时间上要反复前后对照，空间上要广泛相互比对，找出人事档案材料信息中的内部联系，得出有理有据的事实证明，为随后的组织认定奠定坚实的证据基础。

（六）组织认定

根据审核情况，由组织对干部信息进行认定。组织对干部信息已有认定且符合政策规定的，以组织已有认定结果为准。根据认定结果，由组织填写《干部任免审批表》，档案存在涂改或材料涉嫌造假的，要同时填写《干部人事档案专项审核认定表》，交干部本人核对并签字确认。本人意见与组织认定意见不一致、拒不签字的，要以组织认定意见为准。

（七）问题处理

对审核发现的问题，要区分不同情况妥善处理。

1. 档案材料不齐全、不规范的，要根据材料内容和性质的不同，分别采取补充收集、原件复制、完善手续等方式进行补充和规范。所有补充和规范的材料，要注明经办人、办理时间，并加盖组织人事部门公章。

2. 干部重要信息记载不一致的，要根据有关政策法规确认。对经过调查没有原始依据材料、按照现有政策难以认定的，本着从严掌握的原则，结合档案记载情况综合研判确认。

3. 档案造假的，要责令干部本人及相关责任人做出书面检查，并予以纠正；情节严重、影响恶劣的，要给予组织处理或党纪政纪处分。

4. 档案涉嫌造假、经组织调查一时难以查清的，要记录在案，未查清前不得提拔或重用。

（八）材料归档

对审核过程中的补充收集材料、个人说明材料、组织认定和处理材料等，要认真鉴别、及时归档。每位被审核过人员的归档材料包括由组织填写干部人事档案审核工作专用《干部任免审批表》，档案存在涂改或材料涉嫌造假的，要同时填写《干部人事档案专项审核认定表》，这些材料归入档案第5类中，并须附：人事档案纠正个人申请书；所在单位党委（党组）或组织人事部门的调查报告；原始户籍底册、登记卡片、出生证复印件等证明材料；按干部管理权限上级党委（党组）或组织人事部门的批复；2006年10月以后，档案第5类中须有组织认定和相关证明材料；出生日期认定后，形成的《干部任免审批表》及涉及出生日期的相关材料是否使用了认定结果。

（九）总结报告

专项审核工作完成后，相关高校要全面汇总有关数据，深入总结经验做法，认真分析存在的问题，研究制定加强和改进干部人事档案工作的意见措施，形成书面总结报告，及时报上级组织人事部门。要提早谋划布置，安排专人负责，认真总结审核工作中的好经验、好做法，系统梳理审核工作中形成的好制度、好规范，详细统计审核工作的各项数据，深入查摆，分析存在的问题和不足，深刻反思工作教训，形成有分量、有价值的总结报告。通过全面总结，既充分肯定成绩，增强从严管档的信心，又查漏补缺，建立健全从严管档的长效机制。高校要对专项审核工作中涌现的先进人物和先进事迹，及时上报，加强宣传。对已查处的档案造假典型案例进行通报，充分发挥警示、震慑、教育作用。今后，凡新进入专项审核范围的干部档案也要按照此次专项审核工作要求进行审核，填写干部人事档案审核工作专用《干部任免审批表》，档案存在涂改或材料涉嫌造假的，要同时填写《干部人事档案专项审核认定表》。

四、拓展专项成果，做好平时审核

2016年6月，中央组织部《关于做好干部人事档案专项审核收尾阶段有关工作的通知》（组厅字〔2016〕28号）文件最后提出："今后，凡新进入专项审核范围的干部的档案，也要按照此专项审核工作要求进行审核。"同年6月中央组织部《关于全国干部人事档案专项审核工作情况的通报》（组厅字〔2016〕56号）指出，专项审核完成之后，重点抓好以下三项工作。

（一）持续发力，拓展巩固专项审核工作成果

各级党委要及时组织"回头看"，对尚未解决的疑难问题，特别是记录在案需要进一步查清查实的，要盯住不放、一抓到底。对这次专项审核范围外的干部人事档案，要顺势而为，抓紧审核，积极推进。中央组织部将组织专门督查组，适时开展抽查巡检。

（二）服务换届，从严把好考察对象档案关

各级党委要严格按照《关于防止干部"带病提拔"的意见》《关于在换届工作中严格审核考察对象干部人事档案的通知》要求，做到凡考察对象的干部人事档案必审、凡干部公示信息必核、凡发现档案造假必查。要建立健全干部人事档案任前审核制度，抓紧出台完善任前审核档案的具体办法，并将档案审核提前到动议环节。要强化责任落实，严格执行审核签字制度，要加强档案问题舆论引导，营造良好的换届环境。

（三）扎密笼子，全力推进干部人事档案规范化建设

学习《干部人事档案工作条例》，充分吸收近年来创造的新鲜经验、成熟做法，进一步理顺体制机制，完善档案内容，规范保管利用，强化纪律监督，为新时期从严管理干部人事档案提供基本遵循和制度保障。积极推进干部人事档

案数字化建设，中央组织部将会同国家标准委尽快发布《干部人事档案数字化技术规范》，加强对数字化工作的业务指导。尚未开展数字化的地方和单位，要积极创造条件，尽快启动、分批分期完成。重点加强干部人事档案工作队伍建设。各级党委要坚持标准、严把入口，配足配强工作力量，教育引导档案工作人员坚持原则、敢于担当，建设一支富有"安专迷"精神的专业化干部人事档案工作队伍。

2018年《条例》中，第三十五条规定："组织人事部门应当坚持'凡提必审''凡进必审'、干部管理权限发生变化的'凡转必审'，在干部动议、考察、任职前公示、录用、聘用、遴选、选调、交流，人才引进，军队转业（复员）安置，档案转递、接收等环节，严格按照有关政策和标准，及时做好干部人事档案审核工作。"第三十六条规定："干部人事档案审核应当在全面审核档案内容的基础上，重点审核干部的出生日期、参加工作时间、入党时间、学历学位、工作经历、干部身份、家庭主要成员及重要社会关系、专业技术职务（职称）、学术评鉴、奖惩等基本信息，审核档案内容是否真实、档案材料是否齐全、档案材料记载内容之间的关联性是否合理以及是否有影响干部使用的情形等。"第三十七条规定："干部人事档案审核中发现的问题应当按照相关规定及时进行整改和处理。涉及干部个人信息重新认定的，应当及时通知干部所在单位和干部本人。"上述三条规定讲明了平时人事档案审核的三个基本思路：一是在什么情况下需要审核人事档案，即"凡变必审"，见第三十五条；二是审查人事档案中的什么内容，即"三龄二历一身份"等材料，见第三十六条；三是人事档案审查出问题怎么办，即"整改、认定、告知"，见第三十七条。

截至2022年6月，高校基本完成或正在进行两个批次的人事档案审核，审核范围主要包括校内中层以上干部、副高以上专业技术人员。许多高校档案管理人员在两批次的专项审核中，熟悉了政策，掌握了方法，提高了觉悟，丰富了经验。同时，在专项审核的推动下，对新进人员人事档案的严格审核，开始进入制度化、正常化的流程（见图5-1），审核工作分调档、初审、转交、复审、专审五个阶段。

第一阶段，调档。今后高校进人，坚持"进人必审"原则。尤其是人才引进，必须先进档、再进人；对于应届毕业生报到，由于转递问题暂时看不到档

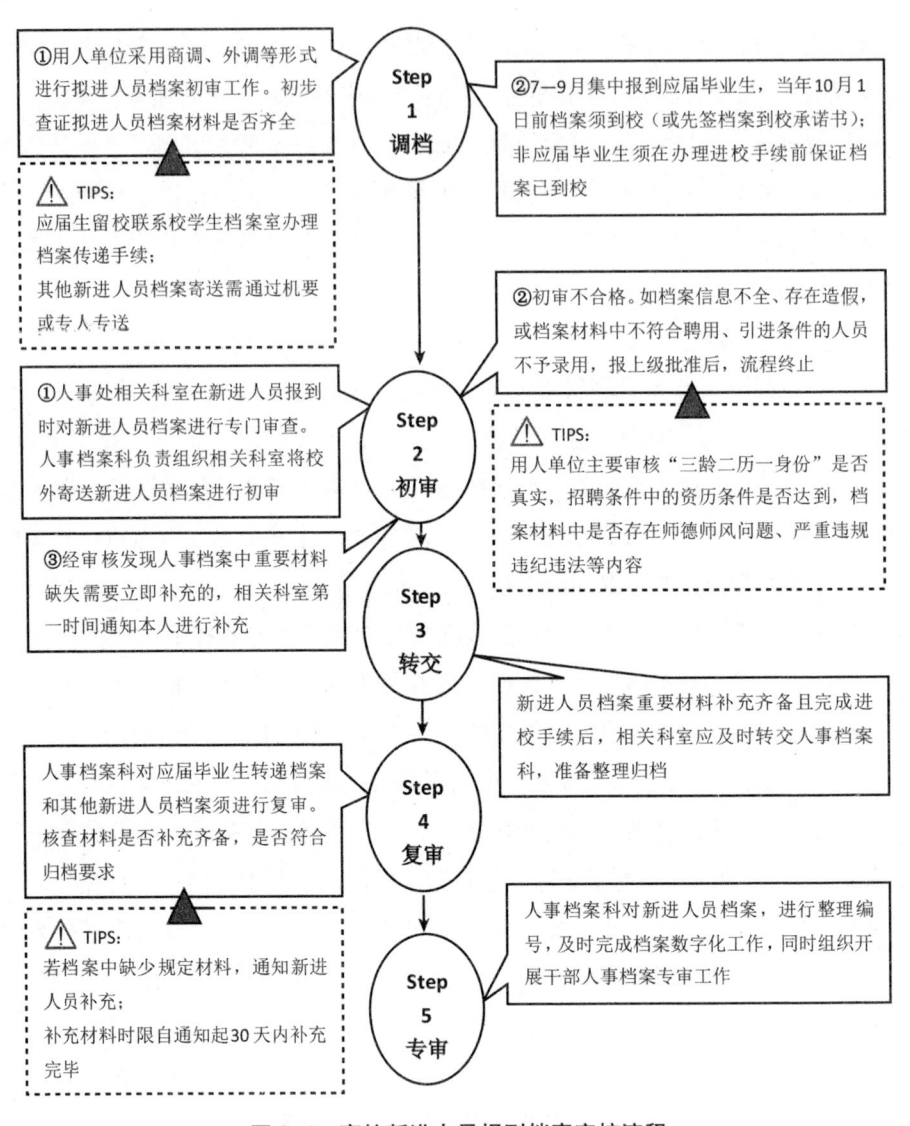

```
┌─────────────────────────────┐           ┌─────────────────────────────────┐
│①用人单位采用商调、外调等形式 │           │②7—9月集中报到应届毕业生,当年10月1│
│进行拟进人员档案初审工作。初步│  ╭─────╮  │日前档案须到校(或先签档案到校承诺书);│
│查证拟进人员档案材料是否齐全 │  │Step │  │非应届毕业生须在办理进校手续前保证档│
└─────────────────────────────┘  │  1  │  │案已到校                         │
                                 │调档 │  └─────────────────────────────────┘
┌─────────────────────────────┐  ╰─────╯
│ ⚠ TIPS:                     │
│应届生留校联系校学生档案室办理│
│档案传递手续;                │
│其他新进人员档案寄送需通过机要│
│或专人专送                   │  ╭─────╮  ┌─────────────────────────────────┐
└─────────────────────────────┘  │     │  │②初审不合格。如档案信息不全、存在造假,│
                                 │     │  │或档案材料中不符合聘用、引进条件的人员│
┌─────────────────────────────┐  │Step │  │不予录用,报上级批准后,流程终止      │
│①人事处相关科室在新进人员报到│  │  2  │  └─────────────────────────────────┘
│时对新进人员档案进行专门审查。│  │初审 │
│人事档案科负责组织相关科室将校│  ╰─────╯  ┌─────────────────────────────────┐
│外寄送新进人员档案进行初审   │           │ ⚠ TIPS:                         │
└─────────────────────────────┘           │用人单位主要审核"三龄二历一身份"是否│
                                           │真实,招聘条件中的资历条件是否达到,档│
┌─────────────────────────────┐           │案材料中是否存在师德师风问题、严重违规│
│③经审核发现人事档案中重要材料│  ╭─────╮  │违纪违法等内容                   │
│缺失需要立即补充的,相关科室第│  │Step │  └─────────────────────────────────┘
│一时间通知本人进行补充       │  │  3  │
└─────────────────────────────┘  │转交 │
                                 ╰─────╯  ┌─────────────────────────────────┐
                                           │新进人员档案重要材料补充齐备且完成进│
                                           │校手续后,相关科室应及时转交人事档案│
┌─────────────────────────────┐  ╭─────╮  │科,准备整理归档                  │
│人事档案科对应届毕业生转递档案│  │Step │  └─────────────────────────────────┘
│和其他新进人员档案须进行复审。│  │  4  │
│核查材料是否补充齐备,是否符合│  │复审 │
│归档要求                     │  ╰─────╯
└─────────────────────────────┘           ┌─────────────────────────────────┐
                                           │人事档案科对新进人员档案,进行整理编│
┌─────────────────────────────┐  ╭─────╮  │号,及时完成档案数字化工作,同时组织开│
│ ⚠ TIPS:                     │  │Step │  │展干部人事档案专审工作           │
│若档案中缺少规定材料,通知新进│  │  5  │  └─────────────────────────────────┘
│人员补充;                    │  │专审 │
│补充材料时限自通知起30天内补充│  ╰─────╯
│完毕                         │
└─────────────────────────────┘
```

图 5-1　高校新进人员报到档案审核流程

案,可签订承诺书,限定时间完成调档。

　　第二阶段,初审。人事处相关各科室对新进人员档案进行专项对口审核,人才交流中心重点审核档案材料是否符合引进、招聘的条件,劳资科重点审核个人经历、工资变动事项,人事科重点审核奖励、处罚等事项,师资科重点审核学历、资历等事项,等等。在初审中,若发现问题,如遇档案信息不全、不实等情况，可通知当事人或档案提供单位补齐、纠正，如果档案材料严重造假或不符合聘用、引进条件的，应报上级批准后，人员不予录用，聘用流程终止。

第三阶段，转交。通过各科室初审，新进人员档案重要材料补充齐备且完成进校手续后，相关科室应及时将相关材料转交人事档案科，以便整理归档。

第四阶段，复审。人事档案科负责将相关科室初审转交的材料和校外寄送新进人员档案材料进行复审，核查材料是否补充齐备，是否符合归档要求。指导新进人员填写《干部履历表》，由学院（部门）党组织审核、盖章确认。

第五阶段，专审。根据中央组织部人事档案专项审核要求，人事档案科负责将"三龄二历一身份"等重要事项再专审一遍，确认后进行整理编号、归档成卷，并及时完成档案数字化工作。若有可能，同步组织开展干部人事档案专项审核工作。

第二节　依据政策解决审核中的疑难问题

中央组织部、公安部、人力资源社会保障部等国家相关部门对人事档案中"三龄二历一身份"的最终认定给出了一系列政策性的规定，成为各级党组织在人事档案审核中解决疑难问题的基础。但由于历史的原因及社会复杂的非同一性，在基层组织人事档案专项审核中遇到一些是是非非的问题，一时很难判定。为此，2015年中央组织部会同中央纪委、中共中央统战部、中央党校、教育部、公安部、人力资源社会保障部、中国人民解放军原总政治部等政策主管单位研究决定，出台《关于干部人事档案审核工作的问答》（《组工通讯》2015年第10期），要求全党结合实际认真执行。在贯彻中，中央组织部又以通知等形式予以政策微调，为基层人事档案审核工作顺利开展提供了有力的帮助。

一、年龄的确定

在干部人事档案专项审核中，年龄问题最敏感，问题千奇百怪，政策把握比较困难。根据相关文件精神，做好干部出生日期的认定工作，必须坚持以下六项基本原则。

（一）最先最早原则

最早最先，且必须以原始材料为证，这是出生日期组织认定的基础原则。中央组织部（组通字〔2006〕41号）文件规定："对个别干部的出生日期档案记载与户籍登记不一致的，应当以干部档案和户籍档案中最先记载的出生日期为依据。"也就是说，不管是户籍，还是档案，哪个材料早，就依据哪一个；但最早的证据必须是原始的、真实的，不能用单位证明信替代。同时须注意两点：一是如果其他材料记载的出生日期一致，且最早材料没有涂改、造假，则须按照最先最早记载的出生日期认定；二是若发现最早最先材料有涂改，可外调或查档落实后再做认定。

（二）公平公正原则

不让造假者得利，更不能重复得利，实现社会公平。包括干部因上学、入团、入党、入伍、招工等不够年龄，而将干部人事档案早期材料记载的年龄填大，后根据形成时间更早的户籍档案材料已经改回小的，应按照公平公正原则，为避免重复得利，须认定为当初填大的年龄。干部因入伍、招工等超过年龄，而将干部人事档案早期材料记载的年龄填小的，须派专人到公安、教育等部门调查核实，全面取证，确认后一律恢复其实际大的年龄，防止继续得利。

（三）全面取证原则

对涂改、虚填（填大或填小）等涉嫌造假且难以认定的，组织人事部门须派专人到公安部门调阅原始户籍档案。原始户籍档案材料形成时间早于干部人事档案的，以原始户籍档案为依据；原始户籍档案材料形成时间晚于干部人事档案的，须调阅干部人事档案早期材料以及干部出生证明、干部近亲属档案等辅助材料进行查核。取证的原始依据材料须是原件且无涂改，如有涂改应认真甄别，并视具体情况送公安部门进行物证鉴定。

（四）实事求是原则

根据《组工通讯》2015年第10期第6条规定，对入团材料填大年龄的特殊情况须坚持公平原则，一律认定为填大的年龄。由于基层反映，中央组织部干部一局调研后对第6条规定做了补充说明，后经部领导同意，2015年10月19日发出电话通知，干部人事档案中只有入团材料填大年龄（不含后期故意涂改的），且同时符合以下两个条件：①后期的入党、入伍参加工作等其他材料均按照实际年龄填写一致；②能够查找到形成时间更早的真实有效的原始户籍档案材料证明其实际年龄的，由各级党委（党组）或组织人事部门按照干部管理权限，根据调查核实结果，经集体研究、综合研判，可以定为干部的实际年龄。

（五）综合考虑原则

例如，对于干部人事档案中记载出生日期的早期材料无形成时间的，可按照干部人事档案相关材料形成的逻辑顺序（如初中毕业生登记表早于高中毕业生登记表）进行推定，若可以推断出最早材料，可将其作为出生日期的认定依据。若无法推断出最早材料，组织人事部门须派专人到公安、教育等有关部门调查核实，综合研判做出认定。又如，干部人事档案中最早材料记载的出生日期只有年份无月份的，可查阅干部人事档案中的其他材料，如果其他材料记载的干部出生年份与最早材料记载均一致，且其他材料记载月份均一致，可按其他材料记载的干部出生月份来认定。如果其他材料记载的干部出生年份与最早材料记载不一致，或其他材料记载月份不一致，组织人事部门要派专人到公安、教育等有关部门调查核实，经集体研究、综合研判认定其出生月份。再如，对于干部人事档案中涉及出生日期农历、公历换算问题的，如何认定？对此，若干部人事档案最早材料记载的干部出生日期注明了农历（阴历、古历或旧历）等字样的，可以按换算后的公历（阳历）时间认定。没有注明农历（阴历、古历或旧历）等字样，组织已做过专门认定，经核对属于农历、公历换算情形的，以组织认定结果为准；否则，不得按农历、公历进行换算和认定。

（六）严格组织程序原则

由于审核结果认定是一项关系组织利益、个人权益的大事，因此它的审核过程和最终确认必须符合组织程序。应在全面调查取证后，参与审核的工作人员要严格把关，按照要求签字、注明日期，责任到人。党委（党组）或组织人事部门按照干部管理权限，根据调查核实结果，经集体研究、综合研判，对干部的出生日期做出认定。未按上述程序认定的、不签名盖章的不予承认。对档案造假的，除要认真纠正外，还要按照有关规定对相关责任人做出严肃处理。2006年10月中央组织部组通字〔2006〕41号文件规定："今后凡干部本人要求确定或更改出生日期的，均不再办理。"10年后，中央组织部《关于在干部人事档案审核工作中做好干部出生日期更正有关工作的通知》（组通字〔2016〕39号）规定：干部本人对认定有异议的，可以按照有关规定申请复核或者提出申诉。组织认定的干部出生日期与户籍登记不一致的，要按照干部管理权限，由相应的组织人事部门出具干部出生日期认定函（统一模板），并由所在地市级或中央单位驻地市级机关以上的组织人事部门汇总相关人员信息后，以公函形式统一提供给干部户籍所在地地市级以上公安机关。干部本人应当执行组织决定，持组织出具的认定函，连同本人居民户口簿、居民身份证和书面更正申请，主动向户籍所在地公安派出所申请更正。显然，只要严格组织程序，个人申请出生日期更改，还是有可能的。

二、党龄的确定

中国共产党党员的身份涉及入党时间、党籍、党龄三个概念。其中，党籍是指党员资格。一个申请入党的同志，当他履行了入党手续，从被批准为预备党员之日起，就取得了党员资格，就有了党籍。《中国共产党章程》第七条规定："党员的党龄，从预备期满转为正式党员之日算起。"党龄是指成为正式党员的年数。显然，只有正式党员才计算党龄，预备党员虽有党籍，但不计算党龄。而党籍的起始时间应为党员的入党时间，就是党支部召开党员大会接收预备党员的时间，可在存入本人档案的《中国共产党入党志愿书》中查找。

（一）在党的发展不同时期，党龄的计算也有些不同

1921年7月1日至1923年6月9日：入党时间为上级党委批准之日，无预备期，党龄同时开始计算。

1923年6月10日至1927年4月26日：入党时间为上级党委批准为预备党员之日，党龄从转正之日算起（转正之日等于入党时间加预备期，劳动者预备期3个月，非劳动者预备期6个月）。

1927年4月27日至1928年6月17日：工人、农民、手工业者、店员、士兵入党时间为上级党委批准之日，无预备期，党龄同时开始计算；知识分子、自由职业者入党时间为上级党委批准之日，预备期3个月，党龄从转正之日算起。

1928年6月18日至1945年4月22日：入党时间为上级党委批准之日，无预备期，党龄同时开始计算。

1945年4月23日至1956年9月14日：入党时间为上级党委批准之日，工人、苦力、雇农、贫农、城市贫民、士兵预备期6个月，中农、职员、知识分子、自由职业者预备期1年，其他人员预备期2年，党龄从转正之日算起。

1956年9月15日至1969年3月31日：入党时间为支部大会接收为预备党员之日（须经上级党委批准），预备期1年，党龄从转正之日算起。

1969年4月1日至1977年8月11日：入党时间为上级党委批准之日，无预备期，党龄同时开始计算。

1977年8月12日至1982年9月5日：入党时间为上级党委批准为预备党员之日，预备期1年，党龄从转正之日算起。

1982年9月6日至今，入党时间为支部大会接收为预备党员之日（须经上级党委批准），预备期1年，党龄从转正之日算起。

（二）在人事档案专项审核中，处理好党龄计算的一些特例

1. 被延长预备期的党员，其党龄从延长预备期满后被批准为正式党员之日算起。

2. 受留党察看处分的党员，恢复党员权利以后，其党龄连续计算。

3. 错误地开除后又恢复党籍的党员，其党龄应连续计算。

4. 因自行脱党、劝退出党、要求退党而出党或被开除党籍的人重新入党后，其党龄以重新入党后转为正式党员之日算起，以前一段的党龄不能计算在内。

5. 由于各种原因失掉一段时间党籍的同志党龄的计算，应根据不同情况处理：①凡经党组织决定恢复这段时间党籍的，其党龄从原被批准为正式党员之日算起；②被批准重新入党，有预备期的，其党龄从预备期满转为正式党员之日算起；③按有关文件规定重新入党，没有预备期的，其党龄应从上级党委决定重新入党之日算起，前一段党龄不能连续计算。

6. 入党志愿书中上级党委批注的入党时间与关于党龄的计算方法规定不一致的，原则上以上级党委批注的入党时间为准。

7. 本着尊重历史、实事求是的原则，应对未满18岁入党人员的有关情况进行具体分析和处理，其入党时间的认定由省级党委组织部负责。

8. 对党员身份造假的，对违反规定吸收入党的，一律不予承认；对为非党员出具党员身份证明的，应当依纪依法严肃处理。

（三）附：民主党派成员的入党（会、盟、社）时间和成员身份的确认

民革党员入党时间为支部大会通过之日，民盟盟员、民建会员、民进会员、农工党党员、致公党党员、九三学社社员的入党（会、盟、社）时间为地市级以上（含地市级）组织批准之日，台盟盟员入盟时间为省级以上（含省级）组织批准之日。干部人事档案中须有相关审批材料或真实有效的证明材料。

三、工龄的确定

工作时间是一个时间点，工龄是一个时间段。参加工作时间，是指工作人员专职参加工作的起始时间。工龄，是指职工自与单位建立劳动关系起，以工资收入为主要来源或全部来源的工作时间。参加工作时间是工龄的起始点，工龄是参加工作的总体时间。参加工作时间和工龄是人事档案的重要内容，直接关系到职工的福利待遇及社会公平。

（一）参加工作在企业的，认定其参加工作时间分为以下五种情况

1. 《全民所有制工业企业转换经营机制条例》（国务院令第103号，1992年7月23日起施行）施行前招用为劳动者的，以其初次参加工作时县级以上劳动人事部门审批时间作为认定依据进行认定。

2. 《全民所有制工业企业转换经营机制条例》施行后至《中华人民共和国劳动合同法》（2008年1月1日起施行）施行前招用为劳动者的，以首次签订劳动合同之日或企业办理录用手续之日作为认定依据进行认定。

3. 《中华人民共和国劳动合同法》施行后招用为劳动者的，以用工之日作为认定依据进行认定。

4. 在民营企业参加工作、签订劳动合同且缴纳城镇职工基本养老保险，但没有办理人事代理手续的，《中华人民共和国劳动合同法》（2008年1月1日起施行）施行前被民营企业招用的，以首次签订劳动合同之日或企业办理录用手续之日作为认定依据进行认定；《中华人民共和国劳动合同法》施行后招用的，以用工之日作为认定依据进行认定。

5. 工人参加普通大中专院校考试上学，毕业后重新派遣的，确定其参加工作时间分两种情况。一是正式工，以招工时间为准。二是合同工或长期临时工，按照《劳动人事部干部局关于合同工或长期临时工考入大学毕业分配后参加工作时间如何确定问题的函》（劳人干局〔1983〕14号）明确："其参加工作时间，应从毕业分配工作后到单位报到之日起计算。"

（二）其他情况参加工作的，其参加工作时间的认定

1. 参军期间的工龄计算。《退伍义务兵安置条例》第十五条规定：参军期间可计算连续工龄，入伍时间应以县（市）革命委员会征兵办公室（或人民武装部）批准入伍日期为准；战士退伍时间以批准退出现役时间为准。满十个月的，按周年计算。退伍后新分配参加工作的，其军龄和待分配的时间应计算为连续工龄。入伍前原是国家机关、企业、事业单位的职工，其入伍前的工龄和军龄连同待分配的时间一并计算为连续工龄，享受与所在单位职工同等待遇。

2. 参加工作时在人才市场、劳务市场办理人事代理手续的，参加工作时间认定应根据《人力资源和社会保障部办公厅关于公务员考录中基层工作经历起始时间界定的意见》（人社厅发〔2010〕59号）有关精神，在人才市场、劳务市场办理人事代理手续的人员，可依据其与有关单位签订的劳动合同约定的起始时间确定参加工作时间。

3. 选聘为大学生村官但没有办理人事代理手续的，参加工作时间认定，应根据《中央组织部、教育部、财政部、人力资源和社会保障部关于印发〈关于选聘高校毕业生到村任职工作的意见（试行）〉的通知》（组通字〔2008〕18号）有关精神，没有办理人事代理手续的大学生村官，应视为参加工作，参加工作时间可按其到基层报到之日确定。

4. 就业报到证（派遣证）记载的就业报到时间与《转正定级表》记载参加工作时间不一致，一般以《转正定级表》记载的参加工作时间为准。

（三）特殊情况的工龄计算，要本着尊重历史、实事求是的原则

1. 对参加工作时是下乡知识青年的，应依据《劳动人事部关于解决原下乡知识青年插队期间工龄计算问题的通知》（劳人培〔1985〕23号）规定，原下乡知识青年"参加工作的时间，从下乡插队之日算起"。其认定依据为下乡知识青年的有关审批材料或真实有效的证明材料。

2. 对参加工作时是民办教师的，认定其参加工作时间应综合考虑。《关于民办教师参加工作时间问题请示的复函》（教计字〔87〕160号）文件规定："民办教师转为公办教师后，其参加工作时间，从本人计算连续工龄的起始时间算起。"其认定依据为民办教师有关审批材料或真实有效的证明材料。《国家教育委员会关于民办教师工龄计算问题的复函》（教计字〔86〕179号）明确："民办（代课）教师成为国家正式职工，并继续从事教育工作的，其前最后一次经组织批准任民办教师的工作时间可以与成为国家正式职工后的工作时间合并计算为连续工龄。在两个以上单位连续担任民办教师的时间，凡经组织批准调动的，应当合并计算为连续工龄。"关于"继续从事教育工作的"，《国家教育委员会关于民办教师工龄计算问题的复函》（教计字〔87〕165号）明确："包括在各级教育行政部门工作的人员。"

3. 对参加工作时是乡村医生参加工作时间的认定，应根据《卫生部关于乡村医生工龄计算有关问题的通知》（卫人字〔88〕第22号）规定，"乡村医生成为国家正式职工或进入各级医药院校学习毕业（结业）后成为国家正式职工，并继续从事卫生工作的（包括在各级卫生行政部门工作的人员），其参加工作时间，从本人计算连续工龄的起始时间算起"，并须经县以上卫生行政部门批准。其认定依据为乡村医生有关审批材料或真实有效的证明材料。需要说明的是，1988年1月1日以后的乡村医生，须经县以上卫生行政部门考试考核，并取得乡村医生证书。关于乡村医生的"连续工龄"，《劳动人事部、卫生部关于乡村医生工龄计算问题的复函》（劳人险〔1986〕5号）明确："乡村医生被招收、顶替、录用为国家正式职工或进入各级医药院校学习毕业（结业）后，成为国家正式职工，并继续从事卫生工作的，其成为国家正式职工前最后一次经组织批准任乡村医生的工作时间可以与成为国家正式职工后的工作时间合并计算为连续工龄。在两个以上单位连续担任乡村医生的时间，凡经正当手续调动的，应当合并计算为连续工龄。"

4. 对未满16周岁参加工作的，应根据《禁止使用童工规定》（国务院令第364号，2002年12月1日起施行）第十三条规定："文艺、体育单位经未成年人的父母或者其他监护人同意，可以招用不满16周岁的专业文艺工作者、运动员。""文艺、体育单位招用不满16周岁的专业文艺工作者、运动员的办法，由国务院劳动保障行政部门会同国务院文化、体育行政部门制定。"符合上述规定的,可以根据相关审批材料认定其参加工作时间。对于未满16周岁参加工作的其他情况,应尊重历史、实事求是,对手续齐全、程序合理的,可按实际参加工作时间予以确认。对虚办手续、空挂其名、未到岗工作的,要予以纠正,并严肃查处。

5. 对未满18周岁参军入伍的,如何认定其参加工作时间？按照《中华人民共和国兵役法》规定："军人服现役年限计算为工龄。"未满18周岁参军入伍的人员,工作时间应从批准其参军入伍时间算起。

四、学历的确定

学历是指人们在教育机构中接受科学文化教育和技能训练的学习经历,在人事管理过程中,所说"学历"通常指的是个人获得的最高或最后的学历。根据《中华人民共和国教育法》,由各级政府或教育行政部门依法批准或登记注册的学校及其他教育机构实施的教育为国民教育系列。国民教育系列区别于党校和军事院校举办的教育形式。高等学历教育分为专科教育、本科教育和研究生教育,学历分为专科、本科、硕士研究生和博士研究生四个层次,包括专科、本科、第二学士学位班、研究生班（已停办）、硕士研究生和博士研究生六方面。《中华人民共和国高等教育法》第十五条规定："高等教育采用全日制和非全日制教育形式。"普通高等教育学历证书分为毕业证书、结业证书、肄业证书三种。

（一）学历学位认证

国家对高等国民教育学历学位的认证,根据不同时期,采用不同方法。

1. 2001年开始,教育部《高等教育学历证书电子注册管理暂行规定》（教学〔2001〕4号）明确"2001年起国家对高等教育学历证书实行电子注册制度,未经注册的学历证书,国家不予承认"；《普通高等学校学生管理规定》（教育部令第21号）重申"学校应当执行高等教育学历证书电子注册管理制度"。国内学历由教育部全国高等学校学生信息咨询与就业指导中心认证（中国高等教育学生信息网）,国内学位由教育部学位与研究生教育发展中心认证（教育部学位与研究生教育发展中心官网)，国（境）外学历学位由教育部留学服务中心认证（中国留学网）。需要认证的，可向相应认证机构申请认证，由认证机构出具相应的认证报告。

2. 2001年之前，应按文件分别认定。①依据《中共中央组织部办公厅关于干部专修科毕业学员学历问题的答复》（组厅函字〔2003〕32号）明确："高校、中专学校举办干部专修科和干部培训班，学制二至三年，属专科层次学历全日制教育。"②根据《国家教育委员会办公厅人事部办公厅关于高等学校一九七〇年至一九七六年入学的毕业生有关问题的通知》（教学厅〔1993〕4号）规定："一、对于一九七〇年—九七六年进入普通高等学校的大学生，他们的学制当时规定'普通班暂为二至三年'，学习期满毕业时已由学校颁发了毕业证书，国家承认其学历为大学普通班毕业。二、由于'文革'的特殊原因，这批毕业生当时仅在工资上规定相当于大学专科毕业生待遇，而没有明确是本科或专科，现在也不宜重新明确。"③根据《教育部关于重申保证高等教育质量，加强学历文凭、学位证书管理的通知》（教学〔2001〕6号）规定：研究生课程进修班不能作为学历认定。④同等学力人员申请硕士学位的，从1995年起必须通过全国外国语水平统一考试；从1999年9月1日起，在部分学科范围内申请硕士学位的同等学力人员，还须通过学科综合水平全国统一考试。其硕士学位认定依据为学位课程认定成绩表和授予硕士学位的审批材料，其中，2006年以前申请硕士学位的还须有通过国家组织的外国语水平统一考试和国家统考科目成绩合格证书（通知单）的复印件。⑤同等学力人员申请博士学位的，目前没有国家组织的水平认定考试。其博士学位认定依据为学位课程认定成绩表和授予博士学位的审批材料。

3. 在不符合报考条件的情况下，设法通过资格审查取得报考资格，通过考试被录取，完成学习计划并取得学历学位的，根据《国家教育考试违规处理办法》（教育部令第33号）、中共中央办公厅厅字〔2002〕4号、教育部教学〔2001〕6号等文件规定：如属于违反国家招生规定入学者，对已发的学历学位证书，学校应当予以追回并报教育行政主管部门宣布证书无效。无论当事人现获学历学位还是其前置学历学位，经认证发现存在作假舞弊情况的，其学历学位均不予承认，还应追究其弄虚作假的责任。

(二) 对干部在中央（或省级）党校取得的学历学位认定分三个层次

1. 国民教育同等认定。包括两类。一类是研究生教育，是指经国家教育主管部门批准，纳入全国招生计划，报考硕士参加全国统一入学考试，报考博士参加中央党校博士入学考试，按照规定录取，完成学业并毕业，取得研究生学历、硕士或博士学位。除中央党校之外，另有14所省级党校具有培养硕士的资格，分别是北京市、辽宁省、吉林省、黑龙江省、上海市、江苏省、浙江省、山东省、湖北省、湖南省、广东省、重庆市、四川省和陕西省。另一类是中央党校职工业余大学、成人教育学院教育，是指特定历史时期，经国家教育主管部门批准，纳入全国招生计划，参加全国统一入学考试，按照规定录取，完成学业并毕业，取得专科或本科学历。

2. 在职研究生教育。报考中央党校（或省级党校）在职研究生，经个人申请，单位组织人事部门同意、招生单位审查合格方能报考。在职攻读中央党校研究生，毕业取得中央党校在职研究生学历，无学位。在职研究生学历认定由党校研究生院负责。

3. 函授教育。中央党校函授教育是由中央党校主办，以地方各级党校为依托、以培训党员干部为主要对象的高等在职教育。中央党校函授教育学历认定由中央党校干部教育学院负责。

关于"中央党校函授教育"，有关办学情况和规定如下。

开设班次。1985年3月开办大专班（1985—2007），1989年9月开办本科班（1989—2007），1994年开办地厅级、县处级领导干部函授班（1991—2000），2005年5月开办高中起点本科班（2005—2007）。

毕业规定。学员修完教学计划规定的全部课程，经考试考核成绩合格，通过毕业论文答辩，即准予毕业，由中央党校函授学院颁发毕业证书。高中起点本科班采取分段发证，读满3年，经考核合格者，颁发大专毕业证书；继续读满5年，经考核合格，颁发本科毕业证书。学员在学习期间中途退学，其所学课程及格的，由中央党校函授学院发给单科结业证书。

(三) 干部在军队院校取得的学历学位认定分三方面

1. 地方普通中学毕业生、士兵、军队干部、地方大学生考入军队院校，完成学业考试合格的，由所在院校发给毕业证书和学位证书。档案证明材料有军队院校学员学籍管理登记表、毕业学员定职定级报告表。

2. 士兵、军队干部参加军队院校的函授学习，完成学业考试合格的，由相应院校发给军队成人教育学历证书，达到学位授予条件的，可以授予成人教育学位证书。档案证明材料主要是军队院校学员学籍管理登记表。

3. 地方人员参加军队院校的成人委托培养教育，这类毕业学员的学历信息查询，由教育部、解放军总参谋部军训部核实，并出具认证结果。

对干部在军队院校取得的学历学位有异议的，由教育部、解放军总参谋部军训部共同核实，与其毕业院校沟通，出具认证结果。

（四）干部取得的高等教育学历学位后区分全日制教育和在职教育的三个标准

中央一贯要求干部选拔任用不唯学历。在干部工作中，为便于管理，将干部的学历学位按全日制教育和在职教育予以区分。根据中央组织部《组工通讯》2015年第10期第26问的回答，确定了4个标准。随后，在中央组织部2016年10月28日的电话通知中，将全日制教育认定标准调整为3条：①参加全国统一的普通高校招生考试入学、达到录取分数线（专本科须经省级招办批准录取、研究生须符合国家承认的入学方式）；②在基本修业年限或学校规定年限，全天在校学习（全脱产学习）；③毕业时由所在高等学校或教育机构颁发相应的学历证书和学位证书。否则，一般按在职教育掌握。

五、经历和身份

（一）干部工作经历审核的一个重点，就是对破格提拔和越级提拔的认定

主要看是否符合当时的干部政策和任用程序。对不符合有关政策规定、没有履行干部任用程序、没有党委（党组）研究会议纪要的，不予承认。对于弄虚作假的要追究责任。

（二）干部身份审核的重点是对转干、录干人员的干部身份的认定

根据《劳动人事部关于制定〈吸收录用干部问题的若干规定〉的通知》（劳人干字〔1982〕147号）、《中央组织部、人事部、中央机构编制委员会办公室关于进一步加强管理严肃干部人事工作纪律有关问题的通知》（人发〔2001〕

88号）等文件规定，审查转干、录干审批表是否真实有效，有疑问的应查找批准单位的批复文件或其他依据材料。对特定历史时期"以工代干"人员转干、录干的，审核时还要以《中央组织部、劳动人事部关于整顿"以工代干"问题的通知》（中组发〔1983〕2号、劳人干字〔1983〕7号，2013年12月22日宣布失效）为依据。

参考文献

一、专著类

[1] 邓绍兴. 人事档案教程 [M]. 北京：中国传媒大学出版社，2008.

[2] 费云东，潘合定. 中共文书档案工作简史（1921—1949）[M]. 北京：档案出版社，1987.

[3] 吴顺江. 干部人事档案实用指南 [M]. 杭州：浙江人民出版社，2000.

[4] 金波. 人事档案制度的社会功能 [M]. 上海：上海大学出版社，2010.

[5] 吴彧一. 高校人事档案管理实务与创新 [M]. 延吉：延边大学出版社，2021.

[6] 高珊. 人事档案管理理论与方法研究 [M]. 哈尔滨：哈尔滨地图出版社，2019.

[7] 李晓婷. 人事档案管理实务 [M]. 上海：复旦大学出版社，2015.

[8] 朱玉媛. 人事档案管理原理与方法 [M]. 武汉：武汉大学出版社，2011.

二、期刊

[1] 中共中央组织部办公厅. 第四次全国干部档案工作会议的批示、讲话 [J]. 工作通报，2005（35）.

[2] 中共中央组织部办公厅. 关于干部人事档案审核工作的问答 [J]. 组工通讯，2015（10）.

[3] 于力. 中外档案鉴定理论与实践的历史比较 [J]. 档案学通讯，1997（04）：74-77.

[4] 段红. 国外人事档案管理分析 [J]. 档案与建设, 2010 (07): 22-24+2.

[5] 邓绍兴. 人事档案的历史沿革 [J]. 中国人才, 2002 (06): 6-9.

[6] 纪新, 桑毓域. 档案形成的历史演变及规律研究 [J]. 兰台世界, 2006 (22): 6-7.

[7] 李全祥, 王铁莲. 我国古代人事档案考 [J]. 档案学通讯, 1990 (04): 46-48+35.

[8] 李全祥, 王铁莲. 我国古代人事档案考（续完）[J]. 档案学通讯, 1990 (05): 43-45+29.

[9] 王宁. 岁月如歌——邓小平旅法活动寻踪 [J]. 党的文献, 1997 (05): 89-93.

[10] 王茂跃. 大档案概念的若干观点简评 [J]. 北京档案, 2015 (01): 22-25.

[11] 顾亚欣. 中华人民共和国成立初期干部体制的建立与人事档案制度的演变 [J]. 档案学通讯, 2018 (04): 100-103.

[12] 顾亚欣. 延安审干与人事档案制度的形成 [J]. 档案学通讯, 2017 (01): 96-99.

[13] 万淑君. 大数据思维对高校人事档案管理工作的启示 [J]. 档案管理, 2020 (04): 87-88.

[14] 张光明. 高校干部人事档案管理模式转变探讨 [J]. 山东档案, 2019 (02): 44-46.

[15] 谢慧婷. 高校人事档案的价值及风险管理策略 [J]. 档案管理, 2021 (05): 96-97.

[16] 王思懿. 终身教轨制度改革背景下芬兰学术职业发展研究 [J]. 比较教育研究. 2021 (5): 21-28.

[17] 吴晓励. 结合干部人事档案审核完善人事档案应有效用 [J]. 兰台内外, 2021 (27): 70-71.

[18] 赵维超, 王雪荻. 从干部人事档案审核反思高校学生类档案的管理 [J]. 办公室业务, 2021 (02): 184-185.

三、电子类

[1] 中共中央组织部. 干部档案整理工作细则：组通字〔1991〕11号［EB/OL］. (2011-03-21)［2022-08-30］. https：//rsc. nuist. edu. cn/2011/0321/c1124a71576/pagem. htm.

[2] 中共中央组织部、国家档案局. 关于印发《干部档案工作条例》的通知：组通字〔1991〕13号［EB/OL］. (2022-06-27)［2022-08-30］. https：//www. wanqulawyer. com/zhongyangfalv/68. html.

[3] 中共中央组织部、人事部. 关于印发《流动人员人事档案管理暂行规定》的通知：人发〔1996〕118号［EB/OL］. (2015-08-04)［2022-08-30］. http：//rsj. cass. cn/zcfg/rsjygzwjxbzhp/rcjlp/201508/t20150804_ 2569621. shtml.

[4] 中共中央组织部. 关于印发《干部人事档案工作目标管理暂行办法》和《干部人事档案工作目标管理考评标准》的通知：组通字〔1996〕55号［EB/OL］. (1996-12-25)［2022-08-30］. https：//dag. shou. edu. cn/1996/1225/c15581a271958/page. html.

[5] 中共中央组织部. 关于印发新的《干部任免审批表》的通知：组通字〔2002〕21号［EB/OL］. (2005-07-14)［2022-08-30］. https：//ishare. iask. sina. com. cn/f/iMclIMVK2p. html.

[6] 中共中央组织部. 关于印制、使用《中国共产党入党志愿书》（2004年制）的通知：组通字〔2004〕34号［EB/OL］. (2004-06-19)［2022-08-30］. http：//cpc. people. com. cn/BIG5/64162/71380/102565/182141/10991953. html.

[7] 中共中央组织部等三部门. 关于认真做好干部出生日期管理工作的通知：组通字〔2006〕41号［EB/OL］. (2015-03-12)［2022-08-30］. https：//news. 12371. cn/2015/03/12/ARTI1426149006858459. shtml? from = groupmessage &isappinstalled = 0&ivk_ sa = 1024320u.

[8] 中共中央组织部. 关于印发《干部人事档案材料收集归档规定》的通知：组通字〔1996〕14号［EB/OL］. (2003-03-24)［2022-08-30］. http：//archives. scu. edu. cn/info/1050/2025. htm? eqid = a0bb1d2f0002a820000000026440ab01.

[9] 教育部. 高等学校档案管理办法：教育部令第 27 号 [EB/OL]. (2018-11-29) [2022-08-30]. http：//dag. xyc. edu. cn/index. php? s=news&c=show&id=10.

[10] 中共中央组织部. 关于印发《干部人事档案材料收集归档规定》的通知：中组发〔2009〕12 号 [EB/OL]. (2019-12-11) [2022-08-30]. https：//dag. hut. edu. cn/info/1024/1463. htm.

[11] 中共中央组织部. 关于做好文件改版涉及干部人事档案有关工作的通知：组通字〔2012〕28 号 [EB/OL]. (2013-11-14) [2022-08-30]. https：//www. sysdj. gov. cn/gbzh/12693.

[12] 中共中央组织部办公厅. 关于严格审核干部任前公示信息的通知：组厅字〔2012〕36 号 [EB/OL]. (2017-10-19) [2022-08-30]. https：//www. waizi. org. cn/file/19031. html.

[13] 监察部. 档案管理违法违纪行为处分规定：监察部令第 30 号 [EB/OL]. (2013-03-26) [2022-08-30]. https：//www. saac. gov. cn/daj/bmgz/201303/a307894fea8d4d9dabe3392fae47ac83. shtml.

[14] 中共中央组织部. 关于进一步从严管理干部档案的通知：中组发〔2014〕9 号 [EB/OL]. (2018-11-14) [2022-08-30]. https：//www. zstp. edu. cn/dj/info/1005/1087. htm.

[15] 中共中央组织部办公厅. 关于进一步开展干部人事档案审核工作的通知：组厅字〔2006〕5 号 [EB/OL]. (2006-02-24) [2022-08-30]. http：//lawdb. cncourt. org/show. php? fid=113787.

[16] 中共中央组织部. 关于印发《干部人事档案造假问题处理办法（试行）》的通知：中组发〔2015〕23 号 [EB/OL]. (2017-10-29) [2022-08-30]. https：//www. waizi. org. cn/law/9106. html.

[17] 中共中央组织部办公厅. 关于做好干部人事档案专项审核收尾阶段有关工作的通知：组厅字〔2016〕28 号 [EB/OL]. (2016-06-28) [2022-08-30]. http：//rsj. sm. gov. cn/xxgk/fgwj/zxwj/201606/t20160628_336322. htm.

[18] 中共中央组织部. 关于在干部人事档案审核工作中做好干部出生日期更正有关工作的通知：组通字〔2016〕39 号 [EB/OL]. (2018-11-01) [2022-

08-30］. http：//www. dawindow. com/tech/201811/1240. html.

［19］中共中央组织部. 关于杨栋梁等5起干部人事档案造假典型案例的通报：组通字〔2016〕42号［EB/OL］.（2016-09-27）［2022-08-30］. http：//zzb. fjbu. edu. cn/info/1025/1361. htm.

［20］中共中央组织部等三部门. 关于印发《人事争议处理规定》的通知：国人部发〔2007〕109号［EB/OL］.（2015-03-11）［2022-08-30］. https：//news. 12371. cn/2015/03/11/ARTI1426069687476889. shtml

［21］中共中央. 党政领导干部选拔任用工作条例［EB/OL］.（2019-03-17）［2022-08-30］https：//www. gov. cn/zhengce/2019-03/17/content_ 5374532. htm.

［22］中共中央组织部、教育部. 关于印发《高等学校领导人员管理暂行办法》的通知：中组发〔2017〕2号［EB/OL］.（2017-01-13）［2022-08-30］http：//www. moe. gov. cn/jyb_ xwfb/s6319/zb_ 2017n/2017_ zb02/17zb02_ wj/201701/t20170123_ 295615. html.

［23］中共中央组织部. 关于完善干部人事档案材料的通知：组通字〔2017〕25号［EB/OL］.（2022-06-27）［2022-08-30］. https：//rsc. shzu. edu. cn/2022/0627/c10488a176166/page. htm.

［24］中共中央办公厅. 干部人事档案工作条例［EB/OL］.（2018-11-28）［2022-08-30］. https：//www. 12371. cn/2018/11/28/ARTI1543396830661437. shtml.

［25］全国人大常委会. 中华人民共和国高等教育法［EB/OL］.（2018-11-28）［2019-02-07］. http：//www. npc. gov. cn/npc/c30834/201901/9df07167324c4a34bf6c44700fafa753. shtml.

［26］全国人大常委会. 中华人民共和国档案法［EB/OL］.（2020-06-21）［2022-08-30］. https：//www. gov. cn/xinwen/2020-06/21/content_ 5520875. htm.

［27］教育部办公厅. 关于转发中组部办公厅《关于进一步开展干部人事档案审核工作的通知》的通知：教人厅〔2006〕4号［EB/OL］.（2006-04-28）［2022-08-30］. http：//www. moe. gov. cn/jyb_ xxgk/gk_ gbgg/moe_ 0/moe_ 1133/moe_ 1284/tnull_ 17929. html.

［28］中共中央办公厅. 事业单位领导人员管理暂行规定：中办发〔2015〕

34号[EB/OL].(2005-06-02)[2022-08-30].https://www.gov.cn/zhengce/2015-06/02/content_2872429.htm.

[29] 教育部等六部门.关于加强新时代高校教师队伍建设改革的指导意见:教师〔2020〕10号[EB/OL].(2021-01-04)[2022-08-30].http://www.moe.gov.cn/srcsite/A10/s7151/202101/t20210108_509152.html.

[30] 中共中央.中国共产党普通高等学校基层组织工作条例[EB/OL].(2021-04-22)[2022-08-30].https://www.12371.cn/2021/04/22/ARTI1619087467469356.shtml.

[31] 退役军人部等七部门.关于加强和改进退役军人人事档案管理利用工作的意见:退役军人部发〔2021〕65号[EB/OL].(2021-01-04)[2022-08-30].https://www.gov.cn/gongbao/content/2022/content_5672673.htm.

[32] 人社部办公厅.关于简化优化流动人员人事档案管理服务的通知:人社厅发〔2016〕75号[EB/OL].(2016-06-26)[2022-08-30].http://www.mohrss.gov.cn/SYrlzyhshbzb/jiuye/zcwj/201606/t20160601_241109.html.

[33] 共产党员网.各地正分级分批对干部人事档案进行专项审核:给干部档案"大体检"[EB/OL].(2015-04-21)[2022-08-30].https://news.12371.cn/2015/04/21/ARTI1429565940571862.shtml.

[34] 共产党员网.档案岂容"包装"! 干部档案造假问题典型案例剖析[EB/OL].(2015-07-16)[2022-08-30].https://www.12371.cn/2015/07/16/ARTI1437027739442363.shtml.

[35] 国家档案局.机关文件材料归档范围和文书档案保管期限规定:国家档案局令第8号[EB/OL].(2016-12-28)[2022-08-30].http://archives.scu.edu.cn/info/1050/2028.htm.

[36] 国务院.事业单位人事管理条例:国务院令第652号[EB/OL].(2015-05-15)[2022-08-30].https://www.gov.cn/zhengce/2014-05/15/content_2680034.htm.

[37] 中央纪委等三部门.关于严肃换届纪律加强换届风气监督的通知:中组发〔2021〕2号[EB/OL].(2021-02-02)[2022-08-30].https://www.12371.cn/2021/02/02/ARTI1612252268442618.shtml.

四、论文类

［1］傅丽萍．干部人事档案制度的变迁与改革［D］．南京：南京大学，2012．

［1］理文．我国干部人事档案管理研究［D］．合肥：安徽大学 2013．

［3］王双双．干部人事档案制度改革研究［D］．合肥：合肥安徽大学，2016．

跋

  《高校人事档案优化管理研究》完稿，如释重负；回首过往，感慨万千。2010年6月，我从江南大学教育学院调到校人事处工作，时任人事处处长顾正彪找我谈话。时间过去很久，唯有三句话让我印象深刻：（1）你是通过全校筛选，认真考察，选出来担任人事档案工作的，这是组织的信任；（2）现任的两位人事档案管理人员不久要先后退休，你将责任重大；（3）人事档案工作意义重大、政策性特别强，需要坚持原则，认真学习。领导表情平和、认真，我却倍感压力。几天后暑假开始，为了补齐自己头脑中的政策短板，我放弃了所有假期活动，一个人宅在家里，认真学习、反复领会相关文件；经过两个月的潜心攻读，收获不小。

  工作起步，如履薄冰，磕磕碰碰。幸亏有施建秀、张琳两位老前辈的热情帮助和指导，再加上科长许南惠的大力支持，我很快进入了状态。随后我加入江苏省高校人事档案群，从群中了解了高校人事档案管理的动向，并有机会向兄弟高校有经验的同事请教。其中，南京师范大学研究馆员凌玉华、常州大学副研究馆员杜玉兰对我的帮助最大，凡是我电话求教，不管多晚，她们都会耐心解答。教育部人事司处长李焕珠、江苏省委组织部处长金亚平经常组织业内培训，当得知我是新人，对我十分关照。为此，我衷心感谢我的同行、前辈和领导：是你们的关心、帮助，使我不忘初心、牢记使命，逐渐在高校人事档案管理的岗位上，干好这一行、爱上这一行。

  长期工作让我认识到，做好人事档案管理必须注重四点。（1）要熟悉政策，敢于担当。在工作中只要发现和人事档案有关的填表、发文等材料不符合政策要求的现象，我都会立即向有关领导反应，予以纠正。（2）要主动积极，办事做牢做实。2012年中央组织部组通字〔2012〕88号文件要求人事档案材料改版，于是我拿着中央文件，到校内每个相关部门去宣传，去落实，收到了意想不到的好效果。(3) 要有服务意识，做到完全彻底。一次，一对耄耋夫妇到人事档案科查询，想落实其中一人曾有的军人身份。由于学校合并、人员多次变动，老人身份信息没有在我校显示。于是我就和无锡市档案馆、无锡市人武部等单位联系，请求他们帮助。事后收到老人激情洋溢的感谢信，使我感触颇深。(4) 要坚持原则性和灵活性辩证统一。一次，一位退休教师来档案科要复印个人档案材料，按照要求应本人申请后由退休处人事秘书凭审批表查档复印。由于事情紧急，人事秘书外出，教师体弱，到校太远；于是征得人事秘书同意，先查档复印，再让退休处补办手续；同时和退休处商定类似情况的规范性处理办法，并大力宣传，减少教师的来回奔波。回想起来，长期工作的实践确实对该专著的完善有积极的促进作用。

　　人事档案管理是高校人力资源管理重要的组成部分，我的每一点进步离不开人事处（现为人力资源处）历任领导的关心和组织的培养。前任处长顾正彪鼓励我，只要认为是对的，就大胆去做；原任处长戴月波引导我，多写论文；曾任处长张影陆强调，新人入职必须审核档案；曾任处长徐锡清多次指出，人事档案是基础，很重要；现任处长王鸿博不时提醒，林老师很辛苦，要注意身体。人事处分管副处长虽然已换多人，风格各异，但对人事档案工作的热情，很值得我学习。比如，王国成工作举重若轻，雷厉风行；史志洪办事认真，精益求精；陆秦大气豪放，敢作敢为；陈勇善做敢说，注重沟通。副处长雷虹尽管不分管档案科，但时常走动，关心档案科的政治学习。现人力资源处各科室领导也都心有大局，全力做好、支持人事档案工作。例如，李峰业务精通，身体力行，率先垂范；丁晶做事缜密；杨莉勤周到热情；王宇灏靓丽敢为；周春江帅气正义；王斌成熟奋进。余文诗、毛志慧、周鹏赏、蔡灿欣、朱雯倩、李傲雪、瞿丽佳、顾东芸、顾苗苗等年轻人的到来，又带来了生机和活力。另外，童星一丝不苟，勇挑重担；徐姿奕优雅文静，敢于创新。这两位刚刚提任到其他单位的领导，也给我留下深刻的印象。在这里，我要衷心感谢和我一起奋斗的领导与同事，愿友谊之花更加灿烂。

　　陈文通先生是中共中央党校教授、博士生导师，中国市场经济研究会市场体系专业委员会常务副主任兼秘书长，是国内著名的学者，对社会主义改革的理论研究，有着很高造诣。彭纪生先生是南京大学教授、博士生导师，在国内多个政府、企业担任咨询顾问，是国内人力资源、战略管理和知识管理等领域研究的著名学者。两位学者学高为师，他们用自己的智慧，为改革开放摇旗呐喊，为社会做出巨大的贡献。两位高师身正为范，在繁忙的工作中，经常关心我的工作学习，指导该书的撰写，并欣然作序，实在感激不尽。

李武武教授既是我的合作伙伴，也是我的先生。他不仅为本书的资料收集、理论完善提供了大量的帮助，而且主动承担家务、悉心照顾家庭，为我解决了后顾之忧。策划该书已有多年，其间也得到儿子李微硕（在牛津大学攻读博士）的鼓励。周萍、陆文君、韦雪艳三位教授、博士、科研管理干部，她们是我的好友，时时关心我的工作、生活、科研，为本书的完成提供了很大支持。为此，向我的家人、好友深表谢意。

该书在研究过程中，收集了大量的文献资料，介绍了相关的政策法规，借用了许多署名、佚名学者专家的论点和资料，也为自己新观点的形成提供了有力支撑。在此，深表感谢。

由于历史的局限性和理论的多样性，以及自身能力所限，该书仍存不足，许多观点值得商榷。敬请读者参与讨论，予以指正。

我的寓所不远处有一微景区——东大池，约一百年前，郭沫若、郁达夫、成仿吾等先生曾慕名而来，留有游记。东大池边有一石碑，刻有明代左都御史高攀龙（无锡籍）一句名言："人生不向道理上去，总是虚生；道理不向身心上去，总是虚语。"我愿将此句献给读者，与大家共勉。

林丽丽
2023 年 5 月 15 日于无锡龙山